폭력과 상스러움

진중권의 엑스 리브리스

폭력과 상스러움

푸른숲

신들이 없애려고 하는 자, 그자를 신들은 우선 미치게 만든다.

– 에우리피데스

엑스 리브리스

●●● 이 작업의 방법. 문학적 몽타주. 나는 말할 것이 없다. 그저 보여줄 뿐……

발터 벤야민 〈파사주〉

I

여기에 모은 글은 신문, 잡지 혹은 책에서 우연히 마주친 구절들의 인용과 그에 대한 코멘트로 이루어졌다. 정치적, 학술적 텍스트가 어지럽게 섞여 있는 것은 당시 내 생활의 그림이다. 베를린에 있던 시절이었으므로 그때 한국의 상황에 대해 알려준 것은 어느 출판사에서 커다란 상자에 가득 담아 보내준 신문, 잡지, 책 등의 자료였다. 여기에 인용된 한글 텍스트는 대부분 그 상자에서 나왔다. 발송을 위해 무게를 줄이려고 신문, 잡지의 글은 가위로 오려낸 조각 상태였다. 이렇게 조각으로 실려온 우리 사회의 망탈리테(정신상태)는 나를 경악시켰다. 모든 시대는 다른 시대를 인용하기에, 한 시대를 바라보며 가끔 '데자뷔(기시감)'의 경험을 하게 된다. 이런 글쓰기를 시작했을 당시 상자 속에 실려온 우리 시대의 모습이 어디선가 이미 본 듯한 느낌을 주었다. 우리의 90년대는 파시즘이 대두하던 30년대의 인용이었을까?

그 글들을 여기에 다시 책으로 묶어놓은 것은 우리 사회의 망탈리테를 그리기 위함이다. 하지만 이 글들은 어느 재일동포 학자가 했던 것처럼 우리 지성계의 지도를 작성하기 위한 것이 아니었다. 원래 의도는 다분히 정치적, 실천적 성격의 것, 즉 그때그때 발생하는 정치적, 사회적 의제에 즉각적인 코멘트로 대응하는 것이었다. 그리하여 주제와 글감의 선택 역시 체계적 관점이라기보다는 상당 부분 상황의 결정에 내맡겨졌다. 바로 그만큼 이 텍스트들은 우연의 산물인 셈이다. 그래서 어떤 면에서는 더 객관적이라고 할 수 있다. 우연의 산물 속에 우주의 진행이 인간의 주관적 가공을 거치지 않고 들어와 있듯이, 체계화하려는 주체의 의지가 없는 글 속에는 어쩌면 우리 사회의 객관적 진행이 더 충실하게 들어와 있을지도 모른다.

우연히 스크랩한 글 쪼가리들을 뒤적이다가 그 속에서 우리 사회를 이끌어 가는 이념의 그림이 떠오르는 것을 보았다. 우리 사회의 지배적 망탈리테가 정치적 국가주의, 경제적 자유지상주의, 문화적 보수주의의 세 축으로 이루어져 있다는 사실은 이 작업을 통해 우연히 발견되었다. 그리고 소우주 속에 대우주가 반복된다고 본 르네상스의 독해법이 틀리지 않아, 마치 프랙털(fractal) 구조처럼 이 거시적 이념의 좌표가 우리 사회를 이루는 자디잔 미시구조들 속에 무수히 반복되며 사회의 모습을 제 형상대로 찍어낸다는 것을 나는 시각적으로 확인한 것 같다. 거시구조와 미시구조 사이의 이 유사성이 사물이 글자처럼 읽히는 존재론적 근거가 된다. 하나의 사물은 다른 사물을 거울처럼 비춰주는 모나드(단자, 單子), 그 때문에 '짝짓기'나 '왕따'와 같은 아이들의 하찮은 놀이 속에서도 우리 사회를 지탱하는 거대한 구조가 반복되는 장엄함을 볼 수가 있다.

Ⅱ

●●● 전환이 있을 때마다 서술의 문제에 직면하는 것이 철학적 글쓰기의 고유한 특성이다.

발터 벤야민 《독일 비극의 근원》

벤야민은 철학자로서 아마 최초로 스타일의 문제를 의식한 사람일 게다. 현실의 문제들은 거기에 적절히 접근하는 데에 특정한 철학적 스타일을 요구한다. 여기서 '스타일'이란 그저 글의 바깥을 꾸미는 장식이 아니라 오로지 그것을 통해서만 드러나는 진리가 있다는 의미를 함축한다. 소크라테스가 결코 글을 쓰지 않은 것은 데리다가 말한 것처럼 글자가 인간의 기억력을 감퇴시킨다고 믿어서가 아니었을 게다. 그의 진리는 오직 장바닥 사람들과 나누는 대화 속에서 드러날 수 있었다. 디오게네스가 책을 쓰지 않은 것은 단지 강단철학에 대한 경멸 때문이 아니었다. 그의 진리는 오직 특유의 행위예술 속에서만 빛날 수 있었다. 이 글의 광대 스타일 역시 개인의 주관적 스타일이 아니다. 문제 자체의 요구와 필연성을 반영하는 객관적 스타일이다.

　　이 글의 운명은 그리 좋은 편은 아니었다. 어느 시사주간지에 연재를 하던 중 "주관적 관념의 세계"라는 열화 같은 비난을 받아 도중하차 해야 했기 때문이다. 어떤 이는 그 스타일이 사람들에게 불쾌감을 준다고도 했다. 내 글에 비난을 퍼부은 그 잡지의 독자들에게는 이 사건으로 인한 내 불쾌감이 해소될 때까지 하는 일마다 재수가 없기를 진심으로 기원한다. 농담은 그것이 왜 우스운지 설명해야 하는 순간 더 이상 농담일 수 없는 것이다. 마찬가지로 스타일에게 자신을 줄줄이 해명해야 할 의무를 부여하면, 그것은 더 이상 스타일일 수가 없다. 오늘날 '레토릭(수사, 修辭)'이란 말은 한갓 경멸어로 전락했다. 하지만 그 낱말은 원래 언어가 갖고 있었던 '마법적'이라고 해야 할 어떤 힘을 가리키는 것이었다. 이 글들의 스타일은 그 힘의 발동 조건과 관련이 있다.

Ⅲ

●●● 인용부호를 붙이지 않고 인용을 하는 법…….

　　　　　　　　　　　　　　　　　발터 벤야민 〈파사주〉

'엑스 리브리스', 우리말로 옮기면 "……라는 책에서"라는 뜻으로, 과거에 저자가 남의 책을 인용할 때 사용하던 관용구다. 이 책에 실린 글들은 모두 '인용'과 거기에 붙인 코멘트로 이루어져 있다. 실현되지 않았지만 원래의 의도는 인용에 붙인 코멘트마저도 남의 말의 인용으로 채우는 것이었다. 이 글을 쓸 당시만 해도 누군가 벌써 이런 발상을 했다는 사실은 모르고 있었다. 벤야민은 오직 인용으로만 이루어진 책을 쓰려고 했다. 과연 그 책은 어떤 모습일까? 모르긴 몰라도 그 책은 아마도 전통적인 책의 형식을 깨뜨리는 새로운 형식의 책, 한마디로 책의 아방가르드가 될 것이다. 체계적으로 나열된 내용이 아니라 책의 형식만으로도 이미 세계의 그림이 되는 그런 책. 원래 이 책은 그 형식만으로도 현실의 그림이 되어야 했다.

'엑스 리브리스', 이 제목의 두번째 이유는 철학적 성격의 것이다. 관념론과 실재론의 낡은 대립이 아직도 계속되고 있다. '우리는 의식 밖으로 나갈 수 없다'는 의식철학적 명제가 이제는 '우리는 언어 밖으로, 해석의 밖으로, 텍스트 밖으로 나갈 수 없다'는 언어철학적 명제로 바뀌고, 그 사이에 합리주의적 독선에 가 있던 시계추가 경험주의적 회의 쪽으로 자리를 바꾸었을 뿐이다. 우리는 또다시 갇혀버렸다. 이번엔 의식이 아니라 책 속에. 하지만 그 누구도 비트겐슈타인처럼 관념론과 실재론의 대립 자체가 혹시 문법적 착각에서 비롯된 것이 아닌지 의심해보려 하지 않는다. 어찌 된 일일까? 어쩌면 우리는 실타래처럼 엉킨 문법의 혼란을 극복하고 이 거대한 감옥, 책 밖으로 나갈 수 있을지도 모른다. 그래서 이 책은 '엑스 리브리스'가 되어야 했다. 엑스 리브리스, 책밖으로.

'엑스 리브리스', 이 제목의 세번째 이유는 실천적 성격의 것이다. 학계의 논의는 현실의 움직임과 맞물리지 못하고 공전한다는 느낌이 있다. 아무리 추상의 수준이 높은 단계에서 이루어지는 논의라도, 그것이 살아 있으려면 어느 심급에선가는 생동하는 현실의 운동과 매치되어야 한다. 그런데 우리의 인문학은 다분히 자폐증에 걸려 현실로 나가지 못하고 폐쇄회로 안을 공전하고 있다. 그 결과 학술적 담론은 공허해지고, 대중들 사이를 떠도는 세론은 무지막지한 맹목으로 치닫는다. 담론과 세론은 연결되어야 한다. 그래야 세론이 이데올로기의 중금속에 오염되는 것을 막을 수 있다. '엑스 리브리스', 이는 잿빛 인문학의 문장들을 뽀얗게 먼지가 앉은 낡은 책 밖으로, 상아탑이라는 도서관 밖으로 끄집어내 생동하는 삶과 맞물리려는 시도이다.

●●● 우리는 역사를 필요로 한다. 그러나 지식의 정원에서 소일하는 무위도식자들과는 다른 방식으로……

프리드리히 니체 〈삶을 위한 역사의 유용성과 단점〉

차 례

1장 폭력

집단과 하나가 되는 한에서만 개체는 안전하다. 그리하여 부조리한 실존들은 괴상한 집단주의 속에서만 구원을 찾는다. 그리하여 그들은 필사적으로 자기를 집단과 동일시하려 한다. 그 집단은 작게는 교실 안의 패거리, 크게는 국가와 민족일 수 있다. 집단과 동일시에 실패하는 자는 공동체의 성스러움을 지키기 위한 희생양이 된다. 그러다가 희생자가 사라지면? 문제없다. 개별자들은 집단 속에서 기어이 또 하나의 '모난' 놈을 찾아낼 것이기 때문이다.

: 마이너스 1의 평화

●●● 비폭력을 위한 최선의 방법은 화해의 희생양을 하나 뺀 모든 사람의 일치다.

로네 지라르 〈폭력과 성스러움〉

'이지메'라는 말을 처음 들었을 때, 그 집단적 범죄의 주인공은 고교생들이었다. 다시 그 말을 들었을 때, 그때 범인은 중학생이었다. 그러다가 얼마 전 또 그 말을 들었다. 이번엔 초등학생이란다. 기자들이여. 이제 유치원에 눈을 돌리라. '이지메를 당한 김개똥 원아(무직 · 5살), 삶에 회의를 느끼고 투신' 최연소 자살. 세계적 특종 아닌가.

"어린이는 천진난만하다."는 말은 수정되어야 한다. 그건 천진난만한 '어른이'들이나 믿는 동화다. 애들이 노는 걸 보라. 얼마나 더럽고 치사하고 비열하고 역겨운지. 물론 우리 때도 따돌림은 있었다. 나도 종종 당했다. 가령 "잠수함의 프로펠러……"라는 남의 말을 "잠수함의 스크루"로 교정해준 대가로 난 가끔 공동체의 제재를 당해야 했다. 물론 그건 지독하지 않았다. 길어야 며칠이면 제재는 해제되고, 내가 다시 "세계에서 가장 높은 산은 '에레베스트'가 아니라 '에베레스트'"라고 진리를 말할 때까지, 난 아무 문제 없이 놀이집단에 섞일 수 있었다.

근데 '이지메'는 차원이 다르다. 그건 개인에게 가하는 집단적 폭력, 제도적 따돌림이다. 왜들 이 짓을 하는 걸까? 이 괴상한 문화는 도대체 어디에서 비롯된 걸까? 일본에서 건너온 왜색 문화? 치사하게 남탓할 것 없다. 결정적 원인은 '괴상한 집단주의'에 '천박한 이기주의'가 모순적으로 결합된 아수라, 즉 한국 사회 자체에 있으니까. 이건 내 가설이다. "이지메란, 정치적으로는 파쇼독재에 천박한 자유주의가 결합한 결과, 역사적으로는 해방 전 일제의 국가주의적 식민 지배에 해방 후 미국식 천민자본주의 문화가 천박하게 중첩된 결과가 우리 2세들 사이에서 뒤늦게 문화적으로 발현되는 현상이다."이제 내 가설을 그럴듯하게 만들어보겠다.

학교는 신화적 폭력의 세계다. 이 무한경쟁의 세계에서 만인은 만인의 적이다. 네가 자고 있을 때에도 경쟁자의 책장은 쉬지 않고 넘어간다. 네가 쉬고 있을 때 '친구'라 불리는 적들은 사정없이 네 머리를 밟고 위로 올라간다. 이 약육강식의 세계에서 유일한 정의는 폭력이다. 그래도 사람의 새끼들이라고 짐승과는 다른 점이 있어야 한다. 그래서 그들은 질서를 수립해야 했다. 어떻게? 서로에게 행하는 폭력의 잠재력을 오직 한 명의 약자에게 집중적으로 투사하기로 약속하는 것이다. 다대다(多對多)의 어지러운 폭력이 다대일(多對一)의 조화로운(?) 폭력으로 이행할 때 비로소 학급에는 질서가 생긴다. 위대한 마르크스. 과연 그의 말대로 인류의 역사는 학급투쟁(Klassenkampf)의 역사였던 것이다.

'타자'라는 이름의 약자를 배제하는 최초의 원(原)폭력을 통해 비로소 다수자의 정체성과 '선악'의 기준이 마련된다. 선악을 비로소 있게 하는 근원적 폭력은 그 자체로서는 아직 선하지도 악하지도 않다. 그것은 선악의 피안에 있는 것이다. 선악의 구별에 선행하므로 도덕적 정당화도 필요 없다. 그리하여 부조리한 폭력이다. 선악에 선행하는 원(原)폭력은 작위적이다. 그 폭력이 누구에게 떨어질지, 왜 하필 그에게 행사되는지 말할 수 있는 자는 아무도 없다. 이 근원적 부조리. 이 앞에서 개체들은 무한한 공포를 느끼고, 이 공포는 잔인한 공격 본능으로 전화한다. 공격을 피하려면 공격자, 즉 집단과 하나가 되어야 한다. 그래서 희생양을 공격할 때 불안한 개체들은 무한한 잔인성으로 집단을 향한 충성심을 경쟁적으로 입증한다.

집단과 하나가 되는 한에서만 개체는 안전하다. 그리하여 부조리한 실존들은 괴상한 집단주의 속에서만 구원을 찾는다. 그리하여 그들은 필사적으로 자기를 집단과 동일시하려 한다. 그 집단은 작게는 교실 안의 패거리, 크게는 국가와 민족일 수 있다. 집단과 동일시에 실패하는 자는 공동체의 성스러움을 지키기 위한 희생양이 된다. 그러다가 희생자가 사라지면? 문제없다. 개별자들은 집단 속에서 기어이 또 하나의 '모난' 놈을 찾아낼 것이기 때문이다. 이렇게 또 하나의 희생양이 선택되면, 적어도 그가 존재하는 동안은 개별자들은 다시 안심하고 살아간다. 그리하여 '전체 빼기 하나'의 화해와 평화. 보편적 카오스에서 벗어나기 위한 '마이너스 1'의 제의(祭儀).

르네 지라르는(프랑스의 문학평론가, 사회인류학자) 평화와 질서를 수립하는 이 지혜(?)를 '문명' 자체의 본질로 보는 듯하다. 하지만 과도하게 근본적인 비판은 결국 현상태(status quo)의 정당화로 귀결된다는 역설에 대해 그는 어떤 대답을 준비해놓고 있을까? 기원의 폭력성이 폭력의 정당성을 의미하는 것은 아니다. '이지메'는 정당한 현상도, 보편적 현상도 아니다. 그것은 특정한 시기에, 특정한 사회에서 특정한 인간들이 서로 관계를 맺는 아주 특정한 방식의 이름일 뿐이다. 의사가 환자의 몸 표면에 나타난 표식으로 신체 내부의 상태를 읽듯이, 이지메라는 현상을 통해 우리 사회 내부의 깊은 병적 징후를 읽을 수 있어야 한다.

늑대가 인간이 되는 길

••• 가장 순수한 이상주의, 가장 심오한 인식……

아돌프 히틀러 《나의 투쟁》

짐승들의 자기 보존 충동은 '이기주의'를 넘어서지 못하나 '인간'은 다르다. "자신의 개인적 이익을 뒤로 돌릴 준비가 되어 있을수록, 더 큰 공동체를 세울 능력도 그만큼 더 커진다. 자신의 노동과 …… 생명을 바치겠다는 희생의 의지가 곧 개인들의 이해와 생명을 전체에 종속시키는 길이다." 그리하여 "오직 자신의 이익만 위해서 사는 사내들은 후세에 잊혀질 것이나, 자신의 행복을 포기한 영웅들은 명성을 누릴 것이다." 위대한 초인 히틀러 총통은 이 진리를 "가장 순수한 이상주의, 가장 심오한 인식"이라 불렀다.

우리 사회에도 "가장 순수한 이상주의", "가장 심오한 인식"에 도달한 철학자가 있었다. 보릿고개를 넘겨주신 위대한 총통 박정희다. 어느 초인 숭배자의 말이다. "어떤 불의와 타락에 몸을 적실지라도 자신이 속한 공동체의 보편적 의지를 위해 국익에 이르는 좁고도 험한 길로 달려가겠다." "자신에 대해서는 가혹할 정도로 엄격한 금욕과 절약을 규율하면서 자기 밖의 가족과 회사와 국가에 대해서는 헌신적인 희생을 하도록 강요받는 시대, 이것이 박정희 시대의 영웅적 본질을 이룬다."(이인화) 여기서 가혹한 착취의 희생자들은 졸지에 '영웅'으로 축성된다. 과연 이분은 가족과 회사와 국가를 위해 얼마나 헌신적인 희생을 자기에게 강요할까? 이런 말은 방위 갔다 온 분이 주장하기에는 너무 강하게 느껴진다.

"어떤 불의와 타락"도 마다하지 않는 폭력적인 욕망 덩어리, 즉 이기적 개체들이 벌이는 적자생존의 무한경쟁. 이 신화적 폭력의 세계에서 아비규환을 연출하는 늑대들에게 홀연히 하늘이 열리며 총통의 목소리가 들려와 약속하기를, "늑대들이여, 그대들을 인간으로 만들어주겠노라." 어떻게? 자기의 이기적 충동을 "종족의 자기 보존 충동"으로 끌어올릴 때, 늑대들은 비로소 인간의 반열에 오를 수 있다. 저 더러운 이기주의자 유대인을 보라. 그들은 오직 이기적 충동만 갖고 살아가는 짐승이다. 독일 민족, 그대 아리안족은 국가를 위해 '희생'함으로써 자기의 실존을 '인간'으로 끌어올려야 한다. 이때 자본주의적 카오스는 '전체'라는 이름의 코스모스로 전화하고, 이 속에서 짐승들은 비로소 '인간'이, 심지어 '영웅'이 된다.

외로운 야수들의 전체로의 집단적인 엘랑 비탈(생의 도약). 파시즘의 전체주의는 극단적 이기주의의 신화적 구원이다. 물론 이 구원은 가짜다. 왜? 국가라는 이름의 그 '전체' 속에서 야수들은 화해에 도달하나, 이들이 '전체'에 양도한 미시폭력들은 이제 거시폭력이 되어 또 다른 희생양을 찾아다니기 때문이다. 덤불에 걸린 재수 없는 양은 누구인가? 물론 전체의 단합을 해치는 내부의 적들이다. 즉 타락한 유대인이다. 이기적 샤일록들(=자유주의)이다. 그리고 이 짐승의 종자들이 만들어낸 빌어먹을 사상(=사회주의)이다. 신성한 국가공동체는 이 가증스런 자들을 고대 군신들의 제단에 희생양으로 바치기로 했다. 그리하여 가스를 들이마신 양들은 불태워져 연기가 되어 소각로 굴뚝에서 나와 저 하늘에 계신 군신(軍神)들에게 흠향되기 위해 너울너울 승천해야 했다.

거시적 차원에서 거룩하게 이루어지는 '전체 빼기 하나'의 희생양 제의. 다르게 생각하는 자를 배제할수록 '공동체'는 순수해지고 '전체'의 동질성은 강화된다. 불순물을 배제할수록 공동체는 신성해지고, 이 신성함이 휘두르는 폭력은 가볍게 인간적 규모를 넘어선다. 성스러운 아우슈비츠의 폭력은 인간의 한계를 넘어선 신화적 폭력이다. 내적 동질성의 강화는 곧 외적 배타성의 강화다. 공동체가 정화되어 더 이상 이물질이 없을 때, 그리하여 더 이상 내부에서 적을 찾아볼 수 없을 때, 폭력은 이제 '세계사적 사건'을 저지르러 밖으로 뻗어나간다. "아리안족은 정복자로서 열등한 인간들을 복종시키고 자신의 명령과 의지와 목적을 위해 그들의 실천적 행위를 규제했다."(아돌프 히틀러)

일찍이 아시아에도 히틀러 뺨치는 실존주의 철학자가 있었다. "인생의 가장 큰 즐거움은 적을 추격해 쓰러뜨리고 …… 그 여자들이 울부짖는 소리를 듣는 것이야. …… 그 여자들의 몸을 침대와 베개 삼아 노는 것, 이것이 인생의 가장 큰 행복일세."〈월간조선〉의 조갑제가 신나서 인용하는 칭기즈 칸의 말이다. 보라, 국가가 희생만 강요하는 것은 아니다. 믿고 따르는 자들에게 국가는 가끔 쾌락도 준다. "인생의 가장 큰 행복"을 준다. 그런데 이분, 과연 제 핏줄이 '신(新)몽골족'의 군대에 정신대로 끌려가도 그 '울부짖는 소리'를 들으며 "인생의 가장 큰 행복"을 느낄까? 그때도 "야만성을 부끄럽게 생각하지 않"는 몽골 전사들의 '당당한 야수성'을 칭찬해댈까? 정말 '당당한 야수'다.

"국가주의는 건전한 공민의 윤리다."(조갑제) 거짓말이다. 국가주의란 불량한 늑대들의 인두껍이다. 국가주의는 본디 일본 우익의 이데올로기. 봉고차에 확성기 달고 다니며 소음 공해나 일으키는 이 단체의 성원들은 대부분 야쿠자 출신이다. 남 등쳐먹고 사는 야쿠자라고 어디 제 삶에 의미를 주고 싶지 않겠는가? 늑대들이라고 가끔은 인간이 되고 싶지 않겠는가? 늑대들이 홀연히 생의 의미를 찾아 인간이 되고 싶을 때, 그들은 검은 양복을 군복으로 갈아입고 열을 지어 신사를 참배하곤 한다. 국가주의는 위대하다. 조폭을 애국자로, 늑대를 인간으로 축성하는 마법의 주문이다.

⠿ 주권자는 누구인가?

●●● 비상사태를 판단할 권리를 가진 자가 주권자다.

카를 슈미트 〈정치신학〉

국가의 주권을 가진 자는 누구인가? 시민인가? 아니라고 한다. 지금이 비상사태라고 판단할 권리를 가진 자가 곧 '주권자'다. 그는 정상적 법질서의 밖에 서서 언제라도 헌정을 중단할 권한을 갖는다. 그가 '비상사태'라고 판단할 때 헌정은 언제라도 중단된다. 그렇게 할 권리를 가진 자, 그자가 한 국가의 주권자다. 그런데 근대 법치국가들은 '주권재민' 어쩌구 하며 이 위대한 '주권자'의 특권을 없애는 방향으로 나아갔고, 그 결과가 바로 갈가리 찢겨져 당파싸움하느라 아무 '결정'도 내리지 못하는 바이마르 의회민주주의였다. 통탄할 일 아닌가. 그래서 히틀러가 권좌에 오를 즈음 이 나치 법학자는 이 책을 썼고, 히틀러는 그의 충고를 받아들여 '주권자'가 되기로 한다. 의회민주주의 헌정은 중단되고, 파시즘이 등장한다.

이 정의에 따르면 대한민국의 '주권자'는 박정희다. "헌법을 파괴하는 것도 고도의 도덕성의 표출"(이인화)일 수 있기에, 시도 때도 없이 긴급조치 1호, 2호, 3호……. 자기를 국가라 믿는 자들은 이렇게 자기가 위험하면 국가가 위험하다고 말하는 버릇이 있다. 자기의 개인적 비상상태를 국가의 비상사태라 선언하는 경향이 있다. 박정희뿐인가? 전두환도 '주권자'다. "힘이 곧 정의이던 시절의 하나회는 …… 권력을 지도자로 모이게 하여 전쟁 지휘를 일사불란하게 지휘하는 중심세력"(조갑제)이었으니까. 1979년 12월 12일이 "힘이 곧 정의"이던 원시 시대, 전쟁이 일어난 비상사태라 판단한 하나회. 대한민국은 이들 거다. 이들이 주권자다. 조갑제에 따르면 그동안 이루어져온 한국 민주화의 본질은 국가의 퇴행, 즉 "5·16 이전의 당파적 엘리트 시대 ……로의 복고"란다. 그렇다면 지금은 다시 혁명(?)전야. 새 '주권자'여, 군부여, 일어나라. 비상을 선언하라.

주권재민? 세상에 주권이 국민에게 있다니, 웃기는 얘기다. 나치 법학자 카를 슈미트(1888~1985년)는 이 못된 생각이 어떻게 유럽을 병들게 했는지 역사적으로 고찰한다. 그 결과 놀라운 사실이 밝혀진다. 알고 보니 국가를 깡통으로 만들어버린 이 병원균을 유포한 자들이, 세상에, 어쩌면 그렇게 몽땅 유대인이던가. 가령 홉스의 〈리바이어선〉을 빌려다가 물구나무를 세워버린 스피노자를 보라. 하만(Johann Georg Hamann, 독일의 신교 사상가)을 보라. 멘델스존(Moses Mendelssohn, 독일의 철학자, 성서 번역가)을 보라. 이 유대 지식인놈들이 제 한 몸 편하려고 만들어낸 게 '자유주의'라는 빌어먹을 이데올로기였다. 이것이 바로 위대해야 할 국가를 초라하게 만들고, 건강해야 할 독일제국을 병들게 했던 것이다.

박홍은 이 더러운 음모를 꿰뚫었다. 역시 주님의 안기부닷다. 냄새도 잘 맡는다. 그는 나치 시절, 히틀러와 교황청이 반공과 반유대주의 전선에서 사이좋게 손을 잡았던 콘코르닷(和約) 시절로 돌아가, 당시 가톨릭 교회의 문헌을 인용한다. "문화사회주의자의 조상은 자유주의자였으며, 그 후손은 볼셰비즘……" 한마디로 자유주의를 허용하면 결국 볼셰비즘이 나타난다는 것이다. 결국 반공을 위해 공산주의의 어머니 자유주의부터 타도해야 한다는 얘기. 여기서 우리는 의회주의에 대한 환멸이 우익 폭력을 부르던 당시의 정신적 분위기를 읽을 수 있다. 이어 신부님은 절규하신다. "공산주의를 낳은 어머니 포이에르바흐, 마르크스, 레닌 등은 바로 타락한 유대인들(sic!, 틀린 원문 그대로)……" 그럼요. 나치들에게는 그 썩을 놈들, 즉 공산주의자들의 '조상'인 '자유주의자'도 '타락한 유대인'이었대요. 휴, 인용을 해도 어쩜 그런 문헌을 인용할까. 어쨌든 주한 이스라엘 대사관은 나치의 반유대인 선동을 반복하는 이 사제에게 주목하시라.

'타락한 유대인들'이 자유주의를 만들고, 사회주의를 만들어 기껏 신성한 국가를 깡통으로 만들어버렸다. 그 깡통이 소위 자유민주주의, 바이마르 공화국이었다. 발끈한 슈미트, 책을 맺으며 죽은 홉스를 무덤에서 불러낸다. 아, 어쩌다 국가가 이 모양이 되었던 말인가. 어쩌다 리바이어선이 이렇게 한심한 꼴이 되었단 말인가. 하지만 홉스여, 울지 마라. 히틀러 오빠가 있다. 그분이 마법의 주문으로 지옥의 괴물, 리바이어선

(=국가)을 화려하게 부활시킬 것이다. 〈조선일보〉도 지지 않는다. 몰락한 리바이어선이여, 부활하라. 국가를 죽이는 것은 전교조. 자유주의적 "열린 교육은 …… 국가를 빈 깡통으로 만들고 말 것이다." 그렇다. 자유주의는 국가주의의 상극이다. 하지만 깡통아 울지 마라. 실천하는 깡통주의 조갑제 오빠가 있다. 열심히 죽은 리바이어선(=박정희)을 무덤 밖으로 부르며 우리에게 섹시하게 묻는다. "지식인들은 왜 …… 국가를 증오, 저주합니까?" 몰랐어? 우리, 봉골 두껍을 쓴 '유대인'이라는 거.

깡통이 된 국가에게 감사하는 사람도 있다. "저는 국가가 고맙습니다."(이인화) "저도 국가가 고맙습니다."(조갑제) 그럼. 자연 상태의 인간 늑대들에게 '국가'는 유일한 구원이니까. "국가의 밖에 안보는 없다(extra civitatem nulla securitas)." 그래서 늑대들은 국가 속에서만 제 실존적 공포에 종지부를 찍을 수가 있다. 하지만 전체주의 국가가 제공하는 이 자유와 평화의 범위는 국경선에서 멈춘다. 국가들 위에 또 다른 국가란 없기에(유엔?), 국경의 바깥에는 다시 약육강식의 자연 상태가 펼쳐진다. 이 원시의 정글 속에서 리바이어선들은 각자 종족의 '주권'을 대표한다. 그 주권이란 바로 개전권, '전쟁'할 권리. 그리고 권리는 행사되어야 한다. 그래서 국가 좋아하는 이들은 유난히 전쟁도 좋아하는 것이다.

"대한민국은 전쟁을 결심할 수 있는 나라인가? 전쟁을 스스로 결단해본 적이 없는 국가는 결투를 해본 적이 없는 남자와 비교될 수 있다. 전쟁이란 것은 지도층과 국민이 개인적 운명과 체제의 존망을 걸고 국가의 힘을 총동원하는 건곤일척의 승부이다. 그 사회의 가치관, 정부와 국민의 총체적 능력과 의지력, 그리고 민족과 국가의 명예를 거는 집단적 고뇌·각오·결단·희생·욕망이 전쟁인 것이다. 이기면 노예가 주인이 되고, 지면 남편이 아내도 지킬 수 없게 되는 전쟁을 통하여 국가·민족이 탄생, 소멸, 성장, 성숙을 거듭해왔다는 것은 역사의 가르침이다. 전쟁을 통해 민족적인 대각성을 이룬 나라는 선진국으로 성장했고 그렇지 못한 나라는 쇠락의 길을 걸었다. 한 인간이 어른으로 성숙하는 데 있어서 때로는 주먹다짐이 필요하듯 한 국가로서 존립하고 성장하는 데 있어서 전쟁은 피할 수 없는 명제인 것이다.”(조갑제)

: 신화적 폭력과 신적 폭력

••• 신화적 폭력은 …… 유혈의 폭력이고 신적인 폭력은 …… 순수한 폭력이다.

발터 벤야민 〈폭력 비판을 위하여〉

"대한민국 헌법은 진보적이다." 박노해는 이 말과 함께 옥문을 나섰다. 몇 년 전만 하더라도 그와 그의 친구들은 시끄럽게 민중이 주체가 되는 '제헌의회'를 소집하고 있었다. "카— 카! 카, 카, 카!"(CA : Constitutional Assembly) 결국 우리 헌법이 '진보적'인 줄도 모르고 그걸 없애고 새 헌법을 만들자고 했다는 얘기다. 즉 헌법 한 번 들여다보지도 않고 먼저 깨려고 들었다는 얘긴데……. 웃어야 되나, 울어야 되나? 하긴 나도 잘한 거 하나 없다. 나 역시 얼마 전에야 도서관에서 우연히 헌법이라는 것을 읽고 비로소 그게 제법 쓸 만하다는 것을 알았으니까. 문제는 헌법 자체가 아니다. 그것의 이름으로 내려지는 판결이 얼마나 진보적인가 하는 것이다. 유감스럽게도 우리 헌법재판소는 헌법만큼 진보적이지 못하다.

헌법을 깨자고 외치던 노동자 시인이 이제 우리 헌법을 '진보적'이라 부른다. 그런데 '진보적' 헌법을 깨려는 폭력을 이들은 당시에 어떻게 정당화할 작정이었을까? 역사철학적 정당화? 가령 "국왕의 목을 친 부르주아의 불법이 역사적으론 정당하듯이, 부르주아 헌법을 폐지하는 프롤레타리아의 폭력도 실정법을 초월한 역사적 정당성을 갖는다?" 체제의 전복자들은 이때 대개 자연법에 의뢰한다. 즉 "실정법이 항상 옳은 건 아니다. 정의는 신이나 자연이 부여한 천부의 권리라는 형태로 인간이 만든 실정법의 밖에 존재한다. 실정법이 이 정의와 충돌할 때, 그것을 전복하는 폭력은 정당하다. 그건 인간의 천부적 권리다." 그럴 수 있다. 실정법만을 고집했다면, 오늘날 인류사회는 이렇게까지 발전하지 못했을 게다. 그럼 우리는 아직까지 절대왕정 하에 살고 있을 것이다.

하지만 이렇게 자연법적 정의를 실정법적 절차 위에 올려놓으면, 곤란한 문제에 부딪히게 된다. 이 경우 우리는 '파쇼 반동 혁명도 정당하다'는 반갑지 않은 결론을 받아들여야 한다. 왜? '정의'나 '대의'는 좌익의 전유물이 아니기 때문이다. 좌익에게 '노동 해방'이 있다면, 우익에겐 이른바 '구국의 결단'이 있다. 좌익에게 헌정을 파괴하는 혁명이 있다면, 우익에게는 헌정을 중단하는 쿠데타가 있다. 실정법은 오른쪽으로도, 왼쪽으로도 깰 수가 있다. 그래서일까? 1921년 발터 벤야민(1892~1940년)이 이 글로 부르주아 헌정의 파괴를 주장했을 때, 재미있게도 카를 슈미트가 그에게 축하 인사를 보냈다고 한다. 좌익과 우익의 이 묘한 밀월. 이 둘의 사상적 친화성은 좌파에게 곤혹감을 안겨준다. 이 두 사람은 좌우에서 의회주의를 공격한다. 둘 다 자유주의 헌법을 파괴하는 폭력을 옹호하고, 이 폭력을 축성하기 위해 정치신학을 동원한다.

혁명적 폭력이 수립할 새로운 정의는 늘 미래에 있다. 그럼 그 대의가 앞으로 정당할 '예정'인지 누가 아는가? 물론 미래를 내다보는 선지자(先知者)만이 알 수 있다. 선지자만이 현재의 헌정 파괴가 앞으로 정당할 예정인지 안다. 선지자(=유대) 민족의 후손 벤야민. 그는 전복자의 '자연법'과 권력자의 '실정법'이 맞물린 뫼비우스띠 밖에서 그 자체로서 정당한 '신적 폭력'을 예언한다. 과거의 전복자들이 실정법을 깨고 또 다른 실정법을 세우고, 하나의 권력을 깨고 또 다른 억압적 권력을 세우는 데에 그쳤다면, 프롤레타리아 총파업은 이 악순환에 종지부를 찍고 이 땅에 궁극적 정의를 실현할 것이다. 이렇게 유혈의 '신화적 폭력' 대신에 무혈의 '신적 폭력'을 내세움으로써, 그는 폭력의 정당성 문제의 '궁극적 해결(Endlösung)'을 꾀한다.

유대의 신, 구약의 신은 복수의 신이다. 그는 히스테리컬하게 분노하며 인간에게 잔혹하게 보복한다. 때로 그의 폭력은 너무나 자의적으로 나타나고, 필요 이상으로 잔인하게 느껴진다. 하지만 성서는 굳이 근거를 들어 이 자의적 신의 폭력을 정당화하려 들지 않는다. 왜? 신의 폭력은 정당화 없이 그 자체로 정의로우니까. 신의 폭력을 재단할 정의는 존재하지 않으니까. 신의 폭력이야말로 정의와 불의를 가르는 폭력이니까. 그리하여 그 바탕 위에서 정의와 불의를 가르는 게임이 비로소 가능하게 해주는 근원적 폭력이니까. 프롤레타리아의 폭력도 혹시 그런 게 아닐까? 여기서 그의 사회주의는 유대 메시아주의와 하나가 된다. 종말의 날에 '정의'가 하늘에서 내려오듯이, 프롤레타리아의 '신적 폭력'도 역사를 마감하며 이 땅에 순수한 정의를 실현할 것이다.

"궁극적 해결?" 불길한 징조다. 왜? 이 신학적 표현은 홀로코스트를 "유대인 문제의 궁극적 해결"이라 불렀던 나치의 어법을 연상시키기 때문이다. 물론 벤야민이 말하는 폭력(Gewalt)은 피를 흘리는 물리적 폭력(violance)를 말하는 게 아니다. 구체적으로는 프롤레타리아의 총파업을 가리킨다. 하지만 그걸 순수한 "무혈의 폭력"이라 형용해도 소용없다. 그래도 찜찜함은 남는다. 왜? 가스실의 유대인들도 사실 피를 흘리지는 않았으니까! 대체 우익의 '신화적 폭력'과 벤야민이 구원으로 고대하던 무혈의 '신적 폭력'은 어떻게 다를까? 최후의 심판자 히틀러도 마치 신이 된 기분으로 자기가 유대인들에게 정당화가 필요 없는 '신적 폭력'을 행사했다고 믿었던 건 아닐까? 대체 무혈의 '신적 폭력'이란 무얼까? 피 한 방울 흘리지 않고 수백만 우크라이나인을 굶겨 죽인 스탈린의 무혈 폭력?

"사람만이 희망이다." 신적 폭력을 노래하던 박노해가 이제 신이 아니라 '사람'에게 희망을 건다. '사람'에게 앙갚음하던 복수의 신이 이제는 "세상을 이처럼 사랑하사……"(요한복음 3 : 16) 신약의 신이 되었다. 구약에서 신약으로. 커다란 진전이다. 허나 헌법도 따지고 보면 제도화된 폭력이다. 그렇다면 그 '진보'성에 감탄하는 수준을 넘어, 이 합법적 폭력에 대해 늘 긴장감을 갖고 비판적 거리를 유지해야 하지 않을까? 우리에게 필요한 건 맹목적 거부도, 무비판적 투항도 아닌 냉정한 법 비판의 자세가 아닐까? 우리 헌법은 물론 '진보적'이다. 하지만 혹시 더 진보적일 수는 없을까? 아니, 그 이전에 그 잘난 헌법이 제대로 지켜지고는 있는 것일까?

﹕두 개의 권력

●●● 사회주의는 폭력에 고도의 도덕성을 부여한다.

조르주 소렐 〈폭력에 관하여〉

"(노조는) 시장의 근본적 기능을 방해(하므로) 노동자들의 권익을 옹호하는 방향으로 법률을 정비하고 사회 보장의 망을 확충(하는 대신) 노동조합의 독점적 권력을 회수하는 것이 바람직하다." 에세이스트 고종석의 말이다. 여기서 '독점적 권력'이란 곧 파업할 권리를 말할 게다. 말하자면 노동자가 파업권을 반납하면, 노동자의 권익을 보장하는 법률과 사회 보장을 제공할 수 있다는 얘기다. 귀가 솔깃한 제안이다. 하지만 노동조합이 어렵게 쟁취한 이 '권력'을, 과연 '법률'이나 '사회 보장'과 맞바꾸어도 되는 것일까?

이 견해의 반대편에 조르주 소렐(1847~1922년. 프랑스의 공산주의자)의 혁명적 조합주의가 있다. 소렐은 노조의 '권력'에 열광한다. 이 힘을 '사회 보장'과 맞바꾸러 의회로 들어간 사회주의를 '계급의 적'이라 비난하며 그는 '폭력의 이념'을 선전한다. 의회? 얼어죽을 의회? 노동자여, 부르주아를 닮지 마라. 폭력은 도덕적이다. 의회를 타도하라. 민주주의를 타도하라! 그것은 부르주아의 위원회일 뿐이다! 그때는 이 구호가 어떻게 들렸을지 모르겠지만, 지금 들으면 이 폭력의 선동은 매우 과격하게 들린다. 이 맹목적 힘이 세계에 가져올 '구원'은 어떤 것일까? 알 수 없다. 아마도 공산주의 아니면 파시즘일 게다. 실제로 이탈리아 공산당의 창시자인 그람시, 그리고 이탈리아 파시즘의 창시자 무솔리니는 공교롭게도 둘 다 소렐의 추종자였다.

오늘날 소렐이나 벤야민처럼 총파업에서 인류를 '구원'할 메시아를 기대하는 사람은 아무도 없다. 그럼 노조는 왜 존재하는가? '권익 옹호'와 '사회 보장'은 노동자의 개인적 정당 활동을 통해 얼마든지 확보할 수 있지 않은가. 노동자들이 진보 정당을 결성하여 의회를 무대로 활동하면 되지 않는가. 게다가 고종석의 말마따나 노동조합은 기껏해야 "노동의 질을 낮추고 …… 물가에 나쁜 영향을 끼치며 궁극적으로 실업을 늘"리지 않는가. 노조의 목적이 노동자의 권익 옹호에 있다면, 굳이 파업이나 임금 협상을 통해 경제에 나쁜 영향을 주느니, 의회에 들어가 권익 옹호와 사회 보장을 도모하는 게 낫지 않은가. 실제로 자유주의의 천국 미국에서는 이미 노조가 사라지고 있다. 왜 이 시대에 아직 노조가 필요하단 말인가. 오늘날 노조는 시대 착오적인 현상이 아닐까?

글쎄? 먼저 난 "현대 시장경제에서 노동조합이 단 하나 남은 권력"이라는 그의 말에 찬성할 수 없다. 왜? 물론 시장경제 속에서 노조는 유일한 권력일지 모른다. 자본가들은 파업을 하지 않으니까. 하지만 그들은 직장 폐쇄를 할 수가 있다. 게다가 시장이 곧 사회는 아니다. 시야를 넓혀 사회 전체를 바라보면, 노조는 유일한 권력이 아니다. 시장 밖에는 또 하나의 권력이 있다. '국가'. 난 국가가 총자본의 이익만 대변한다는 고전적 견해에는 동의하지 않는다. 하지만 그게 만인의 이해를 공정하게 대변한다고도 믿지 않는다. 국가란 제도화된 폭력이다. 게다가 이 폭력은 자기를 싫어하는 시장의 부름에 언제라도 동원될 준비가 되어 있다. 우리 사회를 보라. 시장을 안정시키는 것은 사장님이 어영부영 만든 구사대가 아니라, 국가에서 동원한 체계적 폭력, 즉 경찰이다.

누구나 말한다. 폭력 대신에 대화를, 투쟁 대신에 타협을 하라고. 좋은 말이다. 하지만 대화란 투명한 논리로만 이루어지는 게 아니다. 이성적 대화 뒤엔 늘 끈적끈적한 물질적 '이해'와 뭉클뭉클한 '힘'이 숨어 있다. '힘' 없는 '대화'는 공허하다. 소렐은 옳다. 하지만 '대화' 없는 '힘'은 맹목이다. 그래서 소렐은 틀렸다. '힘'의 맹목적 찬미. 이게 좌우익 파시즘이다. 그래서 난 벌거벗은 '힘'의 원시적 충돌을 이성적 '대화'로 바꾸는 기제로써 의회주의를 옹호한다. 하지만 '대화'를 위해 '힘'을 거세하는 데엔 반대한다. 왜? 거세당한 자는 '대화' 상대로 인정받지 못하니까. '힘' 없는 자와 진지하게 대화를 할 자가 누가 있겠는가. 그래서 노조는 있어야 한다. 국가라는 '독점적 권력'을 견제하는 '힘'으로 남아야 한다. 왜? 진정한 대화를 위해서.

그래서 난 그에 대한 모든 존경에도 불구하고 노조의 '권력'을 국가에 반납하자는 고종석의 제안에는 반대한다. 언젠가 만난 어느 대기업 노동자는 이미 10년 전에 나도 아직 못 가진 자가용을 갖고 있었고, 그동안 상당히 무식해진 요즘 대학생들이 죽었다 깨어나도 이해 못할 난해한 책을 읽고 있었다. 그가 노조에 가입하여 파업 투쟁을 하는 이유는 화폐로 환산될 이익 때문이 아니라고 한다. 그는 "인간 대접을 받고 싶다."고 했다. 또 폴란드와 중국의 자유노조운동을 보라. 거기엔 합법적 폭력을 분쇄하는 자유의 기운이 있지 않은가. "한국 노동자, 세계 노동자계급의 전위" 1997년 한국 노동자의 총파업을 어느 독일신문은 이렇게 평했다. 세계 자본의 일방적 공세 속에서 폭발적으로 터져나온 이 '힘'이 기자에게 신선한 느낌을 주었던 모양이다. 그때 한국 노동자들, 멋있었다. 싸가지 없는 국가에 본때를 보여주었다.

총파업이 시도 때도 없이 현실화할 필요는 없다. 하지만 시장경제 속에서 인간을 보호하기 위해 잠재적으로는 늘 존재해야 한다. 총파업은 메시아다. 국가라는 리바이어선과 마주선 잠재적 메시아. 단 우리는 이 메시아를 탈(脫)신학화해야 하고, 그 '힘'의 행사가 맹목으로 흐르지 않게 늘 감시하고 비판하며 그 정당성을 물어야 한다. '이성'의 포장지로 '힘'을 감추는 근대 자유주의의 위선, '힘'의 망치로 '이성'을 두들겨대는 좌우익 탈근대의 악마성. 근대와 탈근대의 소모적 대립을 넘어서려는 나의 유물론은 그래서 힘의 비판, 폭력 비판이 되어야 했던 거다.

◦폭력 비판

이 장의 첫번째 글 〈마이너스 1의 평화〉는 '이지메'를 르네 지라르가 말한 원시적인 희생양 제의와 연관시켜 해석하고 있다. 홍세화 씨가 프랑스에 간 지 얼마 안 됐을 때 딸이 이렇게 물었다고 한다. "아빠, 여기 애들은 왜 안 때려?" 이렇게 아이들이 다른 아이를 때리지 않는 문화도 있다. 그렇다면 '이지메'는 지라르의 말과는 달리 모든 문명의 현상이 아닐 게다. 그것은 특정한 사회에만 존재하는 원시폭력이라 봐야 한다. 내가 아는 한 아이들 사이에서 이 정도의 가공할 폭력성을 띠는 이지메는 오직 한국과 일본에만 있다. 흔히 '왕따'라 부르는 이지메 현상은 우리 사회의 게임규칙이 얼마나 적자생존의 원시 시대를 닮았는지 보여주는 예다. 그리고 잊지 말아야 할 것. 모든 사회의 어린이는 그 사회의 어른을 닮는다는 사실.

'이지메'는 그저 아이들의 놀이문화에 그치는 게 아니다. 1930년대 독일에서 그것은 가공할 정치적 현상으로 나타났다. 유대인이라는 한 인간집단 전체가 졸지에 사회적 이지메의 대상이 된 것이다. 이지메와 유대인 학살. 미시폭력과 거시폭력 사이에는 모종의 조응 관계가 있다.

폭력의 규모에는 차이가 있으나, 그 폭력이 행사되는 메커니즘만큼은 근본적으로 동일하다. 그런 의미에서 이지메가 카오스에서 코스모스로 전환하던 원시 시대의 반복이듯이, 나치즘은 그동안 문명이 쌓아온 성과를 일거에 무화하고 근대 사회로부터 시간을 거슬러 최초의 근원적 폭력이 행사되던 신화의 시대로 되돌아간 역사의 반동이었다고 할 수 있다. 이지메를 한다고 아이들만 탓할 일이 아니다. 아이들의 이지메는 우리 사회에 잠재된 파시즘의 징후다.

세번째 글 〈주권자는 누구인가?〉에서는 헌정을 파괴하는 쿠데타의 문제를 다루었다. 우리의 현대사를 불행하게 만든 것도 이 오른쪽으로부터의 헌정 파괴였다. 박정희는 헌정을 두 번 파괴했다. 한 번은 5·16 쿠데타로, 또 한 번은 10월 유신으로. 지금이 비상사태라고 두 번을 선언하고, 그로써 국민이 아니라 자신이 대한민국의 주권자임을 두 번 과시했던 것이다. 몇 년 전 박정희 신드롬에 열심히 불을 지피던 몇몇 정신나간 지식인들이 박정희를 옹호하는 논리는 바로 나치 법학자 카를 슈미트에게서 빌어온 것이다. 오늘날 군부가 쿠데타로 헌정을 중단할 가능성은 희박해졌지만, 이 우익 폭력을 찬양하는 낡은 레토릭은 여전히 남아서 우리 사회 파시즘의 포텐셜(잠재력)을 이루고 있다. 최근 이 포텐셜이 박정희를 주인공으로 한 오페라로 결정화되는 모양이다. 아마도 이 오페라는 한국 음악계에서 파시스트 미학이 실현된 최초의 예가 될 것이다.

네번째 글 〈신화적 폭력과 신적 폭력〉에서는 헌정을 전복하는 좌익 혁명 문제를 다루었다. 80년대에는 왼쪽에서 헌정을 전복하는 '혁명'이 진보 진영의 당위처럼 여겨졌다. 이 혁명의 구호는 사회주의가 몰락한 후 자연스레 사라졌지만, 아직도 낡은 레토릭과 혁명에 대한 미련은 남아 있다. 과거처럼 독재 체제가 아니라 어느 정도 민주화가 이루어졌고, 그리하여 헌법이 어느 정도 사회 성원의 보편적 동의를 받는 사회적 약속인 이상, 그것을 폭력적으로 전복하는 행위는 정당성이 없다. 물론 대한민국의 헌법은 사적 소유의 신성함을 규정한 자본주의의 법이고, 그것이 영원히 지속되어야 할 필요는 없지만, 헌법을 개정하는 것은 합법적인 틀 내에서 사회 성원의 동의 하에 이루어져야 한다. 헌법을 전복하려는 혁명적 실천은 이제 법원과 헌법재판소의 판결이 우리 헌법의 '진보성'에 걸맞게 내려지는지 감시하는 '법 비판'의 실천으로 바뀌어야 한다.

자유민주주의 체제를 좌우에서 위협하는 폭력을 제거하면 세상은 천국이 되는가? 그렇지 않다. 다섯번째 글 〈두 개의 권력〉에서는 시장의 폭력을 논하고 있다. 내가 존경하는 어느 자유주의자는 시장을 위해 노동조합을 해체하고 그 대신 노동자의 권익을 보장하는 제도를 마련하자고 주장한다. 그의 주장 중에서 뒷부분은 수용할 수 있으나, 앞부분은 받아들일 수가 없다. 노동조합은 수십 년의 한국 노동운동이 쟁취해낸 권리이며, 시장의 폭력에서 노동자가 자신을 지키는 유일한 수단이다. 노조의 해체를 주장한 그 자유주의자는 머릿속에 노조가 사라지고 있는 미국의 상황을 염두에 두었겠지만, 시장을 위해 노조를 해산하려 한 최초의 인물이 히틀러라는 사실은 미처 알지 못했던 모양이다. 국가 못잖게 시장도 가공할 폭력을 행사한다. 이 '폭력'에 맞서기 위해서 노조는 하나의 '힘'으로 존재해야 한다.

2장 죽음

종교와 예술은 '가상'을 만든다. 정상인은 가상과 현실의 차이를 안다. 하지만 정치가 예술이 되고, 예술이 유미주의가 되고, 유미주의가 미적 종교가 되고, 그 종교가 광신에 빠질 때, '가상'과 '현실'의 경계는 흐려지고 착란이 시작된다. 이 착란이 정치성을 띠는 곳에서, 정치와 종교와 예술이 만나는 그 '가상현실'의 교차로에서, '번쩍' 미시마의 니폰도는 섬광을 뿜는다. 오, 정치의 예술화, 국가의 종교화. 애국적 정사(情死), 그 아름답고 숭고한 개죽음. 이게 우익적 '죽음'이다.

: 잇카신주(一家心中)

●●● 과도한 개별화로 인한 이기적 자살…… 모자라는 개성화로 인한 이타적 자살.

에밀 뒤르켐 《자살론》

"IMF가 초래한 자살이라는 극단적인 사회현상에서도 우리는 가족이라는 사회적 단위의 강력한 기초를 읽을 수 있다." 연세대 사회학과 유석춘 교수의 말이다. 이런 얘기다. 한국은 서구와 다르다. 개인주의가 발달한 서구와 달리 한국은 역시 가족주의 사회다. 자살을 해도 가족이 한다. 그래서 경제도 "가족 중심적 기업 조직의 형태를 유지하고 있다." 그게 당연한 것이다. 가족주의 기업이야말로 기업의 한국적 형태다. 이어 그가 하고 싶었던 얘기가 나온다. 따라서 "막무가내의 재벌 해체론은 한국 경제를 붕괴시킬 뿐이다."

이 얄팍한 재벌 옹호론은 그냥 농담한 걸로 치고, 이 "극단적인 사회 현상"까지 재벌 옹호의 근거로 요긴하게 써먹는 그의 변태성과 그 논리의 극단성에만 주목하자. 그는 우리보고 "따뜻한 인류과 비정한 개인주의" 중 하나를 택하라고 말한다. "가족주의는 인륜, 개인주의는 비정. 어느 거 할래? '비정'할래? '따뜻'할래? 골라, 골라, 맘대로 골라." 이 정도면 완전 야바위라고 할 수 있다. 교수님, 가족주의 안 해도 우리는 얼마든지 '따뜻'할 수 있어요. 개인주의자들은 냉혈 동물인 줄 아세요? 반면 가족주의 해도 얼마든지 비정할 수가 있는 겁니다. 가족주의, 그거 알고 보면 얼마나 살벌한데요. 보세요, 가족을 몰살시키잖아요. 인간의 탈을 쓰고 이 이상 어떻게 더 비정합니까?

〈자살론〉을 쓴 에밀 뒤르켐(1858~1917년. 프랑스의 사회학자)에 따르면 개인주의적 산업 사회엔 '이기적 자살'이 많고, 전근대적 집단주의 사회엔 '이타적 자살'이 많다고 한다. 가령 공동체의 짐이 되지 않게 노약자가 스스로 목숨을 끊는다거나, 가솔이 죽은 주인의 뒤를 따르는 것, 아내가 죽은 남편의 뒤를 따르는 것 등은 전근대적인 이타적 자살의 대표적인 유형이다. 산업 사회라고 해서 이기적 자살만 있고, 이타적 자살이 없어지는 것은 아니다. 전근대성이 남아 있는 보수적인 사회에서는 여전히 이타적 자살이 존재한다. 가령 이웃 나라 일본에서는 언젠가 수상의 비리를 덮기 위해 수상의 운전기사가 죽음으로써 제 입을 막아버렸다. 일본에서는 이렇게 상사의 잘못을 덮기 위해 부하가 대신 자살하는 사건이 종종 일어난다.

그럼 IMF형 집단자살은 어디에 속할까? 한마디로 그건 근대와 전근대가 착종된 혼합형이다. 가령 가족형 집단자살은 ① 가장의 자살＋② 부인의 동반자살 ＋ ③ 자녀의 동반자살의 세 요소로 이루어진다. 첫째는 분명히 이기적 자살이나, 둘째, 셋째는 전근대적 이타적 자살(＝순장)에 속한다. 이기적 자살은 사회적 원자화의 결과라 한다. 즉 삶에 의미를 줄 사회적 가치관이 없는 상태에서 이기적 목표가 좌절하는 순간, 외로운 개인은 삶의 모든 의미를 잃고 결국 목숨을 끊는다는 거다. IMF형 자살 속에선 산업화, 현대화의 산물인 이 '과도한 개별화'로 인한 자살에, 전근대적 전통의 효과인 '모자라는 개성화'로 인한 가족 성원의 동반자살이 오버랩된다. 말하자면 생명조차도 가족(=가장)을 단위로 한 것이고 개체(=가족 성원들)의 생은 존중되지 않는 것이다. 극단적 이기주의와 극단적 가족집단주의의 이 기묘한 결합. 여기서 난 아수라 같은 대한민국의 이미지를 본다.

동반자살. 이 "비정"한 살인을 뭐라 부를까? "따뜻한 인륜"의 "극단적" 표현? 일본에선 이를 '잇카신주(一家心中)'라 부른다. 낱말 속의 마음 '심(心)'자가 주는 섬뜩한 느낌! 심장의 가운데를 관통해 붉고 선명한 피가 뿜겨져 나오는 강렬한 인상! 특이한 미적 취향을 가진 이들에게는 어쩌면 이것이 아름답게 느껴질지도 모르겠다. 죽은 남편의 뒤를 따라 자진한 여인의 죽음을 낭만적 '정사(情死=心中)'라 부르며, 자살을 할 수 있다는 데에서 짐승과는 다른 인간 고유의 '이념미'까지 챙겨 먹는 어느 경상도 잔반(殘班) 이데올로그를 연상시킨다(이문열의 〈선택〉). 이 엄청난 시대 착오. 빌어먹을 동아시아의 시계바늘은 발에 족쇄를 찬 듯 너무나 더디게 돌아간다.

유석춘은 이 참에 '가족주의'를 아예 아시아적 '기업조직의 형태'로 등록해두기로 했다. 한마디로 아시아인의 적성(?)에 맞는 경영 형태는 역시 회사를 제 집안 살림처럼 운영하는 재벌 체제밖에 없다는 것이다.

실제로 우리 나라 어느 재벌기업은 올림픽 스타디움에 전 사원을 모아놓고 '가족 대잔치'를 벌이기도 했다. 물론 이 대잔치의 하이라이트는 가장이신 회장님의 입장 장면이었다. 가족주의와 기업의 이상적 만남은 이미 일본에서 실현된 바 있다. 창가학회! 난묘호랑겟교야말로 기업조직(미쓰비시)과 대가족의 완벽한 결합이다. 게다가 집단자살 하면 역시 사이비 종교. 혹시 알아? 재벌 회사가 망하면, 회장 이하 전 사원이 '잇카신주'할지. 여기서 그치는 게 아니다. 유석춘은 한술 더 뜬다. 동아시아의 '국가'라는 낱말 속에는 이미 '家'자가 들어 있다는 것이다. 예리한 지적이다. 결국 국가를 통치하는 정치 역시 가장이 집안 다스리듯이 해야 한다는 얘기? 그럼 국치를 맞은 대한가족 여러분, 우리 일제히 '잇카신주'할까요?

가족주의가 아시아적 가치라고? 뭘 몰라서 하는 소리다. 개인이 아니라 가족을 사회의 최종 단위로 보는 것은 전 세계 우익의 공통점이다. 가령 극우파 정당의 사무실에 가보라. 그 벽에는 종종 화기애애한 가족의 사진이 걸려 있다. 이것이 이들의 이상이다. 가족의 가치를 중시하는 것과 가족주의는 전혀 다른 것이다. 가족의 가치를 중시하는 것은 보수주의이나, 그 가치를 너무 중시하다가 성원의 개별성까지 지워버리는 가족주의는 분명히 전근대적 현상이다. 가족주의가 아시아만의 가치라고? 아니다. 실은 유럽에도 있었다. 가령 로미오와 줄리엣. 가문들 간의 전쟁 때문에 결국 비극으로 끝나지 않던가. 가족의 동반자살? 유럽에는 없는 줄 아나? 가령 나치 선전상 괴벨스. 자녀를 여섯이나 낳아서 오손도손 전통적 가족의 모범을 보이더니, 전쟁에 패하여 연합군이 다가오자 집에서 열 살도 안 된 죄 없는 애들을 데리고 '잇카신주'했다. 그 '인류'이 얼마나 '따뜻'했던지, 애들이 새카맣게 타 숯덩이가 됐다. 정말이다.

승고한 개죽음

••• 칼날을 목 깊숙이 찔러 넣어⋯⋯.

미시마 유키오 〈애국〉

"그는 유독 죽음에 대해 많은 얘기를 했었고⋯⋯." 소설가 김탁환의 말이다. 이렇게 말하면 괜히 멋있어 보인다. 이 문장에서 '그'란 구체적으로 소설가 이인화를 가리킨다. 이인화 씨가 "죽음"에 대해 했다는 "많은 얘기"는 어떤 것이었을까? 궁금하다. 혹시 미시마 유키오 류의 '죽음의 미학'? 미시마. 이 친구 머리는 나빠도 수준이 좀 있다. 감성적 직관이랄까? 뭐, 그런 게 좀 있다. 무지막지해서 그렇지 눈이 제법 날카로운 구석이 있다. 하긴 촌스런 우익 주제에 그거면 됐다. 제 말대로 "우익은 감정의 문제"라니까.

이렇게 비웃었더니 김탁환이 막 투덜거린다. "종교적 민족주의를 추구하면 왜 안 되는가?" 이 천진난만함. 정말 몰라서 묻는 걸까? 아니면 알면서 괜히 그러는 걸까? 김탁환 씨, 질문. 그럼 우리가 종교적 민족주의를 비판하면 "왜 안 되는가"? 발끈한 김탁환, 너덜너덜한 보따리를 뒤지더니 비장의 레드카드를 찾아 꺼내든다. "종교적 민족주의가 틀린 길이라면, 그 비판을 던지는 자들은 대체 어디에 서 있는 걸까?" 글쎄? 아마 나는 아직은 빨간가 봐 그런가 봐 엄마야. 쯔쯔. 이걸 카드라고 꺼내놓고 협박까지 한다. 김탁환 어린이, 그걸 질문이라고 하시나요? "종교적 민족주의가 틀린 길이라면", 그 비판을 던지는 자들은 당연히 '옳은' 길에 서 있겠지요. 별게 다 궁금하다.

국가/민족을 절대자로 놓는 국가신도(神道), 국가를 위해 죽은 자는 '호국영령'이라는 이름의 '신'이 된다는 미신, 국가에 2천만 아시아인을 제물로 바친 잡신들의 고향 야스쿠니 신사. 민족주의는 정치, 종교는 죽음, 고로 종교적 민족주의는 죽음의 정치. 내 명제를 증명해주려고 미시마 유키오(1925~1970년)는 친히 제 배를 가르는 수고를 해주었다. 그의 자결은 생의 완성. 종교적 관점에선 '불멸'의 길, 나라를 위해 죽어 신이 되는 영생의 길, 미학적 관점에선 화룡점정, 즉 삶이라는 연극 속의 클라이맥스 연출. 하라키리(할복). 종교적 민족주의의 예술작품.

그의 단편 〈애국〉에 나오는 미담. 육군 중위였던 남편이 2·26 쿠데타에 실패하고 자결하자, '군인의 아내'답게 부인이 "칼날을 목 깊숙이 찔러 넣어" 제 멱을 딴다. 이는 단지 허구가 아니라 어떤 끔찍한 현실의 문학적 반영이다. 전쟁 당시 일본에선 남편보고 맘놓고 군인 가라고 신혼의 아내들이 소복을 입고 줄줄이 자결했다 한다. 조국에 바치는 정사(情死). 우익 변태들은 이 죽음이 '선택'이었노라 우기며 여기서 소위 '이념미'를 챙기고 서둘러 감동먹기 바쁘겠지만, 뒤르켐에 따르면 전근대 사회에서 이 '이타적 자살'은 실은 '의무'란다. 자결 안 하면 공동체가 유형, 무형의 보복을 가한다는 거다. 조선 시대에도 한 남자가 죽으면 가문의 명예를 위해 가문에서는 은근히 아내에게 따라 죽으라고 사주를 했다고 한다. 여기저기서 여자들이 남편을 위해 자결까지 하던 당시의 일본 사회. 거기서 저 혼자 자결하지 않고 뻔뻔하게(?) 살아남은 여자들은 아마도 정절이 없는 헤픈 여자 혹은 애국심이 없는 반국가분자 취급을 받았을 게다.

'이타적 자살.' 이는 타인을 위한 고귀한 희생이란 뉘앙스를 풍긴다. 과연 그럴까? 〈죽음의 분량〉이란 짧은 글에서 미시마는 말한다. '사람들은 핵전쟁 같은 대량 살육을 두려워한다. 하지만 죽음의 분량에 겁먹을 거 없다. 왜? 결국은 저마다 제 몫의 죽음만 죽으면 되니까.' 오, Jemeinigkeit(저마다 자기 몫의 삶)! 여기서 대량 살육은 간단히 개별적 죽음으로 환원된다. 말하자면 핵폭탄이 터져 인류가 종말을 맞으나, 내가 우연히 교통사고로 죽으나, 죽는 나의 관점에서는 어차피 마찬가지라는 것이다. 이 발상을 뒤집으면 나 하나의 죽음을 대가로 대량 살육을 살 수도 있다는 테러리스트의 미학이 등장한다. 제 목숨이 가벼운 자에게는 남의 목숨도 가벼운 법. 그래서 오페라 속의 히틀러는 나 하나의 죽음을 기념하려고 수도 베를린 전체에 자폭명령을 내린다. 이 사회적 무책임성. 집단주의와 이기주의, 국가주의와 실존주의의 이 기괴한 만남.

종교와 예술은 '가상'을 만든다. 정상인은 가상과 현실의 차이를 안다. 하지만 정치가 예술이 되고, 예술이 유미주의가 되고, 유미주의가 미적 종교가 되고, 그 종교가 광신에 빠질 때, '가상'과 '현실'의 경계는 흐려지고 착란이 시작된다. 이 착란이 정치성을 띠는 곳에서, 정치와 종교와 예술이 만나는 그 '가상현실'의 교차로에서, '번쩍' 미시마의 니폰도는 섬광을 뿜는다. 오, 정치의 예술화, 국가의 종교화. 애국적 정사(情死), 그 아름답고 숭고한 개죽음. 이게 우익적 '죽음'이다.

ː 불과 칼

맞다. 사도들이 순교하지 않았다면, 누가 예수의 부활을 믿겠는가? 예수가 정말로 부활하지 않았다면, 왜 이들이 죽음을 자청했겠는가? 그래서 우린 그의 부활을 믿는다. 하지만 과연 그럴까? 여기 함정이 있다. 왜? 목숨 버려 거짓증거하지 말라는 법은 없으니까. 가령 전능하리라 믿었던 예수가 힘없이 죽었다. 십자가에 달려 다른 인간들과 똑같이 창에 옆구리를 찔려 물과 피를 흘리다가 죽었다. 저게 신의 아들이란 말인가? 이 쓰디쓴 현실을 심리적으로 인정할 수 없었던 사도들, 제 몸 던져 예수를 부활시키려 했다. 무덤에서 시체를 훔친다. 예수 부활의 소문을 퍼뜨린다. 그리고 이를 죽음으로써 증거한다. 충분히 가능한 시나리오 아닌가?

하이데거는 틀렸다. "희생"이 항상 "진리"를 세우는 것도 아니고,

또 그의 말대로 "국가"를 세우는 게 항상 "진리"인 것도 아니다. 가령 그가 협력한 제3제국, 미시마의 "희생"이 부활시키려 한 대일본제국은 징그러운 허위였다. 이게 우익만의 일일까? 가령 사회주의 몰락 직후 우리 사회에서 일어났던 연쇄자살 사건. 아직도 이 사건은 내게 미스터리다. 그 배후에 자살 특공대가 있었는지 여부가 궁금한 게 아니다. 박홍 총장의 만화 같은 주장대로 자살조가 있었다면, 차라리 이해하기가 편할 것이다. 내가 궁금한 것은 다른 것이다. 이 죽음의 사슬은 대체 무엇을 위한 것이었을까? 알 수 없다. 필사적으로 죽은 이념을 부활시키기 위한 희생? 그렇다면 그건 분명히 위증이다. 그럼 전태일의 죽음은 어떤가?

동경대 법대 출신 최고의 인텔리 미시마 유키오. 그리고 스스로 '바보'라 불렀던 평화시장의 노동자 전태일. 이 둘의 희생은 하이데거식 어법으로 말하면 "진리"를 세웠다. 즉 일본의 신(新)우익운동의 부활과 한국의 변혁운동의 시작. 그럼 이 두 사람의 자살은 같은 종류일까? 현상적으로는 비슷해 보인다. 어쨌든 둘 다, 어떤 대의를 위해 자기 몸을 버리지 않았던가. 하지만 그 현상의 유사함 뒤로 본질의 상이함이 존재한다. 가령 미시마의 죽음은 어디까지나 국가 권력을 세우기 '위한' 것이었다. 반면 전태일의 자살은 철저하게 거기에 '반하는' 것이었다. 미시마의 할복은 국권(國權)을 위한 것이었다. 반면 전태일의 분신은 민권(民權)을 위한 것이었다. 미시마가 '국가'의 주권(=開戰權)을 회복하여 일본을 무장력을 갖춘 소위 '정상 국가'로 되돌리려 했다면, 전태일은 그 죽음으로써 국가에 몰수당한 '민중'의 주권(=노동3권)을 되찾으려

했다.

전후 일본의 자유주의적 현실에 '무료함'을 느꼈던 미시마는 머릿속으로 찬란한 대일본제국이라는 국가주의적 허구를 '극화'했다. 반면 국가주의적 현실에 고통받던 전태일은 '자유민주주의'라는 제목을 달고 행해지는 정치연극을 '탈(脫)극화'하여 그 허구성을 폭로하려 했다. 또 자기 삶을 예술작품으로 '극화'한 미시마가 제 주관적 드라마 속의 주연이 되어 실제로 제 배를 가르는 착란을 일으켰다면, 전태일의 경우에는 사정이 다르다. 착란에 빠진 건 그가 아니라 사회 전체였다. 국가를 위해 몸 바쳐 희생하라고 가르치는 국가주의 파시즘이 '민주주의'를 참칭하던 당시의 거대한 착란. 그의 죽음은 이 집단적 망상을 깨기 위한 것이었다.

미시마는 자기를 지움으로써 국가주권(?)을 회복하고 그렇게 위대해진 국가와의 동일시 속에서 제 정체성을 찾으려 했다. '나=대일본제국.' 반면 전태일은 제 정체성을 국가에 반납하기를 거부했다. 국민을 국가적 목적의 수단으로 간주하는 전체주의적인 병영 사회에서 제 존재를 철수해버렸다. 국가를 위해 싸우면서 일하는 산업 전사들의 병영에서 탈영을 해버렸다. 그리고 그로써 국가가 선전하던 이데올로기, 즉 "국가의 발전=나의 발전의 근본"이라는 허구적 등식을 깨뜨려버렸다. 겉으로는 유사해 보여도, 훨훨 타오르는 불과 번득이는 칼이 지향하는 가치는 정반대의 방향을 향하고 있었다.

모든 "희생"이 "진리"를 세우는 건 아니다. 어떤 이가 희생을 했다는 사실에서 그 희생이 대변하는 이념의 정당성이 얻어지는 것은 아니다. 그것은 변태적 유미주의, 미적 형식주의의 극단일 뿐이다. 오직 인간으로부터 자립한 압제적 권력에 '대항'하는 희생, 허구적 이념과 주관적 드라마를 '탈극화'하여 현실로 돌아오는 냉철한 희생, 집단이나 이념과 자신을 동일시하지 않고 자기의 '정체성'을 주장하는 희생. 이런 희생만이 진리를 세울 수 있다. 전태일의 희생이 값진 건 그 때문이다.

모든 "진리"가 "희생"의 가치가 있는 것도 아니다. 가령 〈전대협 6년사 불패의 신화〉에 나오는 말. "총회를 죽음으로 사수하라." 실제로 그걸 사수하다 죽은 사람들에게 전대협은 "영웅상을 수여"했단다. 이 무차별적 동일시 요구. 거기에 "사수", "신화", "영웅"과 같은 우익적 어휘들로 표현되는 변태적 낭만주의. 이걸 도대체 어떻게 이해해야 할까? "희생"이 "진리"를 말하는 유일한 방법이었던 시절의 집요한 기억? 그런데 유감스럽게도 이들의 주관적 드라마 밖에서 그 잔인한 시절은 이미 오래 전에 지났다.

: 정치적 네크로필리아

●●● 승리하는 적 앞에선 죽은 자도 안전하지 못하리라.

발터 벤야민 〈역사의 개념에 관하여〉

네크로필리아. 시체 선호. 이 말을 처음 들은 건 김지하의 글을 통해서
였다. 당시 맥락에서 이 낱말은 시위 도중 경찰의 폭력에 희생된 어느
학생의 장례식을 가리켰다. 과연 그 장례식이 사체에 대한 정치적 시간
(屍姦)이었을까? 몇 년 전 〈한겨레〉와 한 인터뷰에서 김지하는 당시 자
기의 발언이 적절했다고 말했다. 그러다가 얼마 전 김지하는 그 발언 자
체는 적절했으나, 다만 그것이 〈조선일보〉에 실려 정치적으로 오용될
것을 생각하지 못한 게 문제였노라고 밝혔다.

과연 그럴까? 난 여전히 그 죽음을 정치적 죽음으로 규정한다. 그
건 자연사도 아니었고, 사고사도 아니었고, 자살도 아니었다. 그는 분명
히 국가 권력의 폭력에 희생됐다. 따라서 거기에 정치성을 부여한 건 정
당했다. 외려 그 죽음을 탈정치화하여, 그 죽음을 자연사나 사고사로 다

루는 것이야말로 그 죽음의 의미의 중대한 왜곡이다. 그 죽음은 한 자연인의 사적 죽음이 아니라 분명히 공적 성격의 죽음이었다. 이런 경우가 발생하면 대개 정권에서는 경찰을 내세워 '조용히 처리'할 것을 종용하곤 한다. 말하자면 공적 죽음을 사적 죽음으로 환원시키려고 하는 것이다. 이것만 보아도 공적 죽음과 사적 죽음의 차이는 단지 관념의 차이에 불과한 게 아님을 알 수 있다. 그래서 난 시인의 발언은 적절하지 못했다고 본다.

하지만 이건 어떤가? 시위 도중 사망한 학생의 시신을 놓고 학생회와 유가족이 승강이를 벌인다. 이 경우엔 죽음의 사회적 의미와 사적 의미가 양극으로 분해되어, 사체를 사이에 두고 팽팽하게 맞서게 된다. 정말 그런 일이 있었다. 사체를 돌려달라는 유가족의 요구를 학생들이 거절하는 일이 종종 있었다. 대체 무슨 권리로? 혹시 이런 논증? '첫째, 이 죽음은 정치적이다. 둘째, 고로 이 죽음을 정치화하는 게 옳다. 셋째, 따라서 이 죽음을 기념할 권리는 우리에게 있다. 게다가 유가족의 배후엔 경찰의 회유와 협박이 있으니까.' 첫째와 둘째는 옳다. 문제는 셋째다. 왜? 사체는 법적으로 엄연히 유가족에 속하고, 경위야 어찌 됐든 장례에 관해 최종 판단을 내릴 권리 역시 유가족에 있으니까. 따라서 학생들에게 허용된 행위의 최대치는 유가족을 한번 설득해보는 것뿐이었다. 근데 그들은 그 이상을 했다. 아예 사체를 차지하려 했다. 바로 여기에 운동권 '열사문화'의 변태성이 있다. 시인이 그 발언으로 특정 사건이 아니라 이 일반적 분위기를 지적했다면, 그는 옳다.

"승리하는 적 앞에선 죽은 자도 안전하지 못하리라." 프랑스 혁명으로 곤욕을 치른 건 살아 있는 왕만이 아니었다. 죽은 왕들 역시 민중에게 곤욕을 치렀다. 그들의 무덤은 왕당파의 성지가 되지 못하도록 사정없이 파헤쳐졌다. 반면 왕정복고 뒤엔 거꾸로 팡테옹에 모신 혁명가들의 시체가 왕당파들에게 욕을 보게 된다. 사체는 때로 정치적 획득의 대상이 된다. 가령 페론 정권의 전복 이후 아르헨티나 민중에게 성녀로 통하던 에비타의 시체는 군부에 의해 어디론가 빼돌려진다. 한스 홀바인의 〈죽은 그리스도〉를 연상시키는 체 게바라의 시체 역시 마찬가지였다. 이 혁명가의 시체는 수십 년이 지나서야 비로소 어느 공항 근처에서 암매장된 채 발굴되었다. 시체를 둘러싼 민중과 군부 독재자들의 숨바꼭질. 뭐 하는 짓일까? 죽은 자의 '적'은 누구일까? 군부? 민중? 아니면 둘 다?

한국에선 4·19 때 최루탄을 맞고 사망한 김주열 군의 사체를 지키던 시위대가 이 전통을 세웠다. 당시 그의 시체가 있던 마산의 한 병원에는 '경찰에서 시체를 빼돌리려 한다'는 말을 듣고 운집한 시민들이 몰려들어, 그의 시신을 지켰다. 그때 그의 시신은 글자 그대로 '민주주의'의 화신이었다. 근데 이상하게도 그후 우리 사회에서는 이 싸움이 종종 '학생 대 유가족'의 대리전으로 나타났다. 왜 그랬을까? 손에 피를 묻힌 정권은 어떻게 유가족의 등뒤로 숨을 수 있었을까? 회유와 협박을 통해서 강제로? 아니면 개인을 가족 소유로 보는 가족주의 멘탈리티를 통해서? 어느 쪽이든 이 역시 바람직한 건 아니다. 죽은 자의 뜻을 참칭하는 학생들의 태도만큼 그의 뜻을 무시하는 것도 잘하는 건 아니니까. 사체는 법적으로 유가족에게 속하나, 실은 그 누구의 사적 소유물도 아니다. 사체는 죽은 자의 몸, 즉 죽은 자의 것이다.

: 죽은 자를 심판하라!

●●● 산 자들은 항상 죽은 자에 의해 다스려진다. 이 거부할 수 없는 지배…….
오귀스트 콩트 〈실증적 정치학의 체제〉

실증주의의 창시자 콩트(1798~1857년)가 종교의 창시자였음을 아는
가? 학문에서 일체의 가치 판단을 배제했던 이 냉철한 과학정신이 동시
에 괴상한 사이비 종교(?)의 교주였다고 한다. 재미있지 않은가? 그가
만든 '위마니테(humanité)교'는 사회의 '진보'에 공헌한 사자(死者)들을
섬기는 종교란다. 사회 전체가 '실증주의력(曆)'에 맞춰 정기적으로 사
자를 기리는 공식 행사를 갖고, 가정에선 집집마다 위패를 모시고 제 조
상을 조석으로 기념한다는 거다.
　　이 세속화된 위령미사가 공동체에서 풀려나온 이기적 원자들을 다
시 하나로 통합해줄 사회적 가치관이 될 수 있다고 믿었던 콩트. '남을
위한 삶'을 설교하시는 우리의 사제는 그런 삶을 살다가 간 성자들을
'인류'라 부르신다. 이것이 과학을 위해 가치를 배제한 실증주의의 가치

관이라고 한다. 사실 '실증주의'와 '가치관'이라는 말은 '네모난 삼각형'처럼 형용모순이다. 어쨌든 이 네모난 삼각형(?)에 따르면 제 이익만 챙기며 살다 간 '기생충'이나 이기적 동기에서 자살을 한 자들은 '인류'가 될 자격이 없다. 단 이타적 동기에서 자살한 사람들의 경우엔 몇 년 유예 기간을 거쳐 '인류'의 반열에 오를 자격이 주어진다. 하지만 어떤 자살이 정말로 "남을 위한" 것인지 누가 판단힐 것인가? 그건 위마니테교의 사제님들이 알아서 판단하시겠단다.

그럼 미시마 유키오와 전태일, 위마니테의 사제들은 이 중 누구를 '인류'의 반열에 올릴까? 모르긴 해도, 자본의 '진보'에 딴죽이나 건 전태일보다 미시마를 축성할 가능성이 크다. 왜? 일본이야말로 이 사이비 종교를 완벽하게 실천하는 사회이기 때문이다. 한편에는 초정밀 하이테크 실증주의가 있고, 다른 한편에는 아직까지도 고대의 정복신화가 펄펄 살아 있는 신들의 나라. 거국적 차원에서 거룩한 호국영령을 모신 야스쿠니 신사, 사적 차원에서 집집마다 모셔놓은 신주단지 가미다나(神棚). 이 초(超)보수적인 사회의 사제들이 과연 어떤 판결을 내리겠는가? 게다가 미시마 유키오야말로 사실 일본판 위마니테교의 순교자가 아닌가.

"산 자들은 항상 죽은 자들에 의해 다스려진다. 이 거부할 수 없는 지배⋯⋯." 일본이 과거를 반성하지 못하는 건 이 때문이다. 즉 산 자들이 야스쿠니 신사의 죽은 자들에게 "거부할 수 없는 지배"를 받고 있기에 과거사를 뉘우칠 수가 없는 것이다. 조상신은 비판의 대상이 될 수 없는 것이다. 호국영령은 절대로 학살자가 될 수 없다. 그래서 일본은 죽은 자들에 의해 다스려지고 있는 것이다. "이 거부할 수 없는 지배……." 남 탓할 거 하나 없다. 위마니테교도들, 우리 나라에도 얼마든지 있으니까. 가령 의사당에 '국부'의 신상을 세우고, 박 '초인'의 신전을 짓겠다고 설치는 대한민국 우익들. 인간 도라마(drama) 좋아하는 이 인간 도라이들의 감동적인 우익 신통기. 이순신, 정조, 이승만, 박정희…….

죽은 자를 이용해 산 자를 지배하겠다는 이 야무진 꿈. 이럴 줄 알고 일찍이 사도신경에 이르기를 "저리로서 산 자와 죽은 자를 심판하러 오시리라." 아멘. 여러분 믿습니까. 예수께서 "죽은 자"도 심판하신대요. 미처 심판 못 받고 죽은 독재자들, 섭섭해하지 마세요. 주님께서 특별히 시간을 내시겠답니다. 할렐루야. 이 얼마나 놀라운 은총입니까? 그러니 아직 추종자들을 갖고 있어 충분히 심판받지 못한 독재자 여러분, 조금만 기다리세요. 국회 안에까지 기어 들어가 풀풀 썩은 내를 뿜어대고, 신전 속의 우상이 되어 우익 광신도들의 숭배를 받고 있어도, 머지않아 곧 그대들에게도 주의 심판이 내려질 것입니다.

'사자 숭배'는 전통이나 기성 체제에 복종하라는 보수주의 이데올로기의 종교적 표현이다. 이게 어디 우익만의 일일까? 하나의 권력을 파괴한 힘이 자기를 권력으로 조직해야 하는 모든 사회에는 사자 숭배가 존재한다. 가령 레닌, 마오 쩌둥, 김일성. 유리관에 든 이 시체들이 산 자를 지배하지 않는가. 죽은 자가 숭배의 대상이 될 때 현재는 과거에 볼모로 잡히고, 산 자의 사회는 죽은 사회의 노예가 되는 법. 이는 그 죽은 자들이 소위 '진보'의 화신일 경우에도 마찬가지다. 그리하여 죽음의 세력과 싸우기 위한 유물론적 전략. 산 자여, 죽은 자를 기념하라. 그러나 죽은 자의 노예가 되지는 마라. 언제 오실지 모르는 그리스도를 대신하여, 산 자여, 죽은 자를 심판하라.

:죽음의 정치

쿠르드족이 동족의 탄압에 항의하여 독일의 아우토반을 점거하고 몸에 휘발유를 붓고 불을 당길 때, 서구인들은 이를 매우 끔찍하게 생각한다. 유다의 가장 큰 죄가 예수를 판 것이 아니라 자살한 것이라 할 만큼 자살을 엄격히 금하는 기독교 문명의 눈에는 자살을 자기 표현의 수단으로 삼는 문화가 매우 야만적으로 느껴지는 모양이다. 게다가 개인주의가 발달한 사회에서는 공동체를 위해 개인이 제 몸을 버리는 것이 전체주의적 사고방식에서 비롯된 극단적 행위로 보일 뿐이다. 그리하여 고속도로 위의 분신자살 드라마를 바라보며 서구인들은 자살까지 해야 하는 쿠르드족의 극한적 처지를 동정하기보다는 외려 대의를 위해 개인의 생명을 버리라고 가르치는 PKK(쿠르드 노동당)의 전체주의에 전율을 느끼게 된다.

　서구와 달리 동양에서는 대의를 위해 개인이 목숨을 버리는 것을 숭고한 행위로 여긴다. 정치적 자살이 개인성의 말살이 아니라 개인성의 최고 완성으로 간주되는 것이다. 아울러 동양에서는 개인주의 발달이 미약하여 개인보다는 집단을 우선시하는 경향이 있다. 그리하여 동양에는 산업화가 된 이후에도 전근대적인 이타적 자살이 사라지지 않고 남아 있는 것이다. 바로 여기서 동양 특유의 죽음의 문제가 성립한다. 여기서 어느 문화가 더 우월하냐고 따지고 싶지는 않다. 자살을 죄악시하는 서구문화의 절대성을 주장하고 싶지도 않다. 자기의 삶을 거둘 권리는 결국 사회가 아니라 개인 자신의 결단에 있기 때문이다. 하지만 개인보다 집단을 앞세우고 자살을 찬미하는 동양의 문화가 자칫 생명을 경시하는 죽음의 문화로 나아갈 위험한 잠재력을 갖고 있음은 부정할 수 없는 사실이다.

첫번째 글 〈잇카신주〉에서는 우리 사회에서 종종 벌어지는 가족의 집단자살의 바탕에 깔려 있는 멘탈리티(정신 구조)를 짚어보았다. 이 가족주의적 자살에는 전통 사회의 이타적 자살과 현대 사회의 이기적 자살이 묘하게 결합되어 있다. 가족자살 속에는 전통 사회에서 산업 사회로 나아가는 과도기에 있는 한국 사회의 모습이 그대로 반영되어 있다. 그들이 이런 결정을 내린 데에는 부모 없는 아이들을 맡아줄 사회보장제도의 결핍, 그리고 부모 없는 아이들에 대한 사회적 편견 등이 주요하게 작용했을 것이다. 한국 자본주의의 천민성은 여기서 다시 한 번 그 잔인성을 드러내는 것이다. 하지만 이 모든 것보다 더 충격적인 것은 가장이 자기의 식솔들에 대한 생살여탈권을 쥐고 있다는 발상이다. 그 어떤 이유에서도 인간은 자기 자신 이외의 다른 사람의 생명에 손을 댈 권리는 없는 것이다.

두번째 글 〈숭고한 개죽음〉은 일본 사회에서 찬미되는 어떤 정치적 자살의 문제를 다루었다. 미시마 유키오의 자살은 정치적 유미주의의 극한이다. 정치적 자살의 '숭고함'은, 어떤 옳은 대의의 실현을 위해 한 개인이 자기에게 가장 귀중한 것을 바치는 데에서 성립한다. 하지만 유미주의는 대의가 올바른 것이어야 한다는 조건을 종종 생략하고 한 개인이 목숨을 버리는 드라마의 미적 효과만을 고려한다. 그 대의의 올바름에 관계 없이 자살의 미적 효과에만 감동을 받는 일본의 사무라이 미학. 사무라이들에게 대의가 올바른 것인지에 대해 판단할 권리는 자기가 아니라 주군에게 속한다. 그 결과 올바름이라는 윤리적 가치가 아니라 할복의 미적 가치(=男性美)를 지향하는 숭고한 개죽음이 등장한다. 이 일본의 미학이 《이문열 삼국지》의 바탕에 깔려 있다. "자신이 충성을 서약한 대상이 옳다고 믿는 바를 위해 기꺼이 피를 흘리고 죽어간 수많은 충신절사들은 삼국지의 갈피 갈피를 수놓는 꽃이다."

전태일의 죽음은 전혀 미적이지 못했다. 그는 자기의 죽음을 미적으로 연출할 정도의 미감을 갖고 있지 못했다. 미시마는 동경대 법대를 다닌 인텔리인 반면, 전태일은 배우지 못해 "옆에 대학생 친구가 있었으면……." 하고 바란 무식한 노동자였다. 미시마는 신문이나 잡지에 글을 발표하여 얼마든지 자신의 주장을 사회에 알릴 기회가 있었다. 하지만 전태일의 경우에는 그 어느 누구도, 그 어느 신문도 그의 목소리에 관심을 기울여주지 않았다. 자기가 할 수 있는 모든 것을 다 한 후에, 노동법도 자기를 도울 수 없다는 것을 깨달은 후에, 자기의 목소리를 사회에 전달할 통로가 모두 차단되었다는 것을 쓸쓸하게 확인한 다음, 전태일은 올바른 대의를 위해 자기에게 가장 소중한 것을 바쳤다. 그의 목소리가 사회에 전달되는 데에는 그의 목숨이 필요했고, 그는 그것을 기꺼이 바쳤다. 바로 여기에 그의 죽음의 숭고함이 있다.

하지만 이 '열사'의 문화에는 또한 어떤 위험이 도사리고 있다. 자칫 대의만 올바르면 언제라도 목숨을 바쳐야 한다는 병적인 생각으로 흐를 위험이 있는 것이다. 실제로 80년대와 90년대의 운동 과정 속에서 '열사의 인플레이션' 현상이 나타났다. 한편으로는 연쇄자살의 드라마가 일어났으며, 다른 한편으로는 운동을 하다 목숨을 잃은 모든 이를 다 '열사'로 만드는 괴상한 문화가 확산되었다. 굳이 안 죽어도 될 사람이 죽었을 경우에는 그이를 열사로 만들어 기리기보다는 본의 아니게 열사가 되는 사람이 없도록 조치를 취하는 것이 정상이다. 하지만 대의라는 괴물은 개인의 생명의 소중함을 챙겨주기보다는 그것을 먹고 자라기를 바라는 법이다. 이 때문에 대의는 종종 주책없이 정치적 네크로필리아를 드러냄으로써 스스로 우스꽝스러워지곤 했다. 열사의 문화는 멘탈리티가 사회의 일반적 발전에 좀 뒤져 있는 소위 NL 계열에 아직도 광범위하게 남아 있다.

사실 모든 국가에는 '사자(死者) 숭배'의 문화가 있다. 우리가 흔히 사용하는 '호국영령'이라는 말이 실은 야스쿠니 신사에 안치된 2차대전의 전범들을 가리키는 말이라는 것을 아는가? 이 사자 숭배는 좌익과 우익의 구별을 넘어서는 보편적 현상이다. 이 정치적 '사자 숭배'는 본질적으로 어떤 권력을 신성하게 축성하기 위한 신화적 제의다. 거기에 '사자 숭배'의 보수성이 있다. 그리스 사회의 바탕에 올림푸스의 신들의 얘기가 있었다면, 근대 국가의 바탕에는 '사자 숭배'라는 신화가 깔려 있다. 어쩌면 이것은 불가피한 현상일지도 모른다. 그렇다면 그것의 기능인지도 모른다. 죽은 자들은 죽어서도 산 자를 위해 복무해야 한다. 산 자가 죽은 자를 위해 살아서는 안 되며, 그들을 위해 죽어서는 더더욱 안 된다.

3장 자유

진짜 자유주의자라면, '자유'라는 말로 경제적 자유 이상의 것을 의미할 줄 알아야 한다. 그게 교양이다. 또 시장을 만능 '해결'로 보는 수준을 넘어 동시에 그것을 '문제'로 볼 줄도 알아야 한다. 그게 상식이다. '정의'라는 이름으로 평등의 문제의식을 적극적으로 끌어안을 줄 알아야 한다. 그게 현대적 자유주의의 수준이다.

፧ 기쁜 소리, 신약과 선언

●●● 천박한 이기주의와 문명화된 사디즘을 어느 정도 극복하게 해준 이 두 텍스트……

리처드 로티 〈공산당 선언, 그후 150년〉

'연대성의 철학'의 주창자 리처드 로티(1931년~. 미국의 자유주의 철학자)가 얼마 전 〈공산당 선언〉 발표 150주년을 축하했다. 〈신약〉과 〈선언〉, 이 두 텍스트는 예언서다. 그것도 무참하게 빗나간 예언서. "속히 오리라"던 예수 그리스도는 2천 년이 넘도록 다시 오시지 않았고, 역사에 종지부를 찍을 자유와 평등의 무계급 사회도 자본주의 생산력이 150년이 넘도록 비약적으로 발전했어도 아직 올 기미가 안 보인다. 젖과 꿀이 흐르는 언약의 땅은 타락한 성직자계급과 부패한 노멘클라투라(특권계급), 끔찍한 이단 사냥과 잔혹한 KGB와 굴라크(교화노동수용소)의 디스토피아로 끝났다. 그리하여 그는 말한다. "부르주아와 프롤레타리아의 구별은 오늘날 이단과 기독교인의 구별만큼이나 낡았다." 맞다.

"하지만", 그의 말은 이어진다. "'부르주아'를 상위 부유층 20%로

'프롤레타리아'를 나머지 80%로 이해한다면, 〈선언〉의 문장은 대부분 오늘날에도 옳다." 브라보. "인류의 역사는 '계급투쟁의 역사'라는 명제도 옳다. 모든 문화, 정권, 정체에는 돈과 권력을 영원히 독점하려고 남을 기만하고 강탈하는 자들이 있다는 뜻으로 이해한다면." 브라보. "권위주의 정권을 뒤엎고 입헌민주주의를 세우는 것만으로는 평등과 위엄을 위해 충분하지 않다." 브라보. "빈익빈 부익부, 노동의 상품화로 인한 임노동자의 빈곤화, 그리고 '현대의 국가 권력이 부르주아계급의 공동위원회'라는 것은 1848년이나 지금이나 여전히 참이다." 브라보.

〈선언〉은 자본주의 발달과 함께 노동자의 생활 수준이 저하하리라 진단했지만 "적어도 유럽과 북미는 이 위험에서" 벗어날 수 있었다. 브라보. 그런데 어떻게? "〈선언〉을 읽고 제 몫의 정치 권력을 쟁취할 힘을 얻은 노동자들의 용기 덕분에." 브라보. 그래서 "〈선언〉은 복음서보다 젊은 세대에게 읽히기에 훨씬 더 좋다." 브라보. "용기와 영감"을 준다는 이 책을 우리도 로티처럼 "젊은 세대"에게 마구 권하고 다니는 건 어떨까? 그러잖아도 이번에 〈선언〉이 한국말로 번역되어 나왔다. 브라보. 박종철 출판사. 값 5천 원. 믿을 수가 없다. 그렇게 좋은 책이 이렇게 싸다니.

"언젠가 우리는 자녀들에게 줄 새 텍스트를 갖게 될 것이다." 브라보. "예언은 포기했으나 신약처럼 형제애의 동경을 담은 텍스트를……." 브라보. "〈선언〉처럼 우리가 서로 교통하는 방식의 비인간성을 통찰하게 해주는 텍스트를." 브라보. "하지만 그날이 올 때까지는 천박한 이기주의와 문명화된 사디즘을 어느 정도 극복하게 해준 이 두 텍스트에 감사해야 할 것이다." 브라보. 헤이, 〈조선일보〉. 이 시뻘건 색깔의 글, 어디에 발표된 건 줄 알아? 독일의 꼴보수신문 〈프랑크푸르터 알게마이네 차이퉁〉에 실렸던 거래. 봤지, 너희들하고 노는 수준이 애초에 다르지? 보수질 좀 제대로 해봐.

자유주의의 천국 미국의 철학자가 이런 얘기를 하고 있을 때, 사회 보장비가 돈 내고 돈 먹으며 막 가는, 그 나라의 1/4도 안 되는 이 나라에서 우리가 "과도한 평등"을 누리고 있노라고 마구 불평하며, 기껏 "바가지 요금"(공병호) 받을 자유를 노래하는 자칭 '자유주의자'들의 행태. 이런 "천박한 이기주의와 문명화된 사디즘" 때문에 〈선언〉은 아직 무덤으로 들어갈 수가 없는 것이다. 그 때문일까? 얼마 전 바티칸의 살아 있는 복음서께서도 신자유주의의 위험성을 경고하고 나서지 않으셨던가. 비바 파파. 얼마나 귀한 일인가. 글로리아 인엑스첼시스 데오. 하늘에는 신의 영광, 땅에는 인간의 평등.

자, 다 읽었는가? 그럼 이제 〈선언〉을 덮어버려라. 섣부른 종말론적 "예언을 포기"하고, 이제 로티의 말대로 새로운 '텍스트'를 쓰자. 현실이라는 종이 위에 우리의 "자녀들에게 줄" 기쁜 소리, 새로운 복음서를 쓰자. 로티의 선창으로 외치는 〈선언〉의 마지막 구절. 랄랄라, 만국의 "80%"여, 단결하라!

：세일즈맨은 죽지 않는다

●●● 이 책을 세상에 내놓는 것은 무식하고 용감한 행위임이 분명하다.

김정호·공병호 《갈등하는 본능》

모든 걸 화폐로 환산하는 천민자본주의. 몸이라고 성히 놔둘 리 없다. 그리하여 보험금 타려고 제 발목을 자르고, 손가락을 자르고, 그것도 모자라 아들에게 농약을 먹이고. 이건 '사기'라고? 그럼 이런 경우는 어떤가? 즉, 필요한 이에게 정정당당하게 돈을 받고 제 몸을 잘라내 파는 거다. 물론 이는 모든 나라에서 법적으로 금지돼 있다. 장기를 기증하는 절차 역시 기증을 위장한 판매의 가능성 때문에 엄격하게 국가의 관리를 받는다. 하지만 두 개인 사이의 자유로운 계약 행위에 왜 국가가 간섭한단 말인가? 내 몸은 나의 '사유 재산'이거늘, 왜 내 재산권 행사에 법이 간섭하고, 국가가 시비를 건단 말인가?

'자유주의의 세일즈맨' 공병호. 그게 답답하다. 그리하여 그는 과감하게 외친다. "장기의 자발적 거래를 허용하자!" 이게 "서방의 경제 제재 조치"로 신장이라도 내다팔아야 먹고 살 처지에 빠진 가련한 이라크 인들을 보며 그가 내뱉은 말이다. 여기서 장기를 내다팔아야 하는 사람들의 끔찍한 처지는 졸지에 "자발적 거래"의 모범적 실례가 된다. 이게 이들이 말하는 '자유'다. 미제 무기로 사정없이 폭격을 해놓은 다음, 부유한 미국인들을 위해 이라크 민중의 신장을 사들이겠다? "쌍방이 만나서 평화적 거래를 하게 되면 거래의 쌍방 모두에게 이익이 된다." 오, 지극히 높은 곳에서는 미제 미사일의 영광, 땅 위에는 '거래'의 '평화'…….

"파는 사람은 신장을 판 돈으로 신장보다 자신에게 더욱 이로운 일을 할 수 있"으니 얼마나 좋은가? "신장 거래는 누구에게도 해를 끼치지 않는다. 거래의 쌍방 모두가 좋아진다면 그것만큼 좋은 일이 있을까?" 그럼, 다시는 없지. 경사났네, 경사났어. 공병호가 꿈꾸는 유토피아가 이미 저기 인도 지방에 있다. 듣자 하니 거기에 가면 말이 암시장이지 경찰도 썩을 대로 썩어 실은 장기(臟器)의 자유시장이란다. 안심하고 맹장수술도 못하는 분위기란다. 마취만 했다가는 의사들이 환자 몸에서 생명에 지장이 없는 한도 내에서 맘껏 장기를 빼돌려 팔고, 집이 없어 길거리에서 자는 사람들은 자고 일어나면 두 눈이 없어지고…….

"이 책을 세상에 내놓는 것은 무식하고 용감한 행위임이 분명하다."〈갈등하는 본능〉300쪽 분량에서 말 되는 얘기 딱, 이거 하나 건졌다. 세상에, 그 많은 헛소리 중에서 내가 흔쾌히 동의할 수 있는 얘기는 바로 이 문장 하나뿐이다. 나머지는 난리가 났다. 침팬지가 깩깩거리고 개구리가 폴짝 뛰고 모기가 앵앵거리는 이 '동물의 왕국' 얘기로, 시장을 옹호하시겠단다. 이 참에 우리, 자유주의자도 수입 좀 하자. 국산 '자유주의자', 품질 낮아 못 쓰겠다. 질 좋은 외제 수입해 "학자들의 세계에 경쟁을 불어넣"는 거다. 경쟁을 통해 동물나라 얘기나 하는 "무식하고 용감한" 학자들, 와뚜 와리 와리, 재벌 기쁨조 하느라 바빠 "공부하지 않는 학자들은 도태되도록 해야 한다."

　"도태"된 국산 자유주의자. 뭘 먹고 사나? 자유 방임! 자기들이 "무식하고 용감"하다가 시장에서 도태된 걸 왜 사회가 책임져? 이런 자들은 "다른 사람의 도전과 창의를 물귀신처럼 뒤에서 붙잡"아 사회의 "발전을 가로막는 암적인 존재일 뿐"인데. 세일즈맨의 죽음? 내다팔 장기가 있지 않은가. 세일즈맨은 죽지 않는다. 다만 가벼워질 뿐이다. 장기를 다 빼먹은 다음엔? 낸들 알 수 있나, 이들이 팔아먹는 해괴한 '자유주의' 버전에는 그 다음 얘기가 없는데. 뭐, 팔아먹을 게 또 있겠지. 가령 "자발적 거래"를 통해 제 인격을 팔아 우리 집 마당쇠가 되든지, 아니면 멍텅구리 배에서 평생 고기나 잡든지. 실제로 이들의 사상적 아버지 철학자 노직(Nozik)은 "자발적 거래"를 통한 것이라면 '노예 매매'까지도 허용되어야 한다고 주장한다. 이 정도면 제정신이라고 봐주기 좀 힘들다. 뭘 먹으면 사람이 이 지경이 될까? 보사부에서는 이들의 서식지를 중심으로 즉각 역학 조사에 들어갈 일이다.

　헤이, 자유주의의 세일즈맨. 시장에서 '도태'되면 내게 연락하라. 그대의 콩팥 한 쪽, 허파 한 쪽, 고환 한 쪽, 안구 한 알을 구입할 용의가 있으니까. 값은 후하게 쳐주겠다. 하지만 그렇다고 너무 기대하지는 마시라. 아무리 그대의 장기가 품질이 좋아도, 시장경제 하에서 장기의 값이란 역시 시장원리, 즉 수요/공급에 의해 결정되는 법. 그대가 꿈꾸는 날이 오면 인천항에는 그러잖아도 제3세계에서 온 값싸고 질 좋은 수입 장기들이 수북이 쌓여 있을 테니. 이게 웬 바로크(기괴하고) 마카브르(섬뜩한) 자유주의.

환경 빨갱이?

●●● 마르크스주의를 따르던 지식인들이 대거 환경론자들로 변신했다.

복거일 〈소수를 위한 변명〉

"시장경제(는) 공해 문제를 잘 해결할 수 있다." 그럼, 시장은 슈퍼맨. 못할 일이 뭐가 있는가? 그래서 시장만능주의라고 하지 않는가. 그렇다. 경우에 따라서 시장경제도 공해 문제를 잘 해결할 수 있다. 그런데 그러려면 유감스럽게도 복거일이 목놓아 외치는 자유방임의 원칙을 상당 부분 포기해야 한다. 다 죽은 마르크스레닌주의와의 대비 속에서만 설득력을 퍼올리는 복거일의 낡은 자유주의 버전은 이제 업그레이드돼야 한다. 왜? 그러지 않으면 시장은 환경친화적(?)이라는 그의 주장과는 달리 공해와 시장경제 사이에 "본질적 관련"이 있게 되니까.

"공해를 막는 것은 이론적으로는 간단하다. 깨끗한 물, 공기, 흙과 같은 공유 자산의 값을 공해 방지에 드는 비용보다 비싸게 만드는 것이다." 이것이 복거일의 자유주의적 해법이다. 한마디로 자연의 가치를 화폐로 환산시키는 것이다. 하지만 어떻게? 기업이 초래한 환경 피해를 돈으로 환산해 부담시킨다? 좋은 방법이다. 그런데 유감스럽게도 그러려면 이미 공해는 발생해 있어야 한다. 그런데 그렇게 이미 발생한 공해가 회복이 불가능할 정도로 치명적일 경우에, 그 손실을 사회는 어떻게 보상받아야 할까? 게다가 자연에 어떻게 값을 매겨? 가령 멸종한 생물의 값은 얼마? "공해 방지에 드는 비용보다" 좀더 많은 액수? 그게 자연의 값인가?

복거일의 발상은 간단하다. 그러니까 공해 방지 시설을 하는 데 드는 돈보다 더 많은 액수를 벌금으로 물게 한다는 것이다. 그러면 기업가들은 호모 에코노미쿠스, 즉 합리적으로 행동하는 존재들이라, 공해방지에 들어가는 비용을 아끼다가 적발되어 더 많은 돈을 물어내는 어리석음을 범하지는 않을 것이라는 얘기다. 이것은 아주 천진난만한 생각이다. 가령 누군가 도둑질을 할 경우, 그가 도둑질을 통해 볼 이득보다 적발되어 받을 처벌이 더 크다는 것을 몰라서 그 짓을 하는 것은 아니다. 대개의 범법 행위는 범죄의 발생 건수에 비해 적발 건수가 늘 턱없이 적다는 데에서 비롯되는 것이다. 환경 범죄라고 다르겠는가? 남들이 비싼 공해 방지 시설을 설치하여 비용을 올리고 있을 때, 나 혼자서 몰래 공해 물질을 유기하여 경쟁에서 살아남는 게 낫다고들 생각할 것이다.

"합리적으로 행동하는 기업가들"이라면 환경 파괴가 경제에 미칠 영향을 예측하고 자발적으로 공해 방지 비용을 들일 거다? 말하자면 자연을 계속 파괴할 경우 언젠가 그 파급 효과가 공해나 자연 재해라는 형태로 다시 경제에 악영향을 끼치리라는 것을, 계산의 동물 호모 에코노미쿠스들은 잘 알고 있다. 따라서 그런 우를 범하기 전에 미리 알아서 대책을 세울 것이다? 이것도 아주 순진한 생각이다. 현실의 경제주체는 개인의 제한된 정보토대 위에서 행동하므로 그 한계를 넘어 발생하는 사태 앞에서는 무력하다. 고로 호모 에코노미쿠스가 매크로 환경 비용을 마이크로 경제 영역에 넣어 계산한다는 건 이론적 난센스다. 그 누가 자기가 가진 조그만 공장이 지구환경을 파괴하는 데에 동참하고 있다고 생각하겠는가? 저마다 "나 하나쯤은⋯⋯"이라고 생각할 것이다.

게다가 시장의 가격 시그널이 생산요소 이동의 지침이 된다? 환경 파괴가 시장에 가격 시그널을 울릴 때쯤이면, 파괴는 이미 돌이킬 수 없는 수준일 게다. 시장경제는 '사적' 수요나 구매가 없는 곳에서는 작동하지 않는다. 근데 환경은 "공유 자산"이다. "합리적으로 행동하는" 경제동물이 미쳤다고 오존 구멍 메우는 데 제 돈 쓰겠는가? "사회적으로 효율적인 요염도라 불리는 수치를 찾는 일"? 그 수치를 찾는 것은 벌써 정치논리를 포함한다. 어디 창조주가 정해주신 표준치가 있겠는가? 엘니뇨가 지구를 초토화해도 복거일이 "변명"하는 "소수"의 시장 권력자들은 여전히 그게 "사회적으로 효율적"이라 우길 테니. 환경을 위해서는 시장에 한계 조건을 설정해야 한다. 이는 결국 국가의 역할로 남고, 그래서 참여민주주의가 필요하다. 국가가 한갓 "소수"들의 이익조정위원회로 전락하지 않도록. 물론 복거일은 이런 노력을 "민중주의"라 비난하겠지만.

"공해를 막는 것은 이론적으로는 간단하다." 복거일 씨, 정말 세상

단순하게 산다. 유감스럽지만 "공해를 막는 것"은 위에서 본 것처럼 "이론적으로"도 "간단하"지가 않다. 실천적으로는 더 복잡하다. 왜? 복거일들이 놀고 있냐? 국가에서 경쟁자들에게 동일한 부담을 지우지 않는 한, 시장은 쓸데없이(?) 환경 보호에 비용을 들이는 착한 기업가를 처벌하게 마련이다. 근데 영업의 자유를 생명으로 아는 우익 자유주의자가 이 간섭을 참겠는가? 못 참지. 그래서 잿빛 뚜껑이 서울 상공을 덮고 황해가 죽음의 바다로 변하고 흙이 썩어가고 금수강산이 산성비로 다 죽어가도, 못 막는 거다.

"마르크스주의를 따르던 지식인들이 대거 환경론자들로 변신했다." 그 와중에도 빛나는 그의 우국혼. 빨갱이에 맞서 시장을 수호하는 '기사'님. 자유주의자는 쓸데없이 남의 신념의 색깔에 관심 갖는 거 아니에요. 그러면 교양 없다는 소리 듣습니다. 남의 머리통 속의 생각을 들여다보려고 하지 말고, 그들이 실제로 하는 실천에 관심을 가져보세요. 그리고 그것만 평가하세요. 미국 대도시의 대기 오염은 1년에 천 명의 사망자를 낸단다. 서울은 오죽하겠는가? 얼마나 독한지, 금단현상이라 할까, 서울만 다녀오면 난 며칠 동안 해롱거린다. 간교한 "마르크스주의자"들이 왜 "대거 환경론자로 변신"했겠는가? 다른 뜻이 있어서 그런 게 아니다. 오직 한마음, 복거일 씨가 깨끗한 공기 마시며 천수를 누리라는 뜻에서 그런 거다.

⦂ 현상수배, 천재를 잡아라

●●● 자유와 평등 가운데 하나만 선택하라고 한다면······.

김학은

"이자를 보신 분은 즉각 인근 파출소에 신고해주시기 바랍니다." 누군 데 경찰에서 저토록 급박하게 찾는 걸까? 알고 보니 천재가 경찰에 수 배되었다. 천재라는 죄를 저질렀다는 것이다. 어머머, 어떻게 이런 일이? 기가 막힌 사연이 있다. 이 사건의 근원에는 "사회적 행동주의자들" 이 있다. 즉 이들이 "적극적이고 모험에 찬 행동"으로 권력을 장악한 후 "수정헌법을 차례로 제정"하여 "평등부를 만들"더니, "평등부 장관에 가장 맹렬한 행동주의자를 임명하여 모든 사람들이 모든 면에서 명실공히 평등한지 감시하도록 하였다." 그러니 사회 꼴이 뭐가 되겠는가?

"지능이 평균 이상"인 자는 "귀에 지능장애 수화기"를 달고 다녀야 한다. 평등부가 발신하는 금속성 소리가 "우수한 두뇌를 방해하여 평균 지능을 유지하게 한다."는 거다. "발레리나가 춤을 추고 있다. 이들이 시청자보다 더 잘 추는 것이 아니다. 평등헌법에 의해서 아무도 다른 사람보다 더 잘 춤을 출 수 없기 때문이다. 이들의 춤은 엉망이어서 쓰러지기도 하고 비틀거리기도 한다." 세상에 어떻게 이런 일이…… 그러니 이런 어처구니없는 일이 일어나지 않도록 혹시 주변에서 평등주의자를 보신 분은 "즉각 인근 파출소에 신고해주시기 바랍니다."

연세대 경제학과 김학은 교수. UFO 평등군단의 위협 앞에서 초록빛 지구의 장래를 걱정하신다. 만화 같은 미제 소설책에 충격 잠수시고 비장한 목소리로 우리의 결단을 촉구하신다. "자유와 평등 가운데 하나만 선택하라고 한다면 당신은 어떻게 대답하겠는가." 글쎄? "자유를 택하겠다고 자신 있게 말할 수 있는 사람이 우리 사회에도 많아야 한다. 경제가 어려워질수록 유혹은 더 커지고 이럴 때에 우리는 단련해야 한다." 자유주의자도 이렇게 가끔은 수도승 성 안토니우스처럼 "유혹"을 이기도록 심신을 "단련"해야 하는 모양이다. "자유와 평등 가운데 하나만 선택하라고 한다면 당신은 어떻게 대답하겠는가." 좋은 질문. 답변 나간다. "그건 야바위다." 내 참, 자유와 평등 중에 왜 굳이 하나만 골라야 하는가? 우리 체제 자체가 자유주의＋평등주의, 그리하여 자유민주주의라는 이질적인 두 요소의 상보적 체제가 아니던가?

김학은 교수님, 귀에 부착하신 "지능장애 수화기" 떼세요. 그거 아무나 다는 거 아닙니다. "평균 이상"만 다는 거래요. 지금 농담하자는 겁니까? 일상언어에서 '평등'과 '평균'이란 말은 의미가 다르죠? 모든 학생에게 "평등"하게 연세대에 입학할 자격을 준다는 게 입시에서 모두 똑같이 "평균" 점수를 받아야 한다는 얘깁니까? "지능이 평균"만 돼도 이쯤은 구별할 수 있어야겠죠? 열심히 화살이라고 쏘아대는데 도대체 표적이 뭔지 모르겠다. 극단적인 평등사회였던 소련? 볼쇼이극단 "발레리나"들이 무대에서 비틀거리는 거 봤나? 아니면 인류 최초로 인공위성을 쏘아올린 소련 과학자들이 귀에 "지능장애 수화기"를 달고 다녔으며, 소련의 노벨상 수상자들이 천재라는 이유로 수배되어 "감옥"에 갇혀 있었던가?

그가 걱정하는 시나리오는 한갓 몽상에 불과하다. 하지만 그 반대의 경우는 얼마든지 현실적이다. 가령 인간을 초인/범인/저급인으로 3분한 나치를 생각해보라. 독주사로 평균 이하의 정박아들을 사정없이 "도태"시키지 않았던가. 또 복거일이 좋아하는 자유주의자 D. H. 로렌스. 그의 말대로 "병자와 절름발이와 불구자들을 처리하려고 런던에 수정궁만한 처형장을 만들자고 제안"했었다. 그는 로렌스 같은 화끈한 자유주의자가 이런 끔찍한 소리를 했다는 게 의외라고 생각하는 모양이다. 놀랄 거 없다. 원래 자유주의란 게 휴머니즘이나 민주주의와는 별 관계가 없는 것이다. 또 이런 건 어떤가? 가령 자유주의자들이 "자유부"를 만들어 지성이 달리는(?) 여성과 무능한(?) 노동자의 참정권을 회수하고, 남들 한 표 가질 때 자기들만 두 표를 갖는 거다.

이건 김학은 교수가 읽은 그 만화 같은 소설책처럼 한갓 픽션에 불과한 게 아니라 역사적으로 분명히 존재했던 사실이다. 그리하여 그것은 자유주의자들이 이렇게 철딱서니 없이 "모험에 찬 행동"을 계속하면 언젠가 이 땅에 다시 실현될 수도 있을 지극히 개연적인 시나리오다. 그날이 오면 한국 자유주의자들, '브라보!', 만세 부를지 모르겠다. 좋아할

거 하나 없다. 왜? 현대는 다시 "세계제국"(복거일)이라며? 제국의 시대
에 정치에 참견할 권리(=참정권)를 가졌던 건 '백인 남성'뿐. 그러니 누
렁이들까지 덩달아 좋아할 일이 실은 하나도 없는 것이다.

⋮시장의 우상

●●● 나는 곤혹스럽다.

고종석 《우리는 모두 그리스인이다》

"대중민주주의 아래서 그 폭력의 뿌리는 유권자들인 대중이다." 아, 섹시해. 민주주의에 대한 일체의 환상 없이 냉철한 눈으로 사물의 은폐된 본질을 사정없이 꿰뚫어보는 이 니체주의적 발언. 누구 말일까? 미셸 푸코? 아니다. 공병호다. 놀랐지? "폭력을 가진 대중들은 경제적으로 성공한 자들을 늘 시기하고 질투한다." 뿌지직, 이 말을 싸고팠던 거다. 여기서 우리는 대단히 실망하고야 만다. "그리고 정치인들은 그들을 대리 공격해 정치 생명을 유지해간다." 와, 우리의 "갈등하는" 계급 "본능." 물불 가리지 않고 과감하게 나아가, 시장의 이름으로 심지어 의회주의까지 공격한다. 이쯤 되면 홉스는 저리 가라, 자유주의 극우파라 할 수 있다.

복거일의 버전은 제법 점잖다. "민주주의(의) 위험을 줄이는 것은 자유주의의 몫일 수밖에 없다." 군사 독재 물러간 게 얼마나 됐다고 벌써부터 우리가 "민주주의의 위험"을 걱정할 정도가 되었을까? 걱정도 팔자다. 하여튼 위험한 것을 미리 경계하겠다는 이 가상한 의도를 굳이 말릴 필요는 없어 보인다. 여기서 그는 마치 자유주의가 민주주의(다수결)의 폐해를 보완해주는 보족물에 불과한 것처럼 이야기한다. 하지만 뒤에서 그의 리비도는 슬쩍 주객전도를 수행하고야 만다. "우리는 민주의 측면보다 자유의 측면에 더 마음을 써야 할 것이다." 대체 무슨 말일까?

에세이스트 고종석의 지적이다. "나는 복거일이 '전두환 대통령의 과감한 자유화 정책'을 거론하며 그의 경제적 치적에 점수를 줄 때 곤혹스럽다." 곤혹스러울 거 하나 없다. 한마디로 영업의 '자유'를 위해서는 정치적 자유는 희생할 수 있다는 얘기. 시장의 자유를 위해 정치적 민주는 경우에 따라 희생할 수 있다는 얘기다. 그래서 복거일은 "왕은 왕을 죽이지 않는다."며 전두환의 역성을 들 수가 있었던 거다. 살인마 피노체트(칠레의 전 대통령)를 싸고도는 자유주의의 사도, 철의 양심 대처 여사처럼 말이다. "자유주의와 민주주 …… 둘의 결합이 필연적인 것은 아니다." 아, 그래요? 그러니 우리, 그가 설파하는 '자유'가 정치적 자유까지를 의미한다고 착각해주지 말자. 그럴 "필연"성 없단다.

"저는 스스로를 자유주의자라 부릅니다." 복거일 씨, '자유주의'는 고릿적에 둘로 갈라졌대요. 여러분 같은 분은 이제 '자유주의자(liberalist)'가 아니라 '자유지상주의자(libertarian)'라 부른대요. 근데 왜 "스스로를 자유주의자"라 불러요? 거기에는 기막힌 사연이 있단다. "마르크스주의의 위세가 대단한 우리 사회에서 마르크스주의와 자유주의를 대비시키는 것은 현실적 관행……." 쯔쯔, 이렇게 혼자서 냉전을 계속하고 있어서 그런 거다. 그러니까 마르크스주의자들에 비교해보면 자기 입장은 자유주의에 속하는 것으로 봐줘야 한다는 것이다. 기가 막힌 노릇이다. "저를 '진정한 자유주의자'라 부른다면 칭찬으로 여기겠습니다." 왜? '아니'라고 교정을 해줄 일이지. "진정한 자유주의자"라 불러달라고? 꿈도 야무지다.

한국 자유주의의 세 얼굴. 얼마나 다른가? 이 중 현대적 기준에 따라 "진정한 자유주의자"라 부를 수 있는 건 공병호도 아니고, 복거일도 아니고, 오직 고종석 씨뿐이다. 진짜 자유주의자라면, '자유'라는 말로 경제적 자유 이상의 것을 의미할 줄 알아야 한다. 그게 교양이다. 또 시장을 만능 '해결'로 보는 수준을 넘어 동시에 그것을 '문제'로 볼 줄도 알아야 한다. 그게 상식이다. 평등을 자유와 대립시켜놓고 '골라, 골라' 야바위를 하는 수준을 넘어 '정의'라는 이름으로 평등의 문제의식을 적극적으로 끌어안을 줄 알아야 한다. 그게 현대적 자유주의의 수준이다. 그런 교양과 상식과 수준도 갖추지 못한 주제에 여기저기에 "스스로를 자유주의"라 부르고 다니고, 심지어 남에게 "진정한 자유주의자"라 불러달라고까지 부탁하는 이 뻔뻔함. 그 앞에서 진짜 자유주의자는 "곤혹"스러울 수밖에.

"민주주의의 위험을 줄이는 것은 자유주의자의 몫"이라고 한다. 하모. 그럼 돈 가진 이 "소수의 변명"을 반박하며, 이들의 금권정치로부터 '민주주의'를 지키는 건 누구 몫? 소외된 공권력과 밥줄 쥔 사인(私人)의 지배로부터 개인의 '자유'와 '위엄'을 지키는 건 누구 몫? 할 수 없이 좌파의 "몫일 수밖에." 그래서 난 이제까지 우익 자유지상주의의 주책으로부터 우리가 문명세계 축에 끼려면 반드시 갖춰야 할 최소한의 것을 방어하려 했던 것이다. 양도할 수 없는 가치로서 인간의 '신체', 화폐로 바꿀 수 없는 가치로서의 '자연', 시장으로 대체할 수 없는 인간들 사이의 물질적/정신적 소통 원리로서의 '평등.' 그리고 소수의 전횡으로부터 다수를 보호하는 정치적 기구로서의 '민주주의.'

왜들 이렇게 과격할까? 철딱서니 없이. 스스로를 자유주의자라 부르는 '시장의 우상' 숭배자들. 자기를 "진정한 자유주의자"라 불러달라는 이 현대의 마몬(탐욕의 신)들 앞에서, 나도 "곤혹스럽다."

: 자유주의의 두 얼굴

얼마 전 어느 출판사에서 〈자유주의라는 화두〉란 책을 펴냈다. 재미있게도 거기에서 자유주의자로 거명된 사람들의 명단을 보니 나혜석, 김수영, 홍신자 등 대부분 사상가가 아닌 문화계 인사들이었다. 한국 자유주의의 정치적 전통이 얼마나 취약한지를 적나라하게 보여주는 사례다. 한국에서는 이렇게 '자유주의'의 의미를 늘리고 늘려 문화, 예술로까지 확대 해석해야 겨우 자유주의의 전통이 구성된다. 사실 우리 사회에서 자유주의 전통은 사상이 아니라 운동으로만 존재했다. 우리 사회를 이만큼이나마 자유주의화하는 데 공헌한 건 유감스럽게도 자칭 자유주의자들이 아니라 좌파의 이념을 표방한 민주화운동이었다. 하긴 독일에서도 자유주의적 개혁을 관철시킨 것은 자유주의자가 아니라 마르크스주의의 전통에 서 있는 사민당이었다.

자유주의는 근대 시민사회를 만들어내 유지시켜주는 사상이다. 이 사상의 바탕에는 개인이 사회에 우선한다는 신념이 깔려 있다. 즉 인간은 사회 속에서 비로소 인간이 되는 게 아니라, 처음부터 천부인권을 가진 인간으로 태어나(=자연법사상) 이 개인들이 서로 계약을 맺어 사후적으로 사회를 구성한다는 것이다(=사회계약론). 18세기에 유행했던 '국가기원론' '언어기원론' 등은 이 자유주의 신화를 구축하려는 시도로 볼 수 있다. 물론 이는 역사적 사실로도, 현실의 기술로도 적합하지 않은 순수한 픽션에 지나지 않는다. 그럼에도 이 픽션에는 국가라는 이름의 절대군주로부터 개인의 사유재산과 인권을 수호하려는 당시 자유사상가들의 정치적 지향성이 표현돼 있고, 이것이 바로 자유주의의 강점을 이룬다. 지금 미국에서 벌어지고 있는 공동체주의/자유주의 논쟁은 이 두 측면, 즉 자유주의 신화의 이론적 허구성과 그 실천적 강점의 대립으로 볼 수 있다.

자유주의 사상의 철학적 기초는 창 없는 단자들(=서로 고립된 개인의 영혼) 사이에 저절로 질서가 이루어진다는 라이프니츠의 '예정조화설'이다. 경제학적으로 이는 굳이 국가의 개입이 없어도 시장이 자동적으로 조절된다는 애덤 스미스의 '보이지 않는 손' 이론으로 구체화된다. 이렇게 자유주의는 경제의 영역에서 국가의 개입을 가능한 한 배제하려고 한다. 정치의 영역에서도 마찬가지다. 국가는 '사상의 자유시장'에 개입해서는 안 된다. 저마다 다른 정치적 견해를 가진 개인들이 의회에 모여 대화와 토론을 하면, 굳이 국가가 나서서 이들의 세계관을 통일하지 않고도 언젠가는 진리 혹은 합의라는 예정조화 상태에 도달할 수 있다는 것이다. 자유주의자들에게 국가란 인륜(도덕)의 화신이 아니라, 그저 개인들의 소통을 규제하기 위한 수단일 뿐이다. 그래서 국가의 권력 행사는 '법'의 구속을 받아야 한다.

흔히 홉스와 로크를 자유주의의 선구자로 꼽는다. 이 두 사람은 동일한 철학적 전제에서 출발하여 각각 상이한 결론에 도달하는데, 여기서 자유주의의 두 가지 버전이 성립한다. 로크에게 천부인권이란 결코 양도할 수 없는 것이었다. 그리하여 그는 절대군주의 월권을 막기 위한 제도적 장치(=권력분립) 마련에 관심을 기울인다. 반면 홉스에게 중요한 것은 사회가 인간늑대들이 아귀다툼을 벌이는 자연 상태로 떨어지지 않게 막는 것이었다. 그에게 권력분립이란 곧 무질서를 의미했다. 그리하여 그는 모든 권력을 절대군주에게 위임하되, 군주가 경제의 영역에 개입하여 또 다른 경제 요인이 되는 것을 막는 데에 주력한다. 로크가 주로 경제적 · 정치적 자유를 동시에 주장했다면, 홉스는 정치적 자유보다는 주로 경제적 자유에, 즉 경제에 사사건건 개입하는 절대군주의 간섭을 막는 데 관심이 있었다.

이 두 가지 버전의 자유주의는 오늘날에도 공존한다. 가령 "전두환의 과감한 자유주의 정책" 운운하며 그의 치적을 찬양하는 복거일 씨 앞에서 고종석 씨가 느낀 당혹감은 홉스 앞에서 느꼈을 로크의 당혹감에 견줄 만한 것이다. 사실 정치적 자유를 포기한 이런 자유주의 유형은 제3세계에서는 흔히 볼 수 있는 현상이다. 그 대표적인 예가 자유주의 경제각료를 거느린 칠레의 피노체트 정권이다. 그의 치하에서 칠레는 급속한 경제성장을 했지만, 그 대가로 중소기업은 초토화하고 사회의 빈부격차는 더욱더 벌어졌다. 자유주의가 독재와 결합한, 역사적으로 가장 극단적인 예는 나치정권이었다. 나치는 시민의 정치적 자유를 철저히 억압하는 가운데 경제를 교란(?)시키는 노동조합을 해산시키는 초(超)자유주의적인 조처로 대기업의 영업의 자유를 철저히 보장해주었다. 우익

독재와 자유주의의 연합. 우리의 상황도 이와 크게 다르지 않았던 것으로 기억한다.

흔히 '자유=민주'라 생각하나 실은 양자는 서로 대립하는 개념이다. '자유'는 본질적으로 불평등을 함축한다. 예를 들어 시장에서 경쟁의 자유는 필연적으로 사회적 불평등을 낳게 된다. 그리하여 평등 없는 순수한 자유란 현실 속에선 결국 "다리 밑에서 잠잘 자유"를 의미하게 된다. 나아가 평등 없는 자유가 보수주의와 결합하여 정치적 자유마저 포기할 때 나치즘과 같은 또 하나의 '멋진 신세계'가 펼쳐진다. 한편, '민주'는 본질적으로 평등의 이념이다. 경제적 평등의 요구가 나아가 자유를 억누르며 관철될 때 공산주의라는 극단이 성립한다. 우리가 '자유민주주의'라고 자유와 민주를 붙여서 말할 때, 이는 위에서 말한 극단들을 피하기 위함이리라. 자유와 민주는 서로 보완해야 한다. 그리하여 이 두 요소가 다양한 형태로 결합하여 다양한 정치적 스펙트럼을 만들어내야 한다.

자유주의는 어디까지나 자본주의 체제를 옹호하는 이데올로기다. 따라서 자유주의는 완전한 평등을 얘기하지 않고 다만 평등의 이념을 '정의'(=분배정의)라는 개념을 빌려 제시한다. 가령 70년대에 정치철학의 붐을 일으킨 존 롤스(John Rawls)의 〈정의론〉은 자유주의 이념의 틀 안에 평등이라는 이질적인 요소를 받아들여 자리매김하려는 이론적 시도로 볼 수 있다. 물론 자유주의자들 중에는 노직처럼 부의 재분배 과정에 개입하는 것을 신성한 사유재산을 침해하는 범죄로 규정하는 사람들도 있다. 뉴욕의 증권가를 열광시켰던 이 논리는 실은 18세기의 자유주의 이념을 단순히 리바이벌한 것에 불과하며, 심지어 인신매매의 자유까지 주장하는 그 극단성 때문에 학적으로는 별로 지지받지 못한다. 이 극단적 입장을 보통 '자유주의'와 구별하여 '자유지상주의'라 부르는데, 우리 나라에서 "자유주의의 세일즈맨" 노릇을 하는 양반들은 유감스럽게도 대개 이 부류에 속한다. 한국의 자유주의는 이 처참한 수준에서 하루빨리 벗어나야 한다.

1차대전 직후 서구의 자유주의는 위기를 맞았다. 자동적으로 조절된다는 시장은 공황을 낳았고, 합의와 진리의 장소라는 의회는 결정불능의 혼란에 빠져버렸다. 자유주의의 신조는 좌우 양쪽으로부터 공격을 받았다. 파시즘의 광기가 물러가고 현실사회주의의 패배가 분명해지면서, 자유주의는 부활하기 시작한다. 20세기 초 고전적인 자유주의 신화가 경제와 정치의 영역에서 허구로 입증되었음에도, 자유주의 이념이 그 생명력을 잃지 않고 역사의 승자가 될 수 있었던 것은 다양한 사상들과 결합할 수 있는 그 유연성 때문이다. 가령 케인스는 사회주의적 요소를 받아들여 자유주의를 "시장과 계획의 균형을 찾는 노력"으로 규정했다. 자유주의는 보수주의와도 결합할 수 있고, 사회주의와도 결합할 수 있다. 오늘날 정치현실에서 자유주의는 당연히 전제되어야 할 상식이다. 우리 나라의 진보주의자들 역시 어떤 식으로든 자유주의의 요소를 제것으로 해야 한다. 그래야 진보의 본질을 실천적으로 배반하는 그 답답한 보수성을 벗어버릴 수 있다.

4장 공동체

'과연 타인들 사이의 계약에 근거한 이익 사회 속에서 어떻게 공동체 요소를 확보할 것인가? 그 답변은 아마 이런 것이 될 것이다. 먼저 학연, 지연, 혈연과 같은 마이크로 집단주의, 국가주의와 같은 매크로 집단주의에서 개인을 자율적 주체로 '해방' 시켜야 한다. 이어 이 개인들이 '자유'로운 소통의 망을 구성해, 거기서 얻어지는 자발적 합의로 '국가주의'라는 허구적 공동체를 '사회 정의'와 '연대성'에 입각한 실질적 공동체로 전환시켜야 한다. 미래 사회의 전망은 바로 이런 노력 속에 있는 게 아닐까?

：중세인가, 포스트모던인가

●●● 유교가 우리의 이상이 될 수 있는 이유는…….

함재봉 《탈근대와 유교》

글쎄? 그 이유가 뭘까? 함재봉에 따르면 그게 "근대사상의 모순을 극복하고 있기 때문"이란다. 즉 공자님을 사부로 모셔 도덕정치를 펴는 게 "근대의 모순을 극복"하는 길이란다. 과연 그럴까? 삼강오륜을 한 몸에 구현한 도덕군자들이 주제넘게 고리타분한 설교를 늘어놓으며 시민을 종 부리듯 부리는 게 과연 근대의 "극복"일까? 중세로의 회귀가 아니라? 함재봉의 "이상"이 기어이 이 땅 위에 실현된다면, 어떤 일이 벌어질까? 아마도 어린 백성들이 니르고져 홀 배 이셔도 마참내 제 뜻을 시러 펴디 못하는 빌어먹을 경우가 다반사로 생길 게다.

　이 우익 포스트모더니즘의 바탕에는 괴상한 '모순'이 깔려 있다. 가령 그는 "동서양의 사상을 동등한 차원에 올려놓고 비교 검토할 수 있는 길이 모색되어야 한다."고 말하며, 양자를 "비교검토"하기 위해 동서양의 사상을 과감하게 통약한다. 물론 유교가 더 낫다는 결론을 끄집어내기 위해서다. 그러나 유교가 매사 서구의 사상보다 낫겠는가? 그래서 자기에게 불리한 맥락에서는 다시 문화 간 통약 불가능성을 주장한다. "근대 서구사상과 유교 …… 중 어느 것이 더 사실에 가깝다거나 과학적이라는 것을 판단해줄 제3의 담론이나 기준은 없다." 말하자면 양자를 비교할 수 있게 해주는 공통분모란 있을 수 없다는 것이다. 이걸 어떻게 이해해야 할까? 유교가 서양의 근대사상보다 더 '낫다'고 판단할 "제3의 기준"은 있는데, '못하다'고 판단할 "제3의 담론"은 없다?

갑자기 왜 유교 타령을 하는 걸까? 이런 말이 하고 싶었던 거다. "우리가 그리는 이상사회가 좀더 '인간적인' 사회라면 학연, 혈연, 지연은 맹목적으로 타파의 대상이 되어서는 안 된다." 이게 그가 "그리는 이상사회"라고 한다. 그렇다면 그는 굳이 이상을 실현하려고 애쓸 필요가 없다. 왜? 그의 이상은 그러잖아도 대한민국과 전 세계 후진국에 과도하게 실현되어 있으니까. 우리 사회를 보라. 그렇잖아도 인간적인, 너무나 인간적인, 빌어먹을 정도로 인간적인 사회가 아닌가. 지겹지도 않나? "혈연"을 통한 족벌경영으로 경제를 망가뜨리고, 영남/ 호남, TK/PK, 빌어먹을 "지연"으로 정치 구조를 왜곡시키고, 나아가 그 잘난 "학연"으로 정의와 공정성을 통째로 무너뜨리고 ……. 도대체 지연, 학연, 혈연으로부터 소외된 사람들은 인간도 아니라는 얘긴지. 우리도 발전할 만큼 했으니 이제 이런 원시적인 짓거리, 그만 둘 때도 되지 않았을까?

이렇게 전근대적인 습속에 지배당하는 미련한 사회를 그는 "인간적인 사회"라 부른다. 왜? 그에게 "인간"이란 "가치, 당위, 도덕"이니까. 그래서 개인적 차원에서는 "삼강", 즉 "임금과 어버이와 부부의 인륜에 대한 충, 효, 절의", 사회적 차원에서는 "위계질서와 도덕, 권위", 그리고 이를 실현하기 위해 "수신, 극기, 훈련"이 필요하단다. 이 원색적인 봉건적 어휘들의 무지막지함을 보라. 한마디로 "권위" 있는 꼴보수 "도덕" 군자들이 사회를 수직적 "위계질서"로 조직한 다음 "극기", "훈련"을 강요해 시민을 말 잘 듣는 "인간"으로 "수신"시키되, 그 짓을 "천지가 끝날 때까지" 하겠다는 얘기다. "도는 …… 천지가 생길 때부터 같이 생겼고 천지가 끝날 때까지 없어지지 않아서……."

아리스토텔레스 대신 공자님. 유감스럽게도 이게 '공동체주의-자유주의 논쟁'의 한국적 버전이다. 근대 자유주의를 넘어섰다고 자부하는 한국의 탈근대 우익 공동체주의. 천박하게 이해된 탈근대는 이렇게 근대를 '탈'하여 졸지에 전근대로 돌아가는 법이다. 이때 근대 국가는 시간의 흐름을 거슬러 졸지에 시민들이 덕을 쌓는 거대한 수양관 내지 도장으로 변해버리는 것이다. 공자님 팔아 남에게 규율을 집어넣으려고 애쓰시는 분들. 공자님께서 말씀하신 규율이란 무엇보다도 먼저 '자기 규율'이라는 것을 명심하세요. 실제로 우리 사회에서 규율이 필요한 사람들은 '배 째라'며 막가는 소위 보수주의자들이다. 왜들 이럴까? 그러잖아도 한국, 피곤한 사회다. 나이 몇 살 더 먹었다고 건방지게 "인간"이 되라는 둥, 말라는 둥 충고를 하며 제 개인적 인생관을 막 남에게 강요한다. 도덕이 그렇게 좋으면 자기만 지키면 될 일이지, 왜 자기 도덕을 남에게 강요하는 걸까?

함재봉이 꿈꾸는 유교적 이상사회. 구체적으로 어떤 모습일까? 나는 그것을 이렇게 표상한다. 고교 시절로 돌아가보자. 그 시절 등교할 때마다 우리는 학교 정문에서 늘 재수 없는 인간들을 봐야 했다. 소위 '규율부'라는 완장을 찬 자들이다. 이자들이 아침부터 교문 앞에서 남의 옷차림에 간섭하고, 바리캉으로 헤어스타일을 망가뜨리고, 심지어 남의 사적 공간(=책가방)에 침입하여 신성한 사유재산(=담배, 잡지)를 압수하는 위헌적 만행을 저지르곤 했다. 도덕군자들의 유가적 덕치가 실현되면, 아마도 자신을 군자라 칭하는 같잖은 보수 나부랭이들이 팔에 완장을 찬 규율부가 되어 대한민국 전체를 감시하게 될 것이다. 대한민국 우익의 탈근대적 이상향의 꿈. 이들의 달콤한 꿈이 시민들에게는 악몽이 될 수가 있는 것이다.

　　과장이 아니다. 함재봉의 육성을 들어보자. "유교 전통의 유토피아를 논하고 있는 최근의 시도 중에 흥미 있는 것으로 이인화의 〈영원한 제국〉……" 오, 하느님. 이것이 근대를 넘어서려는 그의 꿈을 찍은 사진. 참고로, 이인화의 정조는 박정희, 그의 〈영원한 제국〉은 바로 3공화국을 가리킨다.

∶철인도덕정치?

●●● 민주시대라 철인도덕정치를 실현하기가 훨씬 쉬워졌다.

조유식 월간 〈말〉

재미있게도 어느 진보 성향의 잡지에서 느닷없이 이 '철인도덕정치'를 거든다. 미국에서 공부했으면서도 동양의 전통을 잊지 않은 함재봉의 민족혼을 가상하게 여겼던 모양이다. 하지만 전통을 얘기하는 함 교수의 논리는 실은 우리 전통과는 별 관계가 없는 것이다. 알고 보면 그 역시 미국에서 건너온 유행이다. 요즘 미국에서는 '자유주의-공동체주의 논쟁'이 한창이다. 이 논쟁의 바탕에는 물론 민주당과 공화당의 정치적 입장의 대립이 깔려 있다. 여기서 함재봉은 미국판 포스트모던의 논리를 근대 자유민주주의를 비판하는 데 십분 활용하면서, 그 대안으로 공화당 성향의 우익 철학자들이 말하는 철인정치론을 내세우고 있을 뿐이다. 물론 서구의 아리스토텔레스를 슬쩍 동양의 공자로 대체시킨 채……

"요즘은 민주시대라 철인도덕정치를 실현하기가 훨씬 쉬워졌다"? 착각이다. 왜? '민주'와 '철인도덕정치'는 논리적으로 양립하기 힘드니까. '민주'는 평등의 이념이고, '철인정치'는 불평등의 이념, 즉 엘리트주의 이념이기 때문이다. 역사적으로도 플라톤과 아리스토텔레스는 귀족정의 옹호자로 민주정을 끔찍이도 혐오했다. 그들이 꿈꾼 이상사회는 '품성' 좋은 인민들이 인덕의 화신 '철인'을 어버이로 모신 전체주의 사회나. 물론 이 사회는 '검열'과 '추방'이라는 풍속의 감시 체제를 완벽하게 갖추고 있다. 심지어 20세기의 선진국, 그것도 자유주의의 화신이라는 나라에서까지 도덕군자들이 6천만 달러를 들여 대통령 팬티에 묻은 정액을 채취하는 해프닝이 벌어지지 않는가. 이 구역질나는 코미디가 바로 '도덕정치' 화신들이 만들어낸 작품이다. 물론 이 풍속의 감시자들, 이자들 속옷은 종종 더 지저분하다.

　　"'군자당'이 튼튼히 서서 '소인당'을 몰아내야 한다." 대체 무슨 얘기일까? "철인도덕정치"를 위해서는 '군자당'의 일당독재가 필요하다? 그게 왜 민주정인가? 자기를 '군자'라 자처하는 자칭 '철인'들의 귀족정이지. 그나마 아리스토텔레스의 귀족정은 지혜의 정치였다. 하지만 동양에서 '철인정치'란 지혜의 정치도 아니고 '인덕의 정치'다. 그리고 그 목적은 천하만민의 인덕을 높이는 데 있단다. 그러니 까딱하면 대한민국이 '교화소', '교도소'가 될 수 있는 거다. 정당은 '인덕'을 닦는 승단(僧團)이 아니다. 정치는 도닦기가 아니다. 도는 여의도가 아니라 계룡산에서 닦는 거다. 인덕의 정의는 개인마다 다르다. 근데 스스로 '군자'라 칭하는 자들이 '당'을 이루어 자기들의 도덕을 사회에 강요하고, 시민을 자기들이 정의하는 '인간'으로, 자기들이 보기에 좋은 '사람'으로 만들려 든다면 과연 무슨 일이 벌어질까? 게다가 군자당원의 눈엔 상대가 '소인당'으로 보일 게다. 자기는 선, 상대는 악, 고로 정치적 반대자는 몰아내야 할 대상. 끔찍하지 않은가?

"자유민주주의의 한계를 넘어서는 유교사상"? 먼저 자유민주주의의 한계가 무엇인지 밝힐 일이다. 도대체 자유민주주의가 어떤 한계가 있다는 얘길까? 게다가 유교로 어떻게 자유민주주의의 한계를 넘어? 중세의 허울 좋은 도덕정치의 한계를 깬 것이 자유민주주의인데. 자유민주주의의 한계를 보기 전에 먼저 그 장점을 봐야 한다. 그래야 비로소 자유민주주의의 형식주의적 한계를 극복할 가능성도 눈에 들어오는 것이다. 또 자유민주주의의 한계를 넘는 데 필요한 건 복고적 전통주의가 아니다. 경화된 도덕을 비웃고 파괴하면서 더 높은 사회적 에토스를 창조해내는 진보적 상상력이다.

서구식 자유민주주의와 동양식 철인도덕정치의 대립. 사실 이건 동서양의 공간적 대립이 아니다. 정확히 말하면 중세와 근대의 시간적 대립이다. 그 "전통", 서양에도 있었다. 가령 중세의 정치학은 근대의 정치학과 달리 구체적인 도덕적인 전제를 함유하고 있었다. 그리하여 그 당시의 정치학은 과학이라기보다는 백성을 교화할 임무를 가진 군주의 자질, 그의 '인덕'을 논하는 일종의 윤리학이었다. 하지만 이 '인덕'을 가진 군주들이 실제로 무슨 짓을 저질렀는가? 가령 마키아벨리의 〈군주론〉을 보라. 마키아벨리가 위대한 것은 '군주는 무슨 짓을 해도 된다'고 말했기 때문이 아니라, '인덕'을 가졌다는 군주라는 자들이 실제로 저지르는 일들을 윤리적 관점이 아니라 철저하게 과학적인 관점에서 냉철하게 관찰했다는 데에 있다.

"동양정치의 이상은 …… 나를 닦아 천하를 다스리는 수양의 정치다." 나를 닦는 건 물론 좋은 일이다. 권장할 일이다. 하지만 그렇게 닦은 인덕은 웬만하면 혼자 간직하시라. 그걸로 천하를 다스리려 드는 순간, '철인정치'는 곧바로 전근대적 도덕깡패들의 철권정치가 되니까.

：애국적 공동체

●●● 민주주의의 완성을 목표로 해서는 안 된다.

김영환 〈공동체주의 연구〉

왜? "공동체주의는 민주주의와 원리가 전혀 다르기 때문"이란다. 맞다. '도덕'의 공동체는 대개 민주주의와 양립할 수 없다. 그래서 그는 차마 입에 담지 못할 남세스런 소리를 하는 거다. "박정희 정권의 등장이 민주주의의 발전을 후퇴시켰다고 보는 것은 잘못이다." 하긴, 개인주의에 입각한 서구식 민주주의를 깨고 '한국적 민주주의'를 발전시킨 게 바로 위대한 박정희 각하가 아닌가. "전두환이 비교적 강한 애국심을 갖고 있었던 것은 우리 나라 현대사에서 불행 중 다행……." 그럼, 국가가 위험에 처했는데 애국적 군인이라면 당연히 '구국의 결단'을 내려야 하지 않겠는가. 그가 "비교적 강한 애국심"을 갖고 있지 않았더라면, 광주의 공산폭도들을 그토록 신속하게 진압할 수 없었을 것이다. 그러니 얼마나 "다행"인가……

이상한 편지로 소위 '수령관'을 퍼뜨리며 학생운동의 물을 흐려놓던 강철이 갑자기 우익으로 돌변해 또다시 괴상한 편지질을 한다. "만약 남북한의 전력 차이가 커진다면 이 기회를 놓치지 말고 군대를 동원해 전쟁을 벌여 속전속결로 북한 전 지역을 장악해서……." 이게 북한 민중을 해방하는 방법일 수 있단다. '수령님 만세' 부르며 안 따라 부르는 사람들을 '미제의 앞잽이'라 불렀던 그가, 이제는 혁명의 기지 공화국 북반부를 무력 짐공해야 한다고 설파하고 있다. 이렇게 변했어도 강철과 김영환 사이에는 한 가지 공통점이 있다. 즉 예나 지금이나 제정신이 아니다.

"공동체주의 도덕의 발전이 이루어질수록 도덕적 공황상태는 빨리 극복될 수 있을 것이다." 대체 "공동체주의 도덕"이란 뭘까? 삼강오륜? 알 수 없다. 아마 전두환, 박정희가 가졌다던 그 '애국심' 같은 것일 게다. 전두환, 박정희의 '도덕'보다는 차라리 지금 같은 "도덕적 공황상태"(?)가 백 번 낫다. "개인주의(는) 정력적인 선전활동을 통해 충분히 극복될 수 있다." 여기서 개인주의는 공동체적 도덕을 위해 극복해야 할 장애물이 된다. 도대체 '개인주의'를 왜 "극복"해야 하는 걸까? 그러잖아도 이 사회에는 제대로 된 개인주의가 모자라 환장하겠는데. 그래서 20세기에 느닷없이 "선전활동" 따위로 도덕을 확보하겠다는 전근대적 발상도 나오는 게 아닌가.

그의 "공동체"가 실현되면, 참 피곤할 거다. 왜? "반상회 같은 것을 만들고 여기에 참여하지 않으면 불이익을 준다든지……." 김영환이 설교 들으러 모이지 않으면 "불이익"까지 받을 판이다. 이 전두환식 발상.

자기들이 뭔데 반상회 따위를 만들어놓고 참여 안 한다고 벌금을 매겨? 이어서 박정희식 발상. "5·16 직후 깡패들이 '나는 깡패입니다'라고 크게 쓴 팻말을 목에 걸고 군인들의 계호 속에 서울 시내를 돌아다니(는) 사진이 있다. 이 사진을 보고 기분이 매우 통쾌했다." 김영환 씨, 그렇게 통쾌하셨나요? 그럼 전두환이 '삼청교육'하는 장면을 담은 대한뉴스는 어때요? 그걸 보고도 "기분이 통쾌했" 나요? 범죄자도 시민인 이상 인권이 있다. 법의 보호를 받을 권리가 있다. 하지만 "공동체주의 도덕"을 떠드는 분들은 자기들이 생각하는 '도덕'(=선)을 그대로 '법' 위에 올려놓게 마련. 그래서 "도덕"의 이름으로 시민의 기본권을 침해하는 불법을 다반사로 저지르는 거다.

군사독재자들은 자기들에게 결여된 정통성을 창출하기 위해 집권 초에는 늘 범죄 소탕이라는 정치 쇼를 벌이곤 한다. 이는 정변으로 인해 어지러운 공동체를 안정시키기 위한 일종의 '희생양 제의'라고 할 수 있다. 이 제의를 통해 독재자들은 자기들의 죄를 엉뚱한 사람들에게 뒤집어 씌우고, 그들이 흘릴 피를 통해 자기들의 죄를 깨끗이 씻는 것이다. 그것이 바로 깡패들의 목에 팻말을 걸어 행진시키는 봉건적 돌림빵 제의요, 무고한 시민들을 군대식으로 고생시키는 삼청교육의 제의다. 여기서 한 걸음 더 나아가면 이른바 비도덕적 분자에게 숙식을 제공하는 강제 수용소 구상이 나온다. 애국적 공동체에 동화되지 않는 불순분자들은 공동체의 물을 흐리지 않도록 따로 격리 수용해야 한다. 그 극단적 형태를, 우리는 국가적 목적에 동의하지 않는 이물질들의 처리소, 아우슈비츠 수용소에서 볼 수 있다.

우익 공동체주의는 내부로는 보수적 도덕정치를, 대외적으로는 애국주의 내지 국가주의를 표방하게 마련. 그리고 가끔 여기에 근본주의 경향이 가세한다. 한국의 로저 개러디(마르크스주의에서 전향한 미국의 보수주의자)가 권하는 운동의 모범을 보자. "이슬람권은 사회변혁운동이 활발히 일어나고 있는 지역인데 …… 이슬람 근본주의의 영향을 받은 노동자들이 더 강력하게 투쟁한다." 이게 그가 권하는 운동의 모범이다. 하지만 그 실상을 볼까? 여기는 이슬람 신국(神國) 아프가니스탄. 두건 안 쓴 년, 이지메. 계집애가 무슨 공부. 싹둑 여성 할례. 흘레 붙은 년, 채찍질. 이렇게 "도덕"적으로 사느라 심심한 국민을 위해 가끔 대형 버라이어티쇼. 손목 절단, 포크레인 교수형, 운동장 공개처형. 이런 걸 보고도 그는 "기분이 매우 통쾌"할까?

"신의 공동체를 건설하기 위해 자기 희생적으로 투쟁하라." 그래서 이슬람 자살 특공대. 여기서 "신"이란 누구일까? 물론 그의 입을 빌려 말하는 자, 남에게 "자기 희생"을 요구하는 자, 즉 "신의 공동체"의 설교자. 그런데 유감스럽게도 이런 건 우리 나라에서는 안 통할 거 같다. 왜? "이슬람권"과 달리 우리 나라에는 문맹자가 없기 때문이다. 근본주의란 본디 《코란》을 읽을 줄 아는 소수의 광신도들이 글을 모르는 다수 평신도의 알라가 되는 현상. 하지만 다행히 우리 나라에는 문맹자가 거의 없다. 남에게 '불이익'을 주면서까지 '반상회'를 열어도, 김영환은 공동체의 수령이 될 수가 없다. 세종대왕, 정말 훌륭한 분이다. 마마, 망극이 성은하여이다.

: 코뮤니즘에서 코뮈니즘으로

●●● 코뮌적인 삶을 가능케 하는 공간적 형식은 무엇인가.

이진경 《자본주의, 근대를 넘어서는 학생운동》/ 이재원 편저 《오래된 습관과 복잡한 반성》

이 질문에 대답할 수 있으려면 먼저 "코뮌적인 삶"이 무엇인지 알아야 한다. 대체 그가 말하는 "코뮌적 삶"이란 무엇일까? "지배적인 체제를 전복하고 화폐의 일방적 지배를 넘어서 서로가 형제적인 연대의 관계를 이루는 새로운 삶의 방식, 새로운 노동의 방식을 창출"하는 운동이라고 한다. 그렇다면 "새로운 삶의 방식, 새로운 노동의 방식을 창출"한다는 그 "코뮌"은 구체적으로 어떤 모습일까?

생산 수단의 공유에 근거한 강한 코뮌? 아니면 이해의 공동성에 근거한 소자산가의 연합? 아니면 농민들의 생명 공동체? 아니면 사상의 공동성에 근거한 인텔리의 연구 공동체? "리좀"이라는 공동의 형식 취향으로 묶인 예술가 동인? 아니면 68년 학생들이 만든 것과 비슷한 기숙사 공동체? 아니, 그 이전에 그의 "코뮌주의"는 사회 전체의 개조를 위한 매크로 기획인가? 아니면 거기서 빠져나온 몇몇 "탈주자"들을 위한 마이크로 기획인가? 코뮤니즘(=공산주의)은 누가 봐도 거시적 기획이다. 반면 '코뮌니즘'(=코뮌주의)은 아무리 생각해도 미시 기획이다. 양자는 차원이 다른 문제다. 따라서 거시 기획의 실패를 미시 기획으로 보상하려는 것인 일종의 범주 오류라고 할 수 있다.

대체 머리 속으로 무슨 상을 그리고 있기에, 벌써 거기에 걸맞은 "공간 형식"까지 고민하는 걸까? "예수와 그의 동료들", "프란체스코와 그의 추종자들", "프리메이슨과 같은 비밀결사조직." 이게 바로 그가 제시하는 "코뮌"의 역사적 선구다. 이것은 일종의 섹트다. 대체 왜 이런 것들이 현대 사회의 정치적 이상이 될 수 있다고 믿는 걸까? 왜 이런 것들로 "지배질서를 전복하고 화폐의 일방적 지배를 넘어"설 수 있다고 믿는 걸까? 사도들의 공동체, 프란체스코 승단, 프리메이슨의 결사는 내부에서는 어땠는지 모르겠지만 적어도 그 작은 테두리 밖에서는 단 한 번도 "지배질서를 전복"한 적도, "화폐의 일방적 지배를 넘어"선 적도 없다. 그리고 그 내부가 그다지 민주적이거나 평등했던 것 같지도 않다.

퇴니에스가 얘기했듯이 현대 사회는 공동 사회가 아니라 계약으로 묶인 이익 사회. 이 타인들 사이에 "공동체"를 수립하는 게 과연 어떻게 가능할까? 공동체는 '동질성'을 전제한다. 그것도 게임 규칙의 공정성(=정의)이라는 형식적 동질성이 아니라, 대부분의 성원들에게 공유되는 어떤 내용적·실질적 '동질성'을 요구한다. 그렇다면 그의 "코뮌"의 바탕을 이루는 동질성은 어떤 것일까? 또 "코뮌"들을 '리좀' 구조로 얼기설기 엮어 하나의 사회로 묶어주는 동질성은 어떤 것일까? 수없이 떠오르는 질문. 부재하는 답변.

　　그는 "지배"가 없는 세계를 꿈꾸는 모양이다. 하지만 '공동체'라는 말 속에 든 반민주적 함의는 어떡하고? 가령 공동체는 동질성을 전제하고, 동질성은 이질적인 것의 배제를 의미하고, 배제는 강제를 내포하고, 강제는 인격적 혹은 비인격적 지배와 폭력을 전제하는 것이다. 실제로 그가 역사적 예로 든 코뮌들은 그 내부에 고도로 집중된 권력, 지배, 폭력을 구현하고 있었다. 물론 그걸 미화하는 아름다운 수사학과 함께. 가령 교단에 재산 헌납을 거부한 아나니아와 삽비라는 그 자리에서 즉사했다. 프란체스코의 승단은 후에 마녀사냥에서 혁혁한 공을 세우게 된다. 프리메이슨은 누구나 아는 것처럼 온갖 종류의 다양한 음모론의 온상이다.

　　"사생활의 욕망은 정말 모든 사람에게 공통된 타고난 어떤 본능 같은 걸까요?" 본능이면 어떻고 아니면 어떤가? 어느 쪽이든 거기서 당위명제가 결론으로 나오는 건 아니다. 즉 본능이기 때문에 윤리적으로 정당한 것도 아니고, 본능이 아니기 때문에 윤리적으로 부당한 일도 없는 것이다. 그런 것을 '자연주의적 오류'라 부른다. '사생활의 욕망이 타고난 본능이냐 아니냐' 하는 배부른 문제보다 정작 급한 것은 이런 거다. 그의 "코뮌"이 "사생활"조차 지켜주지 못하는 것이라면, 그것은 대단히 억압적인 것임에 틀림없다는 것. 대체 왜 그는 "사생활"을 공격하는 걸까? 사생활을 폐지하면 자본주의가 극복될까 봐? 그의 말은 사생활을 반납한 사이비 종교의 공동체를 연상시킨다. 사생활은 개인이 국가 권력, 타인의 감시와 지배에서 자유로운 최후의 공간. 사생활을 보장하면서도 공동체적 연대의식은 얼마든지 가질 수 있다. 또 그래야 하고.

그러잖아도 대한양계장 수탉들. 남의 사생활 무시하기를 밥먹듯 한다. 가령 O양 비디오, B양 비디오. 남의 사생활 들여다보지 못해 환장한 집단 관음증 환자들 같다. 동료 인간의 인권이 침해되는 걸 보면 적극적으로 뜯어말려야지. 그 정도의 사회적 연대의식은 있어야지. 비열하게 실실 웃으며 침이나 잴잴 흘리고. 그러면서 뻐딱하게 이렇게 말한다. "솔직히 말해. 너도 보고 싶지?" 그래, 보고 싶다. 안 보고 싶다고 하면 너희들이 믿어주겠니? 그런데 너는 은행에서 본 돈을 훔치고 싶은 마음이 들면, 정말 훔치니? 이런 전근대적 관음증 환자들이 넘치는 사회에서 애꿎은 "사생활"을 공격하는 게 과연 얼마나 진보적인 짓일까? 주책 없이 공권력이 남의 사적 영역에까지 수시로 쳐들어오는 이 문화적 전체주의 국가에서 "사생활의 욕망"을 버리라고 요구하는 게 과연 얼마나 혁명적인 짓일까?

근대와 탈근대의 변증법

근대라는 시대는 자연을 정복의 대상, 조작의 대상으로 내려놓았다. 그리고 그것을 맘껏 착취하는 것을 "생산력의 발전"이라 불렀다. 생산력의 발전은 곧 자연의 위협으로부터 인간의 해방, 즉 '진보'였다. 자연을 착취의 대상으로 보는 데는 좌우가 따로 없었다. "자연은 공짜로 존재한다." 19세기 독일 사민당의 강령에는 이렇게 적혀 있었다. 말하자면 부르주아도, 프롤레타리아도 자연을 착취하는 데에서는 공범이었던 것이다. 다만 그 착취로 얻어진 노획물을 양자가 분배하는 문제를 놓고 서로 대립했을 뿐이다. 그런 의미에서 모든 것을 화폐로 환산하는 근대에 대한 비판으로서 생태론에 대한 관심은 탈근대의 중요한 내용이 아닐 수 없다.

"사람만이 희망"이라는 박노해. 벌써 득도를 한 그의 겸손한 오만함이 주는 생리적 불편함을 잠시 접어두면, '생명 공동체'에 관한 그의 논의는 근대를 넘어서는 탈근대적 실천이 될 수 있다. "50만 원만 갖고도 살 수 있다."는 그의 말에 굳이 비아냥거릴 필요는 없다. 노동부 산정 최저 생계비에도 못 미치는 50만 원만 갖고 인간다운 생활을 할 수 있는지 의심스럽지만, 또 이 '탈근대적' 존재미학이 최저 생계비도 못 받는 영세 사업장에서 '근대적' 요구를 위해 싸우는 노동자들의 김을 빼는 게 사실이지만, 오로지 더 높은 돈을 벌기 위해 삶을 소모하라고 요구하는 자본주의에 대한 급진적 비판으로 읽어주면 될 일이다. 박노해의 문제는 이론이 아니라 실천에, 즉 그가 말하는 "참된 시작"의 일정에 있다. 과연 그는 언제 귀농할 것인가?

우연히 어느 잡지에서 변산 생활공동체에서 애들을 가르치며 지내는 철학자 윤구병 씨의 인터뷰를 읽었다. "땅과 공동체를 살리려고 원시적으로 이 작업을 하는 건 언젠가 위기가 닥쳤을 때 우리가 놓는 징검다리를 통해 그 위기를 벗어나는 길이 있었으면 좋겠다는 것……." 내가 보기에는 이런 게 '탈근대'다. "조상들의 삶에는 쓰레기가 전혀 없었다. 쓰레기가 일절 없는 삶……." 전통은 이렇게 계승하는 거다. 다 낡은 삼강오륜이나 붙잡고 늘어지는 게 아니라. 이 탈근대의 실험을 위해 그는 교수직을 내던졌다고 한다. 이게 바로 '탈주'다. 누구나 이해할 수 있을 일상적 어법으로 털어놓는 그의 이야기를 들으면, 이론적으로도 이 교수 출신 촌 농부의 철학이 세련된 불란서제 소리보다 훨씬 더 풍부하다는 것을 알 수 있다.

하지만 어쩌겠는가. 근대는 아직 안 끝났는데. 게다가 이런 미시 기획이 산업 사회라는 거대 사회를 위한 기획을 대체할 수는 없다. 그러므로 거시 사회를 위해서는 여전히 또 다른 기획이 필요하다. 하버마스의 말대로 '근대'는 미완성의 프로젝트다. 하지만 불행하게도 90년대를 휩쓴 포스트모던의 광풍 속에서 더 나은 사회의 비전을 세우는 작업은, 주제넘은 '계몽주의' 혹은 폭력적인 '이성주의'로 성급하게 매도되어왔다. 하지만 이제 '해방의 서사'를 쓰던 시대는 지났다고 단언하는 것은 아무리 좋게 해석해주어도 보수주의적 요구일 뿐이다. 그리하여 우리는 계속 물어야 한다. '과연 타인들 사이의 계약에 근거한 이익 사회 속에서 어떻게 공동체 요소를 확보할 것인가?'

그 답변은 아마 이런 것이 될 것이다. 먼저 학연, 지연, 혈연과 같은 마이크로 집단주의, 국가주의와 같은 매크로 집단주의에서 개인을 자율적 주체로 "해방"시켜야 한다. 이어 이 개인들이 "자유"로운 소통의 망을 구성해, 거기서 얻어지는 자발적 합의로 '국가주의'라는 허구적 공동체를 '사회 정의'와 '연대성'에 입각한 실질적 공동체로 전환시켜야 한다. 미래 사회의 전망은 바로 이런 노력 속에 있는 게 아닐까? 이것만으로도 충분히 요원한 목표다. 비트겐슈타인의 말대로 "언어놀이에서 이상이 발휘하는 구실을 오해"하지 말라. '이상'은 시도 때도 없이 논거로 들이대라고 존재하는 게 아니다.

이게 내가 "해방된 개인의 자유로운 결사"라는 마르크스의 말을 이해하는 방식이다. 그리고 이 근대적 기획의 '동시적 이후(synchronic post)'에 다양한 탈근대적 공동체주의의 실험들이 존재한다. 그리하여 모던과 포스트모던의 변증법. 말하자면 정의와 연대에 기초한 거시 사회에 다양한 탈근대적 삶의 형태들이 서로 모순적으로, 그러나 상보적으로 접속을 하는 사회. 우리가 앞으로 지향할 사회의 모습은 그런 것이 되어야 하지 않을까? 그런데 이 정도의 꿈도 꾸어서는 안 된단 말인가? 왜 우리에게서 꿈꿀 자유마저 앗아가려 하는 걸까?

⦂공동체주의와 자유주의

미국에서 벌어진 '공동체주의 대 자유주의' 논쟁의 배경에는 레이거노믹스가 있다. 레이건의 급진적인 신자유주의 정책은 빈부 격차를 심화시켜 미국의 사회적 통합력을 약화시켰다. 어느 사회든 두꺼운 중산층이 그 체제에 안정감을 주는 법이다. 중산층의 몰락은 사회를 양극화하여 체제를 불안정하게 만든다. 여기서 자유주의는 한계를 드러낸다. 이때 흩어진 이기적 원자들을 하나로 묶어줄 끈으로 매킨타이어와 같은 신(新)아리스토텔레스주의자는 "덕"을, 테일러와 같은 신(新)헤겔주의자들은 "공화주의"를 내세우는 거다. 어느 경우든 이들이 사회적 통합의 기능을 할 것이라 추천하는 덕목의 리스트에는 "애국심"이 핵심적 요소로 포함되어 있다.

한국의 공동체주의는 이와는 좀 다른 배경을 갖는다. 자유주의 전통이 일천한 한국 사회는 지나친 국가주의적 통합으로 고통을 받아왔다. 하지만 민주화와 자유화의 진전으로 박정희식의 국가주의가 낡은 이념이 되어버렸다. 이 위기를 맞아 국가주의는 리콴유의 싱가포르 체제와 같은 새로운 아시아적 권위주의로 변신을 해야 했고, 그 변신의 이데올로기가 바로 함재봉의 우익 공동체주의로 나타난 것이다. 그것은 유교적 버전의 반동 종교개혁과 같은 의미를 갖는다. 함재봉이 이인화의 "영원한 제국"을 바람직한 모델로 제시하는 데에서 볼 수 있듯이, 여기서 문화적 보수주의는 정치적 국가주의와 은밀히 접속한다.

한때 북한을 이상사회로 생각했던 좌익 민족주의는 북한식 자립경제의 처참한 몰락을 보고 우익 공동체주의에 합류하여 전두환의 "애국심"을 찬양하고 있다. "애국"을 강조하는 정치적 공화주의는 실은 경제적 자유주의의 극단적 형태, 즉 자유지상주의의 보족물이다. 말하자면 돈 내고 돈 먹는 신자유주의가 초래한 사회적 통합력의 공백을 '국가에 대한 충성'이라는 관념으로 메우려는 시도다. 한국의 경우도 다르지 않다. 공동체주의와 자유지상주의자들 사이에는 결코 논쟁이 벌어지지 않는다. 양자는 굳건히 정치적 연대를 맺고 한국의 지배 블록을 결성하고 있기 때문이다. 어쨌든 편리한 발상이다. 왜? "애국"을 강조하면 사회보장에는 돈 한푼 안 쓰고 공짜로 사회를 통합할 수 있으니까. 그래서인지 김영환은 한국의 상속세율이 너무 높다고 투덜댄다.

공동체주의는 어떤 형태로든 '개인주의'라는 자유주의 신화에 대한 비판을 담고 있다. 자유주의자와 공동체주의의 대립은 곧 '공정'과 '선', '합의'와 '계약'의 대립이다. 자유주의는 공정한 계약만으로 사회를 구성하기에 충분하다고 보는 반면, 공동체주의는 그런 형식적 절차 외에 "공공선에 대한 합의"를 공유해야 한다고 주장한다. 맞는 말이다. 하지만 문제는 그 "공공선"이 무엇이냐 하는 것이다. 종종 그것은 사회 보수층들이 가진 주관적 가치관을 의미한다. 이 경우 사회의 기득권층이 자기들이 가진 사적 가치관을 "공공선"이라고 사회 전체에 강요하고, 그들의 사적 도덕이 법 위에 서는 사태가 벌어진다. 강력한 공동체주의를 표방하는 사회가 우익이든, 좌익이든, 기독교 문명이든 이슬람 문명이든 "도덕"의 이름으로 초법적인 인권 탄압을 저지르는 것은 이 때문이다.

공동체주의가 보수적 함의만을 갖는 것은 아니다. 반(反)자본주의적 경향을 띤 좌파 공동체주의도 있다. '영토'를 공동체의 단위로 하는 우익 공동체주의가 사회적 통합력을 극대화하려는 구심의 힘이라면, '작은 모임'을 단위로 하는 좌파의 유토피아적 무정부주의는 사회적 통합을 급진적으로 거부하는 원심의 힘이다. 그 하나가 바로 68년 학생운동과 같은 '유토피아적 코뮌'의 꿈이다. 이진경의 공동체주의가 바로 거기에 속한다. 그는 '공산주의'를 의미하는 'communism'을 "코뮌＋이즘"으로 나눈 뒤 권력으로부터 자유로운 코뮌을 건설하자는 구호로 그 거창한 근대적 기획의 명맥을 '언어학적'으로 이어가고 있다. 이 역시 편리한 발상이다. 왜? 과거에 좌익이 저지른 오류는 몽땅 '근대'라는 놈에게 뒤집어씌우고, 스타일 구기지 않고 여전히 이렇게 말할 수 있으니까. '나는 아직도 코뮌＋이스트다.'

좌와 우라는 정치적 "장소의 은유"로 포착할 수 없는 공동체주의도 있다. 가령 생명 공동체, 환경 공동체처럼 생태적 공동체를 건설하려는 움직임, 그리고 모든 것을 동질화하려는 거대 사회의 폭력에 맞서 게이 공동체, 히피 공동체, 페미니즘 공동체 등 '소수자의 공동체'를 건설하려는 움직임이 그것이다. 유토피아적 공동체든, 생태 공동체든, 소수자

공동체든, 이런 미시적 공동체의 건설이 거대 산업 사회의 문제를 극복하게 해줄 거시적 대안이 될 수는 없다. 하지만 기존의 질서로부터 "탈주"를 꿈꾸며 모든 것을 동질화하는 동일성의 폭력에 저항하는 이 작은 움직임들은 결코 사소하게 취급해서는 안 될 것이다. 왜냐하면 이것들은 장기적으로 이 거대한 산업 사회를 지금보다 덜 폭력적인 형태로 바꾸는 데 필요한 예술적 영감의 원천이 될 수가 있기 때문이다.

근대적인 국가 공동체와 탈근대적인 미시 공동체의 대립 속에서 정작 잊혀진 제3의 길이 있다. 그것은 사회적 책임과 연대라는 실질에 기초한, 또 다른 공동체로의 길이다. 그 길은 '애국심'과 같은 텅 빈 관념이 아니라, 분배 정의, 사회 보장, 약자 및 소수자에 대한 보호 등 실질적인 사회적 연대를 통해 통합을 이루려 한다. 가령 유럽의 토대를 이루는 '사회국가(Sozialstaat)'의 기획이 바로 그 경우에 속한다. 사실 공화주의자들이 떠드는 '국가 공동체'란 이데올로기적 허구에 불과하다. 때로 그것은 위선으로 흐르기도 한다. 생각해보라. 대한민국 보수주의자들 중에 '애국자'가 어디에 있는가? 그러므로 이제 허구적인 국가 공동체의 관념을 시민적 연대의 관념으로 바꾸어야 한다. 이는 물론 코뮌의 건설이라는 탈근대적 기획으로 대체할 수 없는 근대적인 기획이다. 우리에게도 근대는 "미완의 기획"(하버마스)이다.

5장 처벌

지금 이 시간에도 초조하게 처형을 기다리는 영혼들이 있다. 정말로 죄의식을 느껴야 할 자들은 누구일까? 동료 인간을 죽여야만 유지되는 우리 사회의 이 잘난 질서. 그런데 우리는 일상적으로 이 잔혹한 살인행위에 가담하면서도 이제는 죄의식마저 느끼지 못한다. 우리 사회에 사형제도가 존재하는 한, 우리 모두는 어떤 비열한 살인의 공범이다.

:공동체의 복수

●●● 형벌의 보복 기능을 …… 부정하는 것은 부당하다.

피우스 12세 《국제형법에 관하여》

언젠가 텔레비전에서 본 중국의 끔찍한 공개 처형 장면. 범죄자들을 묶어 가축 수송용 트럭에 싣는다. 그들의 가슴에는 각자의 죄목을 적은 커다란 팻말이 달려 있다. 마약 밀매, 포르노 비디오 밀매 등 그들이 죽어 마땅한 이유는 다양하다. 트럭은 동네방네 신나게 쏘다니며 사회주의 인민들의 계몽을 위해 사형수 노상 전시회를 개최한다. 이윽고 차가 관중이 운집한 커다란 스타디움에 도착하면, 형 집행이 시작된다. 범죄자들이 일렬로 늘어서 땅에 무릎을 꿇으면, 그 뒤로 "인민"을 "해방"한다는 이름을 가진 군대의 병사들이 줄지어 선다. 총을 등뒤에 대고, 명령을 기다린다. 명령이 떨어지면 발포. 사형수들이 일제히 앞으로 고꾸라진다. 이어 병사들은 걸음을 옮겨 쓰러진 사형수의 옆으로 다가선다. 이미 숨이 끊어진 사형수들의 머리에 또 한 방. 확인 사살.

바로크 시대에나 벌어지던 마카브르(섬뜩한) 스펙터클이 아직까지 지구촌에서 일어나고 있다. 이런 것도 '문화 차이'라고 존중해줘야 할까? 이런 '문화'에도 과연 관용을 가져야 하는가? 대체 그들은 사회주의 국가의 인민에게 뭘 보여주겠다는 걸까? 당이 시퍼렇게 살아 있다는 사실? 당이 정의의 집행자라는 사실? 인민의 생명은 당에 달려 있다는 냉철한 진리의 확인? 개인의 인격을 모독하고 심지어 그들의 생명까지 빼앗을 권리. 대체 누가 그들에게 이 권리를 주었을까? 신이? 아니면 인민이? 대체 이들은 이 끔찍한 살인행위를 어떻게 정당화할까? 아니, 그걸 정당화하는 논리나 제대로 갖추어놓고 있는 걸까? 공개 처형에는 목적이 있을 게다. 어쩌면 인민들에게 시각적 스펙터클의 연출을 통해 공포감을 주입함으로써 범죄를 미리 막겠다는 것인지도 모른다. 하지만 관중들이 굳이 불쾌한 감정을 맛보려고 거기에 온 것 같지는 않다. 거기에는 모종의 쾌감, 즉 보복의 쾌감이 또한 있음에 틀림없다.

"형벌의 보복 기능을 근본적으로 완전히 부정하는 것은 부당하다." 누구 말일까? 놀랍지만 사랑의 종교, 기독교의 수장이신 교황 성하의 말씀이시다. 국가 권력의 형벌을 정당화하는 가장 오래된 논리가 바로 이 '보복론'이다. 이 논리는 과거 지향적이다. 그것도 이중의 의미에서. 첫째로는 20세기의 법 이론을 졸지에 중세 수준으로 되돌려놓는다는 의미에서, 둘째로는 미래에 일어날 범죄 예방이 아니라 과거에 일어난 사건의 보복에 집착한다는 점에서. 사실 이미 과거에 벌어진 사건으로 공동체가 입은 감정의 손상을 보상하기 위해 공동체의 성원들이 보는 앞에서 잔혹한 살인의 스펙터클을 연출하는 것은 적어도 이 시대의 정서에는 맞지 않는다. 그런데 왜 그럴까? 왜 하필 사랑의 종교의 수장께서 이렇게 잔인한 말씀을 하시는 걸까?

아마도 성서에 나오는 〈최후의 심판〉을 형법의 모델로 삼았기 때문일 게다. 생각해보라. 최후의 심판은 범죄 예방을 위한 게 아니다. 최후의 심판이 열릴 즈음이면 이미 세계는 종말을 맞은 상태다. 인간의 역사 자체가 이미 끝났으니 따로 예방할 것이 뭐가 있겠는가? 미래가 없으니 형벌이 미래에 벌어질 일의 예방이 아니라 과거에 벌어진 일의 정산을 지향할 수밖에 없는 것이다. 그런 의미에서 신이 인간에게 내릴 심판은 '예방'이라는 목적 없이 이루어지는 순수한 폭력, 즉 복수일 수밖에. 그리하여 "뜻이 하늘에서 이루어진 것같이 땅에서도 이루어"지도록 성하께서는 이 보복론을 정당화하려고 〈로마서〉를 인용하신다. "그(=국가)가 칼을 갖고 있는 데에는 이유가 있다. 국가는 신의 시종, 즉 악행을 한 자에 퍼붓는 신의 분노의 수단……."

보복론이 반드시 종교적 색채를 띨 필요는 없다. 신의 존재를 믿지 않는 분은 여기서 "신의 분노"라는 말을 '공동체의 분노'로 바꾸어놓으시라. 그럼 세속적인 형태의 보복론이 등장하게 된다. "범행이란 죄인의 인격 속에 공동체의 안녕에 일치하지 않는 어떤 것이 드러난 것." 그렇다면 공동체의 안녕을 위해 당연히 이 교란 요인이 제거되어야 한다. 이 교란 요인의 정의로운 척결을, 교황 성하는 무엇보다도 공동체(혹은 신)가 자신에게 해를 끼친 개인에게 행하는 보복의 행위로 이해하신다. 보복이란 상처받은 감정을 또 다른 피해로 보상하는 쾌감이다. 따라서 형벌이 보복이라면 그 보복의 쾌감은 가능한 한 공동체 성원 전체에 의해 공유되는 것이 좋다. 그리하여 형벌이 보복으로 이해되는 동안에 처형의 주요한 형태는 바로 공개 처형이었다.

"의인은 악인의 보복당함을 보고 기뻐함이여 그 발을 악인의 피에 씻으리로다."(〈시편〉 58 : 10) 〈시편〉에는 아름다운 얘기만 있는 게 아니다. 이런 잔혹한 구절도 얼마든지 등장한다. 처형을 공개적으로 행하는 이 괴상한 관습의 바탕에는 이렇게 아득한 구약 시대의 야만적 사고방식이 깔려 있다. 어디 고대뿐인가? 실제로 제법 개화했다고 하는 바로크 시대까지만 해도 공동체가 범인에게 가하는 잔혹한 보복은 당시 사회에서 보기 드문 대형 스펙터클로 꼽혔다. 구경거리가 없어 늘 심심한 관중들은 공개 처형이라는 행사를, 공동체의 성원이 모처럼 한자리에 모여 맘껏 환호성을 지를 수 있는 기회로 여겼다. 오, "악인의 보복당함을 보고 기뻐함이여……."

아직도 공개 처형을 하는 나라가 사회주의든, 이슬람 신정국가든 매우 강력한 공동체를 표방하는 건 우연의 일치일까? 그렇지 않을 것이다. 어떤 이념적·도덕적·종교적 원리의 공유를 바탕으로 한 공동체주의는 아무래도 개인의 권리보다 공동체의 권리를 앞세울 수밖에 없다. 따라서 공동체가 내적으로 순수하고 강고해질수록 그 안에서 개인의 권리는 무시되기 십상이다. 하물며 범죄자의 권리야……. 여기서 다시 강철 김영환의 말을 들어보자. "5·16 직후 깡패들이 '나는 깡패입니다'라고 크게 쓴 팻말을 목에 걸고 군인들의 계호 속에 서울 시내를 돌아다니고 그 주위에 소박하게 생긴 시민들이 활짝 웃음을 짓는 사진. 나는 이 사진을 보고 기분이 매우 통쾌했다." 좋기도 하겠다. "활짝 웃"으세요, 김치ㅡ. 오, "악인의 보복당함을 보고 기뻐함이여." 아예 "그 발을 악인의 피에 씻으리로다." 아멘.

：범죄 예방의 잔인한 수단, 공포

●●● 육체적 강제는 범법행위를 막는 데에 충분하지 않다.

안셀름 폰 포이에르바흐 〈현행 독일 형법론〉

미국이라는 나라, 참 재미있다. 한편으로는 전 세계 '자유' 민주주의 종주국 노릇을 하며 이 나라, 저 나라의 인권에 참견하면서, 다른 한편으로 자기들은 아직도 죄수들의 발목에 족쇄를 채워 강제 노동을 시키고 있다. 물론 그 죄수의 대부분은 유색인종이다. 얼마 전에 텔레비전을 보았다. 미국에서 새로 개발된 비행 청소년을 위한 특별교육 프로그램이었다. 열댓살 먹은 아이들에게 감옥을 견학시켜주는 거다. 아니, 더 정확히 말하면 맛보기로 아예 좁은 감방 안에 하루 감금을 시켜놓는 거다. 말하자면 너희들이 계속 비행을 저지르면 성인이 되어 이런 곳에서 지내야 한다는 메시지인 셈이다. 이 몰취향.

미셸 푸코의 책에나 나올 엽기적인 얘기가 자칭 자유민주주의의 전도사라는 나라에서 버젓이 벌어지고 있다. 푸코라면 이를 전형적인 '근대적' 관념이라 불렀을 게다. 공개 처형은 무엇보다도 과거 지향적이다. 공개 처형이 행해지던 시절의 형벌은 곧 정의의 승리, 즉 공동체가 범죄자에게 가하는 도덕적 보복이었기에, 그것은 성원 전체의 열광적인 환호 속에 행해지는 즐거운 쇼, 그래서 더욱더 잔혹했던 대규모의 사디스트 스펙터클이었다. 근대에 들어오면 사정이 달라진다. 이제 형벌은 과거가 아니라 미래를 지향하게 된다. 즉 보복이 아니라 앞으로 발생할 범죄를 예방하기 위한 조처로 이해되기 시작한다.

이를 '일반 예방론'이라 부른다. 구체적으로는 이렇게 표현된다. "육체적 강제는 범법행위를 막는 데에 충분하지 않다." 왜? 육체적 강제는 범죄가 이미 행해진 다음에 가해지는 것이기 때문에 범죄를 막는 데에 충분하지가 않다. 그렇다면 어떻게 해야 할까? 육체적 강제 외에 '범법행위에 앞서는 어떤 것', 즉 "심리적 강제"가 필요하다는 것이다. 여기서 형벌의 고통은 현실 공간의 라이브 공연무대에서 사람들의 머리 속으로 옮겨진다. 말하자면 매번 사회 성원들에게 보복이 행해지는 끔찍한 장면을 번거롭게 직접 보여주기보다 아예 그들의 머리 속에 그 끔찍한 장면의 이미지를 입력시켜놓고, 범죄를 저지를 때마다 그 영상이 떠오르게 해야 한다는 것이다.

이 논리는 감정의 수학에 바탕을 둔 것이다. "모든 위반은 감성에서 비롯된다. 이 감성적 충동을 제거하는 방법은, 범법행위가 초래할 불쾌감이 그 행위의 충동을 자제하는 데서 생기는 불쾌감보다 훨씬 더 크다는 것을 모든 이에게 인식시키는 것이다." 한마디로 '범죄로 네가 얻을 쾌감보다 처벌로 네가 받을 고통이 더 크다'는 메시지, 즉 '처벌의 고통 〉범죄의 쾌감'이라는 부등식을 모든 시민의 머리 속에 각인시켜야 한다는 얘기다. 이를 포이에르바흐(1775~1833년. 독일의 법학자)는 "형벌 위협의 심리적 방범 효과"라 부른다.

'고통 〉쾌감'이라는 표상. 이는 일종의 어음이다. 이 어음의 지급보증을 해주는 게 바로 형벌이다. 형벌이 없다면 국가가 시민에게 행하는 이 위협은 부도수표로 변하니까. 하지만 여기서 현실의 '처벌' 자체는 공포의 표상, 즉 심리적·관념직 방범 효과에 밀려 뒷전으로 물러난다. 공개 처형에 비하면 대단한 발전이다. 그런데 '고통 〉쾌감'의 부등식을 대체 무슨 수로 시민들의 머리 속에 생생하게 각인시킬 수 있을까? 알 수 없다. '일반 예방론'에서 '일반'이란 이 예방 조처가 몇몇 범죄자만이 아니라 전 국민을 대상으로 한 일반적 조처라는 뜻이다. 그렇다면 범죄 예방 차원에서 전 국민에게 감옥 견학을 시켜주는 건 어떨까? 바쁜 사람을 위해서는 텔레비전으로 매일 감옥 안의 상황을 중계해주는 거다. 그럼 범죄가 좀 줄어들까?

얼마 전 어느 인권운동단체에서 보내준 책자를 읽고 나서 난 감옥 가고 싶은 생각이 뚝 떨어졌다. 적어도 감옥만큼은 국산을 애용하지 않는 게 좋다. 우리 나라에도 법이 있고, 형벌이 있고, 그것이 집행되고 있다. 그런데 우리 나라에서 행해지는 처벌은 과연 어떤 법철학적 논리로 정당화되고 있는 걸까? 아마 거기에도 분명히 논리가 있을 게다. 하지만 평소에 그에 대해 별로 들을 기회가 없다. 한 나라의 감옥이야말로 그 나라 인권의 얼굴이다. 재소자의 인권은 그 나라 시민들이 보장받는 인권 수준의 지표가 된다. 그런데 고전주의 시대 프랑스의 감옥 사정은

훤히 아는 지식인들이 왜 정작 우리 나라의 감옥에 대해서는 별 관심이
없는 걸까?

: 범죄자를 치료하라?

●●● 이 인간적이며 계몽된 프로그램……

칼 메닝거 《유죄 판결》

'보복론'이 프랑스 혁명 이전, 그러니까 18세기까지를 대표하고, '일반 예방론'이 19세기를 대표하는 이론이었다면, 20세기를 대표하는 처벌 이론은 소위 '재사회화론'이다. 거기에는 여러 가지 형태가 있겠지만 그 대표적인 예 중의 하나가 범죄자를 죄인이 아니라 환자로 보는 '치유론'이다. "그들은 신체적으로는 어른이나 정신적으로는 아이들일 뿐이다. 정상적인 방식으론 얻을 수 없는 인간적 따뜻함과 소속감을 열망하는 사랑받지 못하는 아이들." 그러므로 처벌 대신 치료를! 그러려면 간수가 감시하는 감옥을 없애고, 이를 전문적인 정신병의들이 관리하는 치료시설로 교체해야 한다.

　이 논리에는 두 가지 장점이 있다고 한다. 먼저 거기에는 윤리적 장점이 있다. "이 인간적이며 계몽된 프로그램은 쓸데없는 부당함과 고통을 덜어준다." 말하자면 범죄자도 인격을 갖고 있기에, 그들에게 쓸데없는 고통을 주는 것은 결코 윤리적인지 못하다. 따라서 처벌이 아니라 '치유'를 중심으로 한 형행론은 가혹한 보복론에 비해 윤리적으로 우월하다는 것이다. 둘째, 치유론에는 그 밖에도 경제적 장점이 있다. 그것은 "나아가 돈과 노동력을 절감시켜준다."는 것이다. 왜? 일단 치료가 끝났다고 판단되는 사람은 남은 형기에 관계없이 일찍 출소(퇴원?)시켜도 되므로, 그만큼 구금과 감시에 필요한 사회적 비용이 절감된다는 것이다. 하긴 범죄자를 전문적인 정신의에게 맡기는 것이 잔인한 형리에게 맡기는 것보다는 차라리 더 인간적이고, 더 경제적이지 않겠는가.

"금고형의 위협을 통한 범죄 예방이라는 공식적 전략은 100% 실패했다." 이렇게 '재사회화론'은 기존의 '예방론'이 범죄를 예방하는 데 무력하다는 현실적 판단에서 출발한다. 하긴 사람들의 머리 속에 처벌에 대한 공포감을 늘린다고 범죄를 없앨 수는 없는 일이다. 실제로 소매치기를 잔혹한 공개 처형으로 다스리던 시절의 영국에서, 역설적으로 소매치기가 가장 활발하게 활동했던 장소는 바로 소매치기를 공개 처형하던 그 현장이었다고 하니까. 범행의 결단을 결정하는 건 '고통 〉쾌감'이라는 부등식이 아니라 혹시 '범행 횟수 〉적발 횟수'라는 부등식이 아닐까? 내 경험을 봐도 그렇다. 고교 시절 보충수업 시간에 출석을 부를 확률은 경험상 대충 1/3. 수업시간에 만화가게를 가도 적발 안 될 확률이 더 높다. 또 이 확률은 누적되지 않는다. 지난 이틀간 성공적으로 땡땡이를 쳤어도 오늘 적발될 확률은 그에 관계없이 여전히 1/3. 그러니 결단의 유혹은 매일 새로울 수밖에.

하지만 '재사회화론'이라고 범죄를 막는 데 특별히 도움이 될까? 특별히 그런 것 같지는 않다. 가령 우리는 이른바 범죄자를 계도한다는 '교도소'라는 곳에서 행해지는 수많은 재사회화 프로그램과 그것의 성과에 대해 듣는다. 하지만 그렇다고 해서 범죄가 줄었다는 얘기는 들리지 않는다. 오히려 교도소라는 곳이 범죄자를 사회에 돌려보내는 재사회화의 장이 되기보다는 새로운 범죄의 학교 내지 조직 결성의 장으로 전락했다는 얘기마저 들리는 형편이다. 게다가 '재사회화'론의 정신의학적 버전에는 논리적 문제가 있다. 한 사람이 치료됐는지 여부를 어떻게 판단할 것인가? 누가 사람의 마음을 읽을 수 있단 말인가. 가령 회개란 회개는 다 한 것처럼 굴다가 나와서는 조직 재건을 시도하다 감옥으로 돌아간 김태촌의 예를 보라. 그리고 양은이파 두목의 경우······.

게다가 이 "인간적이며 계몽적인 프로그램"에는 위험한 인권 침해의 소지까지 있다. 사태를 뒤집어보자. 가령 범죄가 치유해야 할 질병이라면, 병자(?)는 그 질병이 완전히 치유될 때까지 병원에 있어야 한다는 얘기가 되지 않겠는가. 하지만 가령 6개월만 살아도 될 소매치기가 6개월이 넘도록 도벽이 고쳐지지 않았다고 해서, 그를 계속 수감시설에 붙잡아 놔야 할까? 또 음주 운전하다 경찰서에 끌려온 사람이 진찰(?) 결과 우연히 강도 내지 살인의 소질이 있는 것으로 드러난다고 하자. 이 경우 우리는 그가 아직 짓지도 않은 죄 때문에 그를 치료시설에 감금해야 할까? 그런 의미에서 '처벌과 함께 치료'를 병행하는 게 아니라, 아예 '처벌 대신에 치료'를 주장하는 건, '죄와 벌'이라는 윤리적 범주를 '질병과 치료'라는 의학적 범주와 혼동하는 게 아닐까?

다시 노동기계 속에 쑤셔넣는 권력의 사이버 통제 전략을 볼 게다. 하긴 발목에 채운 발신기가 끔찍하긴 하다.

무정부주의자들은 이런 사소한 개혁(?)을 주장하는 사람들을 체제 순응적인 '부르주아의 앞잡이'라 부를 것이다. 반면 개혁론자들은 무정부주의자들을 목소리만 급진적일 뿐 당장 가능한 실천조차도 포기하여 결국 체제 유지에나 일조하는 '결과적 보수주의자'로 볼 게다. 이게 바로 포스트모던의 문제다. 자, 어느 거 할래? 취향은 자유.

: 신을 위한 원죄의식

●●● 기독교는 사형 집행인의 도덕이다.

프리드리히 니체 《우상의 황혼》

원죄의식? 뭔가 뒤집혔다. 원죄는 인간이 아니라 신에게 있다. 쓸데없이 터부를 만들어놓고 그걸 깼다고 가혹한 죽음의 형벌을 내린 신이야말로 죄의식을 느껴야 한다. 대체 우리가 뭘 잘못했다고? 애초에 선악과를 만들 때, 인간이 그걸 따먹을 수밖에 없으리라는 것을 신은 정말로 몰랐을까? 이 곤란한 질문에 대한 전통적인 신학의 대답은 이런 것이다. 신은 인간에게 "자유의지"를 주었다. 그런데 인간은 그것을 남용하여 죄를 짓는다. 자유를 악용한 인간은 벌을 받아 마땅하며, 따라서 신이 내리는 형벌의 모든 책임은 전적으로 인간에게 있다. 결국 신은 인간에게 '자유'를 주셨으나, 그것을 통해 결국 인간을 죄인으로 만들어버리신 셈이다. 자유의 값은 죄이고, 죄의 값은 사망이니……

순간 니체가 용감하게 외친다. "책임을 찾는 모든 곳엔 복수의 본능이 있었다. 이 복수 본능이 수천 년 동안 인간의 주인이 됐다." 사법 제도 자체가 실은 원시적 보복의 제의다. 이 만행을 정당화하기 위해 만들어낸 논리가 바로 '인간에게는 자유의지가 있다'는 오래된 신학적 · 철학적 교리라는 것이다. "의지에 관한 이론, 이 치명적인 거짓말은 처벌을 위해 발명된 것이다." 한마디로 신학자나 철학자들이 열심히 설파하는 자유의지론이란, 남에게 억지로 죄를 뒤집어씌워 보복하려는 저열한 복수 본능이 만들어낸 심오한 형이상학적 허위라는 얘기다. 바로 이것이 인간을 경멸하는 니체의 휴머니즘, 그 어떤 휴머니즘보다 더 깊은 반휴머니스트의 휴머니즘이다. 그리하여 "자유의지론"으로 야만적 '보복'의 살육을 변명하고 정당화하는 이 세상의 모든 헤롯왕들에게 외치는 광야의 소리. "기독교는 사형집행인의 도덕이다!"

형벌의 이론이 '보복론'에서 '예방론'을 거쳐 '재사회화론'으로 바뀌어가는 과정에서, 점차 범죄의 책임은 자유의지를 가진 개인에서 사회로 옮겨진다. 이제 인간은 "자유의지"를 가지고 자율적으로 행동하는 윤리적 '주체'가 아니라 사회라는 거대한 기계 속의 '객체'로 변해가고, 그 결과 범죄자는 도덕적 보복의 대상에서 점차 과학적 관리의 대상으로 여겨지기 시작한다. 니체는 자기가 살던 당시를 지배하던 '보복론'의 허구를 폭로했다. 그의 뒤를 이어서 푸코는 현대 사회에서 너무나 당연하게 받아들여지는 '재사회화론'의 허구를 폭로함으로써 다시금 형벌제도 자체의 정당성을 물고 늘어진다. 바로 여기에 푸코의 니체적 급진성이 있다.

하지만 형벌의 기원이 복수욕이나 권력의 필요라고 해서, 그게 부당하거나 불필요하다고 할 수 있을까? 그렇게 추론한다면, 그것은 '발생론적 오류'라 해야 할 것이다. 가령 팔찌가 과거에 노예의 팔에 채우는 쇠고랑에서 비롯되었다고 아직도 팔찌가 수갑이라 주장할 사람은 없을 것이다. 형벌제도가 아직까지 존재하는 것은, 사람들이 그것의 저열한 근원을 낱낱이 폭로해줄 형법의 계보학을 모르고 있기 때문이 아닐 것이다. 그보다는 사회의 유지를 위해 여전히 형벌제도가 필요하다고 느끼고 있기 때문일 것이다. 하지만 니체 류의 급진적 비판은 종종 이 명백한 사실을 가볍게 무시하는 경향이 있다. 어떤 것의 기원 문제와 그것의 현실적 필요성의 문제는 차원이 좀 다른 문제다. 따라서 형벌의 기원 문제를 들어 그것의 현실 적합성을 반박할 수는 없는 일이다.

그래서 난 형벌 자체가 아니라 특정한 형벌만 문제삼기로 했다. 사형제도. 몇 년에 한 번꼴로 우리 나라의 신문에도 '사형수 18명 처형 집행'이라는 제목의 기사가 실린다. 이 행위가 떳떳하지 못하다고 생각해서인지 대개는 귀퉁이에 보일 듯, 말듯 1단 크기로 자그맣게 실린다. 미국을 제외하면 전 세계 대부분의 국가에서 이미 사형 제도는 폐지되었거나, 아니면 존재해도 사실상 집행은 정지되어가는 추세다. 서구에 살면서 한국에서 있었던 집단처형에 관한 기사를 읽는 기분은 참 묘한 것이다. 우리가 중국의 공개 처형을 보며 야만적이라고 느끼듯이, 아마도 서구인들은 우리의 집단처형 관행이 꽤 야만적이라 느낄 것이다. 하지만 정작 당사자인 중국인들이 공개 처형을 당연하게 받아들이는 것처럼, 우리 역시 집단처형을 너무나 당연하게 여기고 있다.

국가에서 시민의 생명을 빼앗는다. 이를 어떤 논리로 정당화할 수 있을까? 먼저 자유의지론에 기초해 '보복론'을 펼 수가 있을 것이다. 하지만 미국을 보라. 사형수의 절반이 흑인이다. 흑인의 신체에 범죄의 유전자가 들어 있는 게 아니라면, 범죄의 책임은 사회에 있다는 얘기다. 그런데 왜 사회는 책임을 지지 않고 책임을 물으려고만 하는가? 이어서 사형의 협박으로 범죄를 '예방'하겠다는 논법이 있을 수 있다. 하지만 그게 얼마나 효율적일지 모르겠다. 왜? 사형제도가 있는 나라에서 외려 강력범죄의 발생률이 높기 때문이다. 하긴, 국가도 죽이는데 시민이라고 왜 못 죽여. 그렇다면 '재사회화론'? 좋은 생각이다. 하지만 죽은 자를 어떻게 사회로 돌려보내? 사회계약론? 그러니까 애초에 사회를 만들 때 성원들이 '이러저러한 일을 할 경우 국가에서 목숨을 빼앗아도 된다'고 합의를 했다. 따라서 사형은 정당하다? 글쎄, 생명을 어떻게 계약의 대상으로 삼아? 사실 사형제도는 매우 당연한 것처럼 여겨지나 따지고 보면 그게 정당해야 할 이유는 별로 없어 보인다.

몇 년 전 사형수의 영혼을 돌보는 어느 장로님의 기사를 읽었다. 형장에 끌려가는 순간에 오히려 장로님의 다친 다리 걱정을 하더란다. 사형수를 돌보며 지내는 어느 수녀님도 비슷한 얘기를 들려주신다. 사형제도는 이렇게 죄인이 아니라 "더 이상 죄인이 아닌 자"를 죽인다. 대체 무슨 권리로? 유감스럽게도 신문 기사 속의 그 장로님은 체념한 듯 사형제도의 존폐는 그냥 "나라에 맡기기로" 했단다. 아니다. 기독교인이라면 이럴 땐 신을 카드로 사용해도 된다. 아니 그래야 한다. '감히 국가 나부랭이가 신만이 할 수 있는 일을…….' "기독교는 사형집행인의 도덕"? 꼭 그렇지 않다. 신은 '보복론'을 정당화하는 데 사용할 수도 있고,

거꾸로 거기에 반대하는 데 사용할 수도 있다. 가령 사형제도 폐지를 위해 싸우는 천주교 정의구현 사제단의 활동은 좋은 예다. 신은 용도가 정해지지 않은 카드, 조커다. 아니, 더 정확히 말하면 카드가 아니라 그 카드의 올바른 용법인지도 모른다.

지금 이 순간에도 초조하게 처형을 기다리는 영혼들이 있다. 정말로 죄의식을 느껴야 할 자들은 누구일까? 동료 인간을 죽여야만 유지되는 우리 사회의 이 잘난 질서. 이 '마이너스 하나'의 안정과 평화. 이 원시 희생의식의 불편한 기억. 아마 기독교에서 말하는 원죄의식이란, 질서의 수립을 위해 공동체가 최초로 저지른 폭력에 대한 죄책감이 아니었을까? 그런데 우리는 일상적으로 이 잔혹한 살인행위에 가담하면서도 이제는 죄의식마저 느끼지 못한다. 우리 사회에 사형제도가 존재하는 한, 우리 모두는 어떤 비열한 살인의 공범이다.

⦂평화로운 폭력

문뜩 이 세상이 엄청난 폭력 위에 세워져 있다는 느낌이 들 때가 있다. 열댓 명의 사형수가 한날한시에 집단처형당했다는 기사. 물론 이 기사는 눈에 띄지 않게 단신으로 처리된다. 그리고 그 끔찍한 사태를 기술하는 데에는 '형 집행'과 같은 점잖은 행정 용어가 사용된다. 이 낱말에서는 그다지 피 냄새가 나지 않는다. 그리하여 이 잔혹한 폭력은 너무나 당연한 것으로 여겨진다. 누구도 '국가'의 이름으로 저지르는 이 가공할 폭력을 '폭력'으로 여기지 않는다. 이 집단적 테러에 공범으로 가담했으면서도 아무 죄의식도 느끼지 못한다. 외려 '그래야 사회 질서가 유지되는 것이며 따라서 사형으로 다스려야 할 죄의 목록을 더 늘려야 한다'고까지 생각한다. 우리 사회의 질서는 이 집단폭력의 관행 위에 세워져 있다. 하지만 이 질서의 폭력성은 잘 의식되지 않는다.

사법제도라는 것이 있다. 이 제도는 특정인의 신체를 구금하고 심지어 그 생명을 빼앗기까지 한다. 하지만 '정의'를 실현한다는 그 제도가 실은 얼마나 큰 '불의'를 행사하는지, 아무도 따져보지 않는다. 신기한 일이다. 얼마 전에 어느 판사가 판결문에서 "우리 사회에서는 법 집행이 공정하게 이루어지지 않는다."고 우울하게 실토한 적이 있었다. 법 자체가 공정한지는 차치하고, 별로 공정하지도 못한 그 잘난 법을 적용하는 것도 공정하게 이루어지지 않는다. 한마디로 가공할 폭력이 억울하게 행사되는 일이 다반사로 벌어진다는 얘기다. 하지만 그 폭력은 정작 당하는 사람들이라면 모를까, 대부분의 사람은 그 폭력이 언젠가 자기 자신에게 돌아올 수 있으리라는 생각은 하지 않는다. 그리하여 우리 사회의 공정하지 못한 질서를 지탱하는 이 폭력성도 우리에게는 의식되는 일이 없다.

물론 나는 사법제도 없이 사회 질서가 유지될 수 있다고 믿지는 않으며, 또 사회 질서가 필요 없다고도 믿지 않는다. 국가의 공적 폭력으로부터 해방되는 것이 곧 모든 폭력으로부터 해방되는 것이라 믿을 만큼 순진하지도 않다. 외려 사적 폭력을 차라리 국가에 의한 공적 폭력으로 바꾸어놓은 것이 적어도 역사의 특정 시점에서는 진보적이었다고 본다. 다만 과거에는 폭력이었던 것이 제도로 바뀌었을 때에는 더 이상 폭력으로 느껴지지 않고, 그것이 폭력에 대한 우리의 감성을 무디게 한다는 사실을 지적하고 싶을 뿐이다. 생각해보라. 법을 만드는 사람들, 법을 적용하는 사람들이 직접 그 법을 실행하는 현장에 나타나 가난한 사람들의 집을 포크레인으로 무너뜨리고, 노동자들을 곤봉으로 때리고, 사형수의 목에 직접 끈을 걸어주어야 한다면? 그때 신성한 후광을 가진 법과 제도에서는 비로소 피 냄새가 나지 않을까?

공적 폭력을 없앤다고 모든 폭력이 사라지는 것은 아니다. 공적 폭력이 없어진 자리에는 사적 폭력이 난무하게 마련이다. 사실 공적 폭력은 사적 폭력을 없앨 목적으로 제도화한 것이다. 사적 폭력을 통제하는 것은 공적 폭력이 존재하는 가장 중요한 이유 중의 하나이며, 또 공적 폭력은 그 이유를 들어 자기를 정당화하곤 한다. 공적 폭력이 제도화함으로써 그것의 원초적 폭력성을 감추는 것처럼, 사적 폭력 역시 때로는 관습화함으로써 그 폭력적 성격을 감추는 데 성공하기도 한다. 법의 신성함 뒤로 숨든, 관습의 익숙함 뒤로 숨든 어느 경우에나 폭력은 더 이상 폭력으로 여겨지지 않는다. 무섭지 않은가?

바로크 시대의 교회는 종종 '순교자'의 그림으로 장식되어 있었다. 물론 르네상스 시대에도 그런 그림은 있었지만, 육체적 고통을 이겨내는 영적 능력을 강조하다 보니 그리 잔혹하게 느껴지지는 않는다. 바로크는 다르다. 그 안에는 드라마가 있고, 파토스가 있고, 세속적 사디즘과 성스런 마조히즘이 어우러진 변태적 에로틱이 있다. 바로크의 그림 속에서 말을 하는 것은 영혼이 아니다. 그 그림에서 흘러나오는 소리는 고통받는 몸의 절규, 파괴되는 육체가 내지르는 신음과 소름끼치는 비명이다. 껍질을 벗기고(성 바르톨로메오), 혀를 뽑고(성 아폴로니아), 젖가슴을 베고(성 바바라), 배를 갈라 내장을 꺼내고(성 에라스무스), 큰 바퀴로 온 몸을 으깨고(성 카타리나), 사람의 몸으로 바비큐를 하고(성 로렌스)…….

순교자의 얘기는 기독교가 공인된 AD 313년 이전의 일. 바로크의 화가들이 천 년 전의 순교를 목격했을 리 없다. 그래서 '순교자'를 그릴 때 그들이 참고할 수 있었던 유일한 시각 자료는 당시에 실제로 행해졌던 처형 장면이었다. 그렇다면 그림 속에서 죽어가는 바로크의 순교자의 정체는 실은 당시에 처형되었던 범죄자, 사형수들인 셈이다. 르네 지라르는 모든 문명은 질서를 유지하기 위해 희생양을 요구한다고 말했다. 그렇다면 사형수라는 희생양이야말로 이 사회를 유지시키는 성스런 존재가 아니겠는가? 예수가 인류의 죄를 위해 희생양이 되었듯이, 세속과 교회 권력의 질서를 신성하게 유지하기 위해 희생당한 것은 범죄자들. 따라서 범죄자가 성인의 모델이 될 법도 하지 않은가? 실제로 그 당시에 몇몇 처형은 '성인의 순교'을 방불케 하는 감동을 주었다고 한다.

바로크 시대 사람들은 처형을 결코 잔인하게 느끼지 않았다. 처형은 신과 공동체의 정의의 실현이었기에, 그들은 이 잔혹한 정의의 실현을 축제로 즐겼다. 오늘날 중국인들이 잔혹한 바로크의 처형 장면을 본다면, 아마도 "잔인하다" 말할 것이다. 하지만 그들도 정작 자기 나라에서 벌어지는 공개 처형은 잔인하게 느끼지 못한다. 우리에게 중국의 공개 처형은 잔혹하게만 느껴진다. 하지만 정작 우리 사회에서 행하는 비공개로 행하는 집단처형은 별로 잔인하게 느껴지지 않는다. 하지만 우리와 문명화의 정도를 달리하는 다른 나라 사람들에게는 이 원시적 관습이 매우 야만적으로 느껴질 게다.

며칠 전 김수환 추기경과 함께 식사를 하는 사형수들의 사진을 보았다. 이들은 법질서의 유지라는 미련한 관념의 존속을 위해 희생당할 예정이다. 어떻게 할 것인가? 국가라는 리바이어선, 이 세속의 신이 저지르는 살인행위에 당신도 가담할 것인가? 여야 의원이 서명한 사형제 폐지 법안이 지금 법사위의 비토에 걸려 좌초할 운명이라 한다. 보수적인 사람일수록 사형에 찬성하는 경향을 보인다. 이는 사형제도 존속론의 바탕에 권력 의지가 깔려 있음을 보여준다. 이들은 자기들이 가진 권력의 행사 범위를 타인의 생명에까지 연장시키고 싶어한다. 인간에게 생명을 주었다가 다시 빼앗을 권리를 가진 존재, 즉 신의 전능을 갖고 이 땅에서 누리고 싶어한다. 사형제도는 신이 주재하는 '최후의 심판'의 패러디. 그런데 누가 이들에게 신이 될 권리를 주었단 말인가?

사형제도의 존속을 주장하는 사람들은 사형수 없으면 사회의 질서가 무너질 것이라 본다. 그런데 어찌 된 일인지, 사형제도 없이도 잘만 유지되는 사회들이 얼마든지 있다. 우리 헌법의 한 축을 이루는 자유주의의 원리는 사회를 '계약'의 산물로 설명하곤 한다. 그런데 '생명'은 '사회계약'의 대상이 될 수가 없는 것이다. 국가가 제 아무리 신성해도 살인을 명할 권리는 없다. 때문에 나는 사형이라는 살인행위를 '합법'으로 명시한 이 미련한 계약서에 서명하는 것을 단호히 거부한다.

6장 성(性)

동성애자 담론은 이제까지 주로 소수자의 인권 보호라는 측면에서만 이루어져왔다. 즉 동성애자를 사회에 받아들여 달라고 청원하는 수준을 넘어, 이제 동성애자의 존재가 사회에 어떤 기여를 할 수 있는지 논해야 할 것이다. 남자와 남자가 사랑을 나누는 동성애의 모델은 어쩌면 우리 사회의 인간관계와 소통 구조를 지금과 다른 방식으로 새로이 조직하는 데 필요한 영감의 원천이 될지도 모른다.

⦂ 반대를 위한 문법적 착각

●●● 문법적 착각에 의해 초래된 미신……

루트비히 비트겐슈타인 《철학적 탐구》

철학은 문법적 착각의 문제다. 비트겐슈타인에 따르면 철학적 문제란 언어의 사용법을 착각하여 특정 영역에만 타당한 어법을 마구 다른 영역에 옮겨놓음으로써 발생하는 요술이라는 것이다. 오늘날 철학에 남은 과제가 있다면, "언어라는 수단으로 우리 오성에 걸린 마술과 싸우는 것"이다. 비트겐슈타인은 철학적 문제를 해결하려 하지 않았다. 철학의 문제 자체가 문법의 착각에서 비롯된 가짜 문제라 믿었기 때문이다. 그렇다면 남는 것은 철학적 물음이 어떤 문법적 오류에서 비롯되었는지 보여줌으로써 그 문제 자체를 해소해버리는 것이리라. 그리하여 비트겐슈타인에게 철학은 오성에 걸린 마법을 언어적으로 '치유'하는 작업을 의미했다. 하지만 문법적 착각으로 인한 오성의 마법은 철학에만 존재하는 게 아니다. 이데올로기 역시 우리의 오성에 마법을 건다.

성(性) 157

가령 "나는 ……에 반대한다"는 표현의 문법을 보자. 종종 이 표현이 타당한 영역을 벗어나서 마구 사용되는 것을 볼 수 있다. 가령 "나는 지하철 노동자들의 파업에 반대한다." 주위에서 흔히 듣는 말이다. 신문이나 방송에도 이런 어법은 심심찮게 등장한다. 그래서인지 별로 이상하게 들리지 않는다. 그럼 이 문장은 어떤가? "나는 지하철 노동자들이 투표를 하는 데 반대한다." 이상하게 들리지 않는가? 내가 아는 한 파업과 투표는 헌법이 보장하는 시민의 권리다. 헌법에 찬성했다면, 그로써 우리는 애초에 남의 권리 행사에 대해서 이러쿵저러쿵 하지 않기로 약속한 것이다. 그럼에도 불구하고 우리는 이들의 권리행사가 마치 무슨 사회악이나 되는 것처럼 궁시렁댄다. 심지어 어느 시민단체에서는 시민의 발을 볼모로 잡은 지하철 노동자들에게 빼앗긴 시민의 권리를 되찾기 위해 민사소송을 준비했단다. 정말 엽기적인 일이다.

그럼 이건 어떨까? "나는 지하철 노동자의 불법파업에 반대한다." 역시 흔히 듣는 말이다. 말하자면 파업 자체에는 반대하지 않으나 파업의 불법성에는 반대한다는 것이다. 이 역시 매우 당연하게 여겨진다. 그렇다면 이건 어떤가? "나는 지하철 노동자의 불법투표에 반대한다." 그러니까 선관위에 미리 투표 참가 신청서를 제출한 후, 투표일이 지난 다음에야 떨어질 투표 허가서를 받지 않고 불시에 대선이나 총선 투표장에 나타남으로써 선거 행정에 대(大)혼란을 야기한 노동자들의 불법투표. 이런 일도 있을 수 있을까? 아마 없을 것이다. 하지만 우리 나라에서는 아직 웬만한 파업은 다 불법으로 간주되는 형편이다. 하여튼 재미있는 어법이다. '불법'이라는 말이 '파업'이라는 말과 무리 없이 결합하는 이

기괴함. 내가 아는 한 이는 한국어 특유의 기이한 통사론적 현상이다.

이건 어떤가? "나는 여성들이 길에서 담배 피우는 데 반대한다." 이 역시 흔히 듣는 말이다. 누구도 이런 발언을 이상하게 여기지 않는다. 그럼 이건 어떤가? "나는 남성들이 길에서 담배 피우는 데 반대한다." 이건 좀 이상하게 들릴 거다. 몇 년 전 신문임을 표방하는 신문을 참칭하는 어느 안보상업주의 광고지에 이 문제에 관한 찬반양론이 실렸다. 유난히 보수적인 신문사 편집진의 장난이었을까? 공교롭게도 공공장소에서 여성이 흡연할 권리에 반대한다는 주장을 편 것은 어느 여성이었다. 말하자면 여성을 공격하는 데 여성을 앞잡이로 내세운 것이다. 어쨌든 재미있는 현상이다. 남이 담배를 피건, 말건 자기들이 왜 참견을 하는 건지. 이런 게 찬반양론의 대상이 된다는 것, 이 역시 대한민국 고유의 언어 현상이다.

이건 어떤가? "나는 여성이 '자기 성취를 위해 아기를 갖기를 거부'(이문열)하는 데 반대한다." 이런 말을 공공연히 하는 분도 있다. 좀 이상하게 들리지 않는가? 이상하지 않다고? 그럼 이런 표현을 보자. "나는 남성이 자기 성취를 위해 아기를 갖기를 거부하는 데 반대한다." 어떤가? 이건 대단히 이상하게 들릴 것이다. 또 이건 어떤가? "나는 여성이 자기 성취를 위해 아기를 더 낳기를 거부하는 데 반대한다." 역시 좀 이상하게 들린다. 그럼 마지막으로 이건 어떤가? "나는 경상도 출신 어느 남성 소설가가 자기 성취라는 것 때문에 아기를 더 가질 수 있는데도 가족계획에 돌입하는 데 반대한다." 재미있는 어법이다. 인류의 종자를 퍼뜨리는 게 여성의 자기 성취를 접어두어야 할 만큼 신성한 일이라면,

그 일은 또한 남성에게도 신성해야 할 터이다. 여자에게든, 남자에게든, 남에게 자식을 가져라, 말아라 요구하는 것은 아무리 생각해도 주제넘은 짓이다.

또 이건 어떨까? 나는 남자다. 그런데 누군가 옆에서 말한다. "나는 당신이 남자라는 데 반대한다." 우습지 않은가? 그 누가 내 존재에 관한 자연적 사실에 찬반을 표할 권리가 있단 말인가. 그럼 이건? 나는 이성애자다. 누군가 옆에서 말한다. "나는 당신이 이성애자라는 사실에 반대한다." 이 역시 우습게 들린다. 이제 이를 동사적 표현으로 바꾸어보자. 나는 여자를 사랑한다. 그런데 누군가 말한다. "나는 당신이 여성을 사랑하는 데 반대한다." 어떤가? 우습지 않은가? 도대체 내가 여성을 사랑하는데, 왜 남들이 주제넘게 거기에 찬반 투표를 하고 앉았는가. 자, 그럼 마지막으로 이 문장은 어떤가. "나는 동성애에 반대한다."

남이 동성을 사랑하든, 이성을 사랑하든 내가 거기에 찬성하거나 반대해야 할 이유는 없다. 이런 것들은 '찬성'이나 '반대'라는 말이 유의미하게 사용될 수 있는 맥락이 아니다. 그걸 논의의 대상으로 삼아 찬반을 표하는 그 행위 자체가 해괴하고 괴상한 일이다. 나아가 타인의 법적 권리 행사, 존재의 자연적 사실에 대해 제3자들이 왈가왈부하는 것은 명백한 인권 침해다. 하지만 이렇게 남의 인권을 침해하는 어법이 우리 사회에서는 공공연히 통용되고, 하나도 이상하지 않게 여겨진다. 사회 자체가 보수 이데올로기의 마법에 걸려 있기 때문이다. 이데올로기는 문법적 착각에서 비롯된 미신이다. 그리고 철학은 오성에 걸린 이 마법과의 투쟁이다.

：가증한 일?

●●● 너는 여자와 교합함같이 남자와 교합하지 말라. 이는 가증한 일이니라.

〈레위기〉18 : 22

이것이 모세가 세 번째 책에서 이스라엘의 백성들에게 부과한 율법이었다. 모세의 율법은 이 "가증한" 자들을 사회가 어떻게 다루어야 할지 분명하게 규정해놓고 있다. "누구든지 여인과 교합하듯 남자와 교합하면 둘 다 가증한 일을 행함인즉 반드시 죽일지니 그 피가 자기에게로 돌아가리라."(20 : 13) 동성애자는 반드시 죽여야 하고, 그 피의 책임은 동성애를 저지른(?) 자 자신에게 있다는 것이다. 이렇게 구약 시절부터 이미 동성애는 간음, 수간, 근친상간, 월경 중의 성행위와 함께 "반드시" 죽여야 할 범죄로 간주되어왔다. 종교적 율법은 당시에 곧 세속적 법률이었으므로, 아마도 당시에 동성애자를 쳐죽이라는 모세의 율법은 글자 그대로 충실히 지켜졌을 것이다.

동성애를 배척하는 가장 오래된 논증이 바로 이 신학적 논변이다.

하지만 이는 근거를 갖춘 논증이라기보다는 '성서에 동성애가 죄악으로 규정되어 있다'는 데 기초한 일방적 주장일 뿐이다. 이에 대해서는 이렇게 반박할 수 있을 게다. 가령 〈레위기〉를 보자. "육체에 흠 있는 자는 그 하나님의 식물을 드리려고 가까이 오지 못할 것이라. 무릇 흠이 있는 자는 가까이 못할지니 곧 소경이나 절뚝발이나 코가 불완전한 자나 지체가 더한 자나 발 부러진 자나 손 부러진 자나 곱사등이나 난쟁이나 눈에 백막이 있는 자나 괴혈병이나 버짐이 있는 자나 불알 상한 자나……." (레위기 21 : 17~20) 한마디로 모든 지체 부자유자는 교회 밖으로 내쳐야 한다는 얘기. 과연 이것도 신의 말씀이라고 글자 그대로 받아들여야 하는가? 기독교라는 종교에 이름을 준 예수 그리스도는 장애인의 친구였다. 만약 예수라면 동성애자를 어떻게 대했을까? 그들을 교회 밖으로 내치라고 했을까?

무신앙의 자유가 보장된 오늘날 이런 논변을 펴는 이는 기독교의 보수적 일파뿐이다. 중세처럼 특정 종교집단에만 타당한 도덕을 사회 일반에 강요하던 시대는 지났다. 아직도 자기의 종교적 신념을 사회 일반이 받아들여야 할 것으로 제시하는 사람이 있다면, 그 사람은 일단 광신도로 보아도 좋을 것이다. 어쨌든 이 신학적 논증에 관련하여 두 개의 논점이 존재한다. 하나는 교회 내의 문제, 즉 가령 신앙 공동체에 속한 게이들이 겪는 '성 정체성과 종교적 정체성의 충돌' 문제다. 가령 미국에서는 이 문제로 고민하던 청소년들이 이 갈등을 해결하기 위해 스스로 목숨을 끊는 일이 있다고 한다. 과연 이것이 온당한 일일까? 언제나 그렇듯이 문제는 성서가 아니라 그것에 대한 해석, 즉 성서의 해석을 독점하는 자가 바로 신이 되는 것이다. 하지만 교회의 경직된 태도로 인해 젊은이들이 목숨을 끊어야 한다면, 그것은 결코 신의 뜻이 아닐 게다.

또 하나는 교회와 사회의 관계 속에서 발생하는 문제, 즉 '과연 한 집단이 다른 집단을 일방적으로 "죄인"으로 간주할 자유가 시민 사회 내에서 허용되어야 하는가?' 하는 문제다. 요즘은 세월이 좋아져서 기독교 내부에서 동성애자를 끌어안으려는 시도가 이루어지고 있다. 좋은 일이다. 그런데 문제는 그 논리의 고약함이다. 어떤 기독교 잡지를 보았더니, "동성애자가 죄인이지만, 그 죄인들에 대한 사회적 차별에는 반대한다."고 주장하고 있었다. 물론 과거에 비하면 진일보한 주장이다. 하지만 여전히 근본적인 문제는 남는다. 과연 아무 이유 없이 사회의 한 집단을 "죄인"으로 낙인찍는 것이 과연 민주 사회의 질서에 부합하는 가? 여기서 신앙 공동체의 규칙과 국가 공동체의 규칙은 정면으로 부딪친다. 참고로, 최근 독일의 헌법재판소는 장애인을 죄인으로 규정하는 교회의 태도가 "위헌"이라고 판시한 바 있다.

⫶인류를 능욕?

••• 그것은 자신을 짐승 아래 놓고 인류를 능욕하는 짓이다.

이마누엘 칸트 〈도덕철학 강의〉

동성애에 대한 적대적인 태도는 소위 계몽의 시대라는 근대까지 이어진
다. 심지어 사회로부터 무지의 암흑을 몰아낸다고 자부하던 '계몽' 철학
자들도 동성애에 노골적인 적대감을 표하곤 했다. 칸트의 말이다. "만약
한 여자가 다른 여자와 함께, 한 남자가 다른 남자와 더불어 성욕을 충
족시킨다면, 이는 인류의 목적에 위배되는 것이다. 왜냐하면 성욕에 관
하여 인류의 목적은 종의 보존에 있기 때문이다. …… 하지만 이것(=동
성애)을 통해서는 종을 보존할 수가 없다. …… 따라서 그것은 자신을
짐승 아래 놓고 인류를 능욕하는 짓이다."(《도덕철학 강의》) 여기서 나를
놀라게 하는 것은 그가 동성애에 반대했다는 사실이 아니다. 그 반대를
표현하는 방식의 과격함이다. "짐승 아래……." 즉 동성애자는 짐승만
도 못하다는 것이다. 왜? 최소한 짐승들은 종의 보존을 위해 교미를 하

니까.

동성애를 악으로 보는 가장 전형적인 논증이 바로 이 윤리학적 논증이다. 칸트에게 동성애는 종의 번식이라는 자연의 목적에 위배되기 때문에 부도덕한 행위였다. 이 논증은 "남녀가 짝을 짓는 것"이 신의 말씀이기 때문에 옳다고 주장하는 신학적 논증과는 달리, '종의 번식'이라는 목적으로 동성애의 부도덕성의 주장을 근거로 삼는다는 점에서 인간학적 특징을 띤다. 호모포비아(동성애 혐오)를 가진 사람들 대부분이 자기들의 악감정에 근거를 주고 싶을 때 흔히 사용하는 논증이 바로 이것이다. 즉 동성애는 '종의 번식'이라는 인류의 목적에 위배된다. 따라서 동성애의 확산을 허용했다가는 사회적으로 커다란 문제에 봉착하게 된다는 것이다. 따라서 인류의 존속을 위해 동성애는 도덕적으로 금지되어 마땅하다는 얘기다.

소위 "자연주의적 논증"이라 부르는 이 주장은 (1) 먼저 동성애가 마치 "선택의 문제"인 양 착각을 하고 있다. 이제까지 밝혀진 바에 따르면 동성애는 결코 행위를 선택하는 차원의 문제가 아니다. 그것은 자연적 성향의 문제다. 아울러 이 견해는 (2) 종의 번식이라는 '류'의 목적을 곧바로 '개인'의 목적으로 치환하는 오류를 범하고 있다. '나'라는 개인이 '인류의 존속'이라는 목적을 위해 이 땅에 태어난 것이 아니다. 나아가 (3) 자연의 목적, 즉 종의 번식에 복무하지 않는 성행위를 모두 부도덕하다고 주장할 경우, 쾌락을 위한 성, 다양한 종류의 피임, 종교적·세속적 이유에서 행해지는 독신 등도 마땅히 부도덕하다고 해야 한다. 그러나 이런 행위를 부도덕하다고 부르는 것은 우리의 도덕적 직관에 현저히 위배된다.

서구와 달리 기독교를 전통으로 소유하지 않은 우리 나라에서 동성애에 반대하는 주요한 논거는 성서가 아니다. 기독교 보수주의자들을 제외하고 대부분의 사람들이 동성애를 비난할 때 대개 이 윤리학적 논증을 사용한다. 잘 살펴보면 이 윤리적 논증은 두 개의 보족적인 요소의 결합으로 이루어져 있음을 알 수 있다. 그 하나는 '동성애를 허용하면 인류의 대가 끊긴다'는 비교적 이성적인(?) 판단이고, 다른 하나는 그 판단에 종종 수반되는 정서, 즉 '동성애는 짐승과 같은 짓'이라 성토하는 과격한 감정적 반응이다. 하지만 동성애의 부도덕을 증명하려는 윤리학적 시도는 이제까지 모두 실패했다. 앞으로 새로운 것이 나올 것 같지도 않다. 그렇다면 남은 것은 '짐승보다 못한 짓'이라는 욕설뿐. 그런데 아무런 근거도 갖추지 못한 이런 감정 덩어리를 우리는 흔히 '편견'이라 부른다.

：그 역겨움에도 불구하고

●●● 그것은 어쨌든 인간의 본성 자체에서 비롯된 것이다.

아르투어 쇼펜하우어 〈성애의 형이상학〉

한때 동성애는 순수한 도덕적 문제, 즉 인간의 자유로운 선택에 따른 도덕적 일탈로 여겨졌다. 누군가를 도덕적으로 단죄하는 것은 그 사람에게 자유 의지가 있다는 것을 전제한다. 즉 선택의 여지가 없는 일을 어쩔 수 없이 행한 사람을 죄인이라 부를 수는 없기 때문이다. 그러나 동성애자들의 경험은 그게 의지로써 어쩔 수 없는 현상이라는 것을 보여준다. 동성애가 도덕적 일탈이 아니라 자연적 성향이라는 것은 이미 쇼펜하우어가 살던 시절에도 알려져 있었던 모양이다. 그는 말한다. "우리는 그 역겨움에도 불구하고 이 죄악이 모든 시대, 모든 나라에서 공공연히, 빈번하게 저질러졌음을 본다. 그것이 모든 곳에 두루 퍼져 있다는 것과 근절하기 매우 힘들다는 것은, 그것이 어떤 식으로든 인간의 자연(=본성) 자체에서 비롯된다는 것을 증명한다."

그는 동성애가 "자연"적 현상임을 인정한다. 그러면서도 그것을 "죄악"이라 부르며 "역겨움"을 표시한다. 종의 보존을 위한 '자연적' 성행위에 동성애라는 '자연적' 일탈(?)이 존재하는 것은 자연의 "파라독스"가 아닐 수 없다. 그는 이를 상당히 "풀기에 어려운 문제"라 하면서 자신이 그 비밀을 발견했노라고 말한다. 그가 밝혀낸 비밀이란 이런 것이다. 즉 나이가 든 사람의 정자는 힘이 약해 성행위를 해도 허약한 후손을 낳을 수밖에 없다. 자연은 이런 자를 도태시키기 위해 "54세 이상"의 남자에게서는 이성과의 성교를 금하는 바(누가 늙은이랑 자고 싶겠는가?), 이것이 자연스레 동성애로 이어진다는 것이다. 물론 말도 안 되는 소리다. 동성애는 "54세" 이상만이 아니라 젊은이들에게도 존재하기 때문이다. 이 난점을 그는 이렇게 피해간다. 즉 젊은이들 중에도 종종 "힘이 약한 정자"를 가진 자들이 있어, 이들에게도 자연은 이성과의 성교를 금한다. 그 결과 이 젊은이들이 동성애라는 일탈 행위에 빠지게 된다.

이로써 그는 왜 자연에서 동성애가 자연적으로 발생하는지 설명했다. 하지만 여전히 문제는 남는다. 즉 동성애가 자연적인 현상이라면 왜 거기에 도덕적 책임을 묻는단 말인가. 천둥과 번개를 동반한 폭풍우에 피해의 도덕적 책임을 물을 수는 없다. 자연현상에 도덕적 책임을 묻는 것은 윤리학적 난센스다. 그런데도 그는 동성애를 "죄악"이라 부르며 거기에 "역겨움"을 표한다. 무슨 근거로? 동성애가 의지의 문제가 아닌 자연적 성향의 문제임을 인정했다는 새로움에도 불구하고, 동성애를 단죄하는 그의 논거는 칸트의 것과 다르지 않다. 동성애는 종의 보존이라는 "자연의 목적"에 복무하지 않으므로 부도덕하다는 것이다. 하지만 이는 앞에서 본 것처럼 아무 근거가 없는 주장이다. 게다가 그의 말대로 동성애가 나약한 종자를 도태시키는 역할을 한다면, 그것은 곧 자연의 목적에 부합하는 게 아니겠는가.

"그 역겨움에도 불구하고……." 쇼펜하우어의 새로움은 바로 이 구절 속에 들어 있다. 그는 여기서 동성애가 역겹다고 말한다. 칸트가 보편적 도덕의 위치에 서서 동성애로 인한 인간성의 능멸을 성토했다면, 쇼펜하우어는 이렇게 개인적 호오의 관점에서 동성애에 역겨움을 표시한다. 얼마 전 우연히 인터넷에서 이와 비슷한 논리를 들었다. 즉 "나는 동성애에 대한 일체의 편견에 반대하고, 동성애자에 대한 일체의 차별에도 반대한다. 다만 내게 동성애자를 좋아하라고 강요하지는 말라. 내게는 동성애자들을 싫어할 감정의 자유가 있다." 모든 논거를 소진한 다음에, 그가 내세울 수 있는 유일한 논거는 바로 자신의 호오의 감정뿐이었나 보다. 이것은 미학적(?) 버전의 호모포비아라 할 수 있는데, 그 선구가 바로 철학자 쇼펜하우어다. 여기에 따르면 동성애자는 몰취향한 변태라는 얘기가 된다.

주관적 호오의 감정에 기초한 이 미학적 논변에 대해서는 이렇게 반박할 수 있을 게다. (1) 먼저 그 "감정"의 근거가 무엇인지 물어야 한다. 감정에도 원인이 있는 법. 그렇다면 동성애자에 대한 이 혐오감은 어디서 비롯된 것일까? 자기가 그것으로부터 자유롭다고 강변하는 바, '동성애에 대한 편견'에서 비롯된 게 아닐까? (2) 자기 맘 속에 동성애에 대한 혐오감을 품는 것은 자유이다. 하지만 적어도 그것을 공적으로 표출하는 것은 다른 문제다. 그것을 표출하는 순간 동성애에 대한 차별을 이미 실행하는 셈이 되기 때문이다. 아울러 (3) 동성애에 대한 감정이 일종의 취향 판단이라고 한다면, 자기와 다른 취향에 대해서 톨레랑스(관용)를 가져야 하지 않을까? 동성애자는 이성애자를 혐오하지 않는데, 왜 이성애자는 동성애자를 혐오하는가?

: 동성애는 신경증?

●●● 유아 시절의 환상에서 비롯된 병리적 상태

지그문트 프로이트

동성애를 차별하는 신학적 논증과 도덕적 논증이 실패하자, 이제 새로운 패러다임이 등장한다. 20세기에 들어오면서 동성애는 더 이상 신학적 죄나 도덕적 악이 아니라 일종의 질병으로 간주된다. 여기에는 두 가지 버전이 있다. 하나는 동성애를 어린 시절의 성적 좌절에서 비롯된 일종의 정신질환으로 바라보는 견해이고, 다른 하나는 그것을 신체적 결함에서 비롯된 육체적 질병으로 간주하는 견해다. 전자가 정신분석학에서 동성애를 바라보는 관점이라면, 후자는 임상의학에서 동성애를 파악하는 방식이다. 신학과 윤리학이 좌절을 해도 지식 권력은 동성애자에 대한 관리권을 포기하고 싶지 않았던 모양이다. 성서에 이르기를 "진리가 너희를 자유케 하리라."고 했다. 하지만 지식이 반드시 우리에게 "해방"을 갖다주는 것은 아니다. 그보다 더 압도적인 경우에 지식은 '해방'

보다는 억압의 권력과 더 밀접한 관계를 맺곤 한다.

프로이트에 따르면 동성애는 일종의 정신적 장애다. 말하자면 동성애자들은 성 정체성에 교란이 생긴 이성애자라는 것이다. 세계 최초로 커밍아웃을 한 동성애자 운동의 창시자 히르쉬펠트(1856~1935년)에게도 '일부' 동성애자들의 정신질환은 이성애의 독재라는 분위기 속에서 받은 경멸과 핍박에서 비롯된 것으로 여겨졌다. 하지만 그에게 동성애는 엄연히 제3의 성이었다. 반면 프로이트는 동성애를 제3의 성으로 인정하지 않았다. 그에게 '대부분'의 동성애자는 치유되어야 할 신경증 환자였다. 물론 그가 동성애자의 차별을 지지한 것은 아니다. 하지만 그의 시각은 결국 동성애자를 일종의 신경증 환자, 즉 '광인'으로 보는 것이나 다름없다. 다만 이 '광기'가 예술적 창조의 원천이 될 수 있다고 말함으로써 동성애자에 대한 편견을 미학적으로 보충했을 뿐이다. 물론 오늘날 프로이트의 가설은 기각되었지만, 〈레오나르도 다 빈치의 어린 시절의 회상〉(1919)에서 다빈치의 창작과 동성애의 연관에 대한 분석은 '게이 미학'의 이론적 단초로서 여전히 유의미하다.

한편 동성애를 육체적 질병으로 설명하려는 시도도 있었다. 1960년대까지만 해도 동성애를 신체의 특정 부분의 결함에서 비롯되는 증상으로 보는 견해가 의학계에 널리 퍼져 있었다. 심지어 전기 충격으로 동성애를 치료하는 기계가 제작되기도 했다. 한마디로 동성애자에게 치료라는 이름으로 부당하게 전기 고문을 가했던 것이다. 최근에는 동성애를 질병으로 규정하려는 시도가 의학적으로 타당하지 않다는 견해가 일반적 지지를 받고 있다. 동성애를 "비정상"이라고 얘기할 수 있을지 모르겠다. 하지만 이때의 "비정상"이란 '통계학적 비정상' 이상의 의미를 갖지 않는다는 것이 현대 의학계의 견해다. 말하자면 동성애자는 다만 통계학적 소수일 뿐이라는 것이다. 그렇다면 우리가 특이한 성향, 취향, 견해를 가진 사람을 함부로 "비정상"이라고 부를 수 없는 것과 마찬가지로, 동성애자를 "비정상"이라 부를 수 없다는 얘기가 된다. 그들을 "비정상"이라 부르는 것 자체가 이미 동성애를 차별하는 언행이라 할 수 있다.

: 게이의 존재미학

●●● 인간은 자신의 성애를 새로운 관계형식을 발견하고 발명하는 데 사용해야 한다. 동성애자로 존재한다는 것은 생성 속에 존재한다는 것을 의미한다.

미셸 푸코 〈쾌락의 활용〉

이제 뒤를 돌아 동성애를 차별하는 담론의 역사적 변화를 살펴보라. 푸코의 시각으로 흐름을 자세히 살펴보면 동성애의 통제를 담당한 미시 권력이 역사적으로 교체해왔음을 알 수 있다. 신학에서 철학으로, 여기서 다시 정신분석학과 임상의학으로. 이렇게 지식 권력이 역사적으로 교체할 때마다 동성애자의 정체성 역시 죄인 → 패륜아 → 광인 → 환자로 다양하게 변해왔다. 여기서 우리는 범죄자를 바라보는 사회의 시각과 동성애자를 바라보는 시각 사이에 묘한 유비 관계가 있음을 알 수 있다. 범죄자를 관리하는 지식 권력이 신학에서 의학으로 변해왔듯이, 동성애자를 관리하는 지식 권력 역시 비슷한 양상으로 변해왔던 것이다. 그렇다면 범죄자와 함께 동성애자를 차별해온 관행 역시 소수자를 타자로 정립하여 그것과의 대비 속에서 자기를 정상으로 규정함으로써 사회를 관리해온 권력의 놀이였는지도 모른다.

이미 19세기부터 동성애에 대한 사회적 차별과 억압에 맞서 싸우는 사람들도 나타난다. 이들은 대개 동성애자들에게 가하는 '형벌의 역사'를 재구성하는 가운데 동성애자 차별의 사법적 부당성을 드러내는 전술을 택한다. 그런 맥락에서 〈감시와 처벌〉, 〈임상의학의 탄생〉과 같은 방식으로 소수자의 차별을 고발하는 푸코의 계보학적 폭로 전략은 동성애자의 권리를 옹호하는 아주 오랜 전통적 노선 위에 서 있는 셈이다. 동성애에 대한 담론은 이제까지 주로 소수자의 인권 보호라는 측면에서만 이루어져왔다. 동성애자 담론은 이런 소극적 측면 외에 적극적인 측면에도 눈을 돌려야 한다. 즉 동성애자를 사회에 받아들여 달라고 청원하는 수준을 넘어, 이제 동성애자의 존재가 사회에 어떤 기여를 할 수 있는지를 논해야 할 것이다.

〈쾌락의 활용〉에서 계보학자 푸코는 자아의 윤리적 구성으로 문제의식을 전환한다. 이는 동성애를 바라보는 그의 눈에도 변화를 가져왔을 것이다. 과거에는 동성애자의 관리를 둘러싼 지식 권력의 계보학을 폭로하는 데 주목했다면, 이제는 동성애자의 윤리적 자기 구성이 문제가 된다. 동성애자는 사회의 대부분을 이루는 이성애자와는 다른 존재이다. 이제까지 이 '차이'를 '차별'의 근거로 사용해왔다면, 이제 이 '차이'가 사회에 어떻게 기여할 수 있는지 그 잠재력을 밝혀내야 한다. 가령 동성애자의 눈으로 본 세계의 모습은 이성애자가 보는 것과는 아무래도 다를 것이다. 문학과 예술작품 속에서 이 감수성의 차이를 찾아내 '게이 미학'으로 정립해나가는 것도 생각해볼 만하다. 게이의 미학은 동성애자가 사회의 예술적 창조에 적극적으로 기여할 수 있는 중요한 분야 중의 하나다.

눈을 사회 전체로 돌려보자. 누구나 아는 것처럼 우리 사회는 철저하게 이성애와 남성 독재의 모델 위에 세워져 있다. 이 모델이 또한 우리 사회에서 인간이 다른 인간과 관계를 맺고 소통하는 방식을 규정한다. 남자와 남자가 사랑을 나누는 동성애의 모델은 어쩌면 우리 사회의 인간관계와 소통 구조를 지금과 다른 방식으로 새로이 조직하는 데 필요한 영감의 원천이 될지도 모른다. "인간은 자신의 성애를 새로운 관계 형식을 발견하고 발명하는 데 사용해야 한다. 동성애자로 존재한다는 것은 생성 속에 존재한다는 것을 의미한다." 푸코가 이렇게 말했을 때, 그가 염두에 둔 것이 바로 그것이 아니었을까? 게이 미학은 동성애자만이 아니라 사회 전체를 위한 존재미학이 될 수 있다.

7장 지식인

"지식인의 묘비"란 "지식인은 죽었으니 입 닥치고 있으라."는 뜻이 아닐 게다. 근대적 독단을 무덤으로 보내고, 모든 것을 전체화하는 근대의 편집증적 보편주의를 매장하라는 얘기, 그리하여 그 무덤에서 이념적 겸손함을 가진 지식인, 개별 상황에 기민하게 개입하는 지식인, 시대에 걸맞은 "새로운 책임감"을 가진 지식인으로 거듭나야 한다는 얘기다.

⦂의미와 사용

●●● 의미는 사용에 있다.

루트비히 비트겐슈타인 〈철학적 탐구〉

"언론은 공인의 사상을 검증할 의무가 있다." 〈조선일보〉에서 정진석 교수가 한 말이다. 한 문장의 의미는 "사용에 있다." 문장은 그 자체로서가 아니라, 그것이 쓰이는 구체적 맥락 속에서 비로소 의미를 얻는다. 그럼 당시 상황에서 앞 문장의 화용론적 의미는 무엇이었을까? 따져보자. "언론은 공인의 사상을 검증할 의무가 있다." 〈조선일보〉가 자진해서 이 숭고한 의무를 지겠다는데, 그 짓을 어떻게 뜯어말리겠는가? 그러니 이 문장을 일단 '참'으로 간주하자. 이게 당시의 정치적 맥락 속에서 뭔가를 의미했다면, 그건 아마도 다음 네 문장의 압축적 표현이었으리라.

① 〈조선일보〉는 언론이다.
② 최장집은 공인이다.

③ 문제의 기사는 공인에 대한 검증이다.
④ 〈조선일보〉는 최장집을 검증할 의무가 있다.

'〈조선일보〉는 신문도 아니'라는 분도 있지만, 평가적 의미와 정의적 의미를 혼동하면 안 된다. 분류법적으로 꼴뚜기도 분명히 어물에 속한다. 따라서 〈조선일보〉도 엄연히 언론에 속한다. 고로 ①은 참이다. ②도 누구나 인정하는 사실이다. 최장집은 누구나 인정하듯이 공인이니까. 따라서 그것도 참이다. 〈조선일보〉가 언론이고, 최장집이 공인이라면 ④도 참이라고 봐야 한다. 앞에서 "언론은 공인의 사상을 검증할 의무가 있다."는 것을 참으로 간주하기로 했으니까. 문제는 ③이다. 이는 상식적으로도 문제가 있고, 국제적으로는 망신이며, 〈조선일보〉가 해온 짓거리의 역사를 보아도 거짓이다. 법적으로는 명예 훼손으로 판결이 났다. 즉 ③은 거짓이다. 즉 그 기사는 공인에 대한 검증이라기보다는 이데올로기적 마녀사냥에 가까웠다. 혹시 이견 있으신지?

이견이 없다면 이제 진리치를 보자. "신문은 공인을 검증할 의무가 있다."(T) 혹시 자기는 그저 이 일반적 진리를 말했을 뿐이라고 할지 모르겠다. 과연 그럴까? 이 문장이 당시 맥락 속에서 가졌던 의미들, 즉 앞의 네 문장의 진리치를 보자. ①=T ②=T ③=F ④=T. 비트겐슈타인이 만든 진리표에 따라 이 진리치를 합하면, T∧T∧F∧T=F. 따라서 당시 상황 속에서 위의 명제는 F, 즉 거짓이었다. 이 뻔뻔한 거짓이 참의 외양을 띠고 나타나는 이 요상한 마술의 비밀은 의미론(semantics)과 화용론(pragmatics)의 편차를 이용한 치고 빠지기에 있다. 〈조선일보〉랑

노는 분들이 즐겨 사용하는 작전이다. 즉 그 자체로서는 지당한 말씀도 그것이 배치되는 맥락에 따라 뻔뻔한 거짓말이 될 수가 있다. 이 차이를 활용하면 〈조선일보〉에 입술 서비스를 해주면서도 그게 문제가 될 경우 "나는 옳은 말만 했다."고 발뺌할 수가 있다.

만약 그가 ③이 참임을 입증하지 못하거나 이유 없이 입증하기를 거부할 경우, 난 내 전 재산 386컴퓨터 한 대를 걸고, 이 행위를 '곡학아세'라 규정하겠다. 또다시 삐져서 쪼르르 법정으로 달려갈까? 정 교수가 강준만 교수를 상대로 소송을 걸었단다. 명예를 훼손당했으면 물론 보상받아야 한다. 그 사실의 여부는 법정에서 가릴 문제다. 하지만 즉 명예 훼손을 통해서 비판자의 몇 가지 부적절한 표현을 반박할 수 있을 뿐, 그것으로 비판의 내용까지 논박할 수 있는 것은 아니다. 소송을 걸어서 논리적 문제를 어영부영 피해가는 것은 일종의 '논점 일탈의 오류'라 할 수 있다. 표현의 적절성을 가리는 법적 문제와 관계없이 여전히 논점은 살아 있다. 정작 중요한 것은 바로 그 점이다.

그가 쓴 글을 다시 한 번 큰소리로 읽어보자. "그것이 어째서 이른 바 보수기득권층이 개혁에 저항하는 것이며 반개혁인가." 이거, 정말 몰라서 묻는 건가? 아니면 괜히 알면서 모르는 척하는 걸까? 그러더니 내친 김에 대단히 멀리까지 나아간다. "이러한 논쟁의 계기를 마련한 것은 〈월간조선〉의 역사적 결단까지는 못 되도 역사적 소명……." 도대체 그게 "논쟁"이었던가? '최장집=빨갱이'라는 낡아빠진 색깔 시비를 그는 버젓이 "논쟁"이라 부른다. 심지어 한 개인의 인권을 침해하는 그런 마녀사냥질이 언론의 "역사적 소명"이라고 말한다. 도대체 제정신이 아니다.

　더 한심한 것은 기껏 "나이"라는 생물학적 요건을 논거로 들고 나오는 대목이었다. 제발 공론의 영역에서는 주민등록 등재사항을 논거로 삼는 건 삼갔으면 좋겠다. 어쨌든 그의 견해에 따르면 나이 많은 분에게 "당신"이란 표현을 쓰면 안 된단다. "당신"이 아니라 "그대"라고 써야 한단다. 트집 잡을 게 그렇게도 없나? 하여튼 〈월간조선〉의 색깔 시비를 "논쟁"이라 부르고, '당신 대신 그대'를 '논거'로 드는 게 우리 사회의 수준이다. 그대여, 정작 "그대"란 말이 어울리는 텍스트는 따로 있지요. 우리 함께 불러봐요. "오호ー, 그대여 변치 마오……", "오, 그대여 이 한마디 해주고 떠나요", "그대는 왜, 촛불을 키셨나요", "햇빛 솟는 거리에선 그대, 그대……." 얼마나 잘 어울려요. 마지막으로 "그대여, 안녕……."

⦂ 어떤 삼단 논법

••• 언어와 그것과 맞물린 활동의 전체.

루트비히 비트겐슈타인 《철학적 탐구》

언어와 함께 이루어지는 활동의 전체를 "언어놀이"라 부른다. 우리의 말은 헛돌지 않고 늘 실천과 맞물려 있다. 뭔가 말을 했다면, 동시에 그로써 어떤 행동을 한 것이다. 가령 툭하면 고약한 맥락에서 〈조선일보〉에 고견을 들려주시는 분들. '그저 학문적 견해를 밝혔을 뿐'이라 발뺌하실지 모르겠다. 하지만 그 언급들은 늘 〈조선일보〉의 "활동"과 맞물려 돌아간다. 부정할 건가?

세 가지 경우. 먼저 베를린의 박성조 교수. 〈조선일보〉에 "독일에서는 사상 검증 더 심해"라고 썼다. 그 이름 밑에는 온갖 거창한 타이틀이 붙어 있다. 그것만 읽으면 마치 한국이 낳은 세계 정치학계의 석학처럼 느껴진다. 누굴까? 자유대학이면 우리 대학, 이 위대한 분을 왜 난 모르지? 아, 그분. 애들 셋 놓고 일본어 가르치는 선생님? '피식' 웃음이 나온다. 독일에서 극우는 사상 검증의 주체가 아니라 검증의 대상이다. 그런데 이 거짓말도 거창한 타이틀이 붙으면 졸지에 진리 효과를 낸다. 권위에의 논증의 오류.

이 고약한 언표와 맞물려 있던 실천은 〈조선일보〉 주최 마녀사냥이다. 이렇게 노골적인 경우도 있지만 대개는 점잖게 학적 견해의 표명에 그친다. 가령 "역사적이라는 단어가 긍정적 의미를 갖는다는 것은 부정적 의미로는 몰역사적이라고 쓰는 데서도 분명해진다."(이기상 · 철학) "'역사적 결단'의 경우 …… 부정적으로 사용하는 경우는 없다."(송기중 · 언어학) "역사적 결단을 가치 중립적 맥락에서 사용했다고 주장한다면, 그것은 그가 용어를 잘못 사용한 것……."(신형식 · 역사학) 이 언표들 자체의 오류는 접어두고, 그것들이 실천과 어떻게 맞물리는지만 보자. 당시 상황을 논리식으로 단순화하자.

대전제 : '좌파는 공직에서 추방해야 한다.'
소전제 : 'X는 좌파다.'
결   론 : '……X는 추방해야 한다.'

물론 이분들은 명시적으로 결론을 주장하지 않았다. 양심이 있지, 어떻게 동료 지식인을 추방하자고 하겠는가. 그렇다고 대전제를 주장하지도 않았다. 지식인씩이나 되어서 사상의 자유를 보장하는 대한민국 헌법과 모순되는 극언을 할 수 있겠는가? 그래서 이들은 겸손하게 소전제만 말했다. 'X는 좌파다.' 너무 강하게 들리는가? 그럼 좀더 어조를 부드럽게 만들어보자. 'X는 좌파적 발언을 했다.' 아직도 강하게 느껴지는가? 그럼 완곡 어법을 사용하자. X가 그 말로써 좌파적 발언을 의도하지 않았다면, "그것은 그가 용어를 잘못 사용한 것이다."

그들은 소전제만 얘기했다. 이게 설사 오류로 밝혀져도, '죄송, 학문적 실수였어요' 하고 넘어가면 된다. 하지만 〈조선일보〉의 논리기계 속에서 이들이 인증해준 소전제는 레드 콤플렉스라는 원시적 감정의 대전제와 결합되어, 논리 필연적으로 결론으로 달려간다. 'X는 추방해야 한다.' 나는 이들이 이걸 몰랐다고 믿지 않는다. 다 알면서 하는 짓이다. 결국 〈조선일보〉에서 부랴부랴 동원한 철학·언어학·역사학의 인문정신이 〈조선일보〉 지면에서 놀았던 그 언어놀이는 한마디로 핍박받는 동료에게 보내는 지식인 공동체의 뜨거운 연대감(?)의 표명이었던 셈이다.

사실 저 무지막지한 삼단 논법을 격파하는 데에는 또 하나의 방법이 있다. 즉 소전제를 건드리는 대신에 대전제를 공격하는 것이다. 어느 용감한 좌파 지식인이 바로 그 짓을 했다. 그는 〈월간조선〉에 'X는 좌파'라 실토(?)하며 대신 대전제를 공격한다. '현대 좌파는 과거와 다르다, 좌파라고 공직 못 맡을 이유 없다'는 것이다. 말이야 맞는 말이다. 하지만 언제 〈조선일보〉가 똥, 오줌을 가리던가? 그걸 가릴 분별력이 있다면 애초에 극우질을 안 하지. 그러니 탱크에 소총질을 하는 격이다. 당연히 탱크가 챙긴 건 'X는 좌파'라는 소전제뿐. 게다가 이는 좌파 자신이 보증하는 진리가 아닌가. 그래서 랄랄라 결론으로 날아간다. 'X를 추방하자.' 이게 일부 좌파가 〈조선일보〉와 노는 언어놀이.

⁝ 어떤 통일전선

●●● 불쌍한, 오 불쌍한 우리의 지식인들······.

조형준 〈당대비평〉 2000년 겨울호

먼저 어느 일간 신문에 난 기사를 읽어보자. 〈조선일보〉 이한우 기자의 기사다. "〈당대비평〉이 마련한 지식인 특집은 올 겨울 나온 종합 계간지 중 가장 눈길을 끈다. '지식인됨의 의미를 다시 묻는다'는 주제 아래 5편의 글이 올랐는데, 21세기를 며칠 앞둔 한국 지식인들의 현주소를 읽어내는 데 적격이다. 특히 지식인의 선정주의에 대한 따끔한 비판이 돋보이는 김성기·조형준 씨의 글은 단숨에 읽어내릴 정도로 흥미진진하다. 이들은 인터넷에 난무하는 욕설과 저주에 버금갈 정도로 폭력적인 지식인들의 글쓰기를 되돌아보고 지식인의 역할을 다시 조명한다."

이어서 기사는 항간에 유행하는 대중적 글쓰기를 조준한다. "〈현대사상〉 주간 김성기 씨는 '우리 지식인 문화의 슬픈 표정'이란 센티멘털한 제목 아래 먼저 지식인의 글쓰기 문화에 메스를 들이댄다. 그는 왜 그렇게 무슨 '이해'란 제목을 단 저술이 많은 반면 그 추세에 반비례하여 본격 연구서는 찾아보기 힘들다고 꼬집는다. 한마디로 '현재 지식 사회전반이 대중 추수주의에 기울고 있다'는 지적이다……."

이어서 본격적인 공세. "《세계의 문학》 편집위원 조형준 씨는 '불쌍한, 오 불쌍한 우리 지식인들'이란 글에서 지식인 사회의 언어 폭력 문제를 보다 본격적으로 제기한다. 말이 탈을 부리고, 말이 부풀려지고, 가혹해지는 지식인 사회의 현실이 문제라는 것. 어느 학자의 논문 표절 시비와 관련, 대학 사회를 '조직폭력패'와 '친위대적인 학문 풍토', '지존'이 이끄는 학계'로 묘사한 언론 보도를 예로 들며, 그렇다면 "우리 학계는 학문연구와는 무관한 파쇼 조직이라고 부르는 쪽이 더 낫지 않겠느냐'고 비아냥거린다. 조씨는 '가혹한 언어나 인플레화된 담론, 특히 현재의 미디어화된 말들은 현실을 드러내기보다 오히려 현실을 굴절시킨다'고 말한다……." (조선일보)

〈당대비평〉이 "올 겨울 나온 종합 계간지 중 가장 눈길"을 끄는데, 그것은 "지식인의 선정주의에 대한 따끔한 비판이 돋보이는 김성기 · 조형준 씨의 글" 때문이란다. 그리고 그 글은 〈조선일보〉 기자의 개인적 평가에 따르면 "단숨에 읽어내릴 정도로 흥미진진"하단다. 〈조선일보〉 기자가 〈당대비평〉에 실린 글들에 이렇게 감격할 수 있다는 것이 재미있다. 기자가 그렇게 광적으로 좋아하는 이유는 아마도 "인터넷에 난무하는 욕설과 저주에 버금갈 정도로 폭력적인 지식인들의 글쓰기"로 〈조선일보〉를 비판하는 행태에 이 두 분의 글이 적절히 제동을 걸어주었기 때문일 게다.

그런데 정작 "언어 폭력"으로 "악명"을 드높여 "미디어에 노출되는 시간과 공간의 양"을 추구하는 것은 누구인가? 김성기와 조형준이다. 실제로 "따끔한 비판이 돋보인다"고 기어이 〈조선일보〉라는 "미디어에 노출"되지 않았던가. 어쨌든 재미있는 현상이다. 그 기획에서 제일 내용도 없고, 문제도 많은 글이 실은 조형준과 김성기의 글이다. 그것은 자타가 공인하는 사실이다. 듣자 하니 "기획 미스였다"는 얘기도 흘러나온다. 그런데 바로 그 낙선대상 원고 두 개가 유독 〈조선일보〉 기자의 눈에 띄었다는 사실. 그것으로도 모자라 "단숨에 읽어내릴 정도로 흥미진진하다"는 호평을 듣는다는 사실. 이걸 도대체 어떻게 이해해야 할까?

간단하다. 이게 바로 우익의 통일전선 전술이다. 보라, 통일전선은 좌파의 전유물이 아니다. 〈조선일보〉의 통일전선전술은 대단히 치밀하고 정확하다. 정치적 본능이 보통이 아니다. 반면 정치적이어야 할 좌파들의 경우는 어떤가? 아주 순진하게 이를 모르고 혹은 알면서도 즐거움을 가지고 이 전선에 기꺼이 배치된다. 김성기와 조형준은 제 책임이 아니라고 할 게다. 자기들은 할 얘기를 했고, 나머지는 〈조선일보〉 기자가 한 짓이라고 발뺌을 할 게다. 그런데 나는 이런 빌어먹을 습성이 정말 싫다. "불쌍한, 오 불쌍한 우리의 지식인들……."

: 지식인의 묘비?

••• 인간, 인류, 민족, 민중, 프롤레타리아, 피조물의 자리에서 생각하고 행동하는 정신.

장 프랑수아 리오타르 〈지식인의 묘비〉

그 정신이 바로 지식인이다. 과거의 지식인은 이렇게 "자신을 어떤 보편적인 가치를 구현한 주체와 동일시"했다. 이 보편적인 가치의 화신들은 말 못하는 민중의 입을 대신했고, 그로써 그들의 영웅이 될 수 있었다. 볼테르, 졸라, 사르트르. 하지만 지식인이 민중을 대변하던 시대는 지났다. 전통적 지식인은 이제 죽었다. 그리하여 보편적 주체 지식인을 위한 묘비. 근조.

1983년 프랑스의 좌파 정권은 위기를 맞고 있었다. 개혁은 실패하고 거리는 우익 데모대들로 가득 찼다. 좌파 정부의 보루인 노동자계급은 조직되지 않았고, 이를 대체할 새로운 사회운동의 싹은 보이지 않았다. 게다가 지식인들이 보여주는 적대적일 정도로 냉담한 침묵. 이 이상한 침묵에 좌파 정부의 대변인 막스 갈로는 의아함을 표명했다. 도대체 그 많던 지식인들은 다 어디로 갔는가? '지식인의 묘비'는 거기에 붙인 리오타르의 답변이었다.

지식인들은 왜 좌파 정부의 개혁에 냉담했을까? 몇 가지 이유가 있었다. 첫째, 프랑스의 지식인들은 전통적으로 권력 그 자체를 비판해왔다. 따라서 좌파 정권에 대해서도 비판적일 수밖에 없었던 것이다. 둘째, 솔제니친의 〈수용소 군도〉 이후 공산국가에서 행해진 범죄에 애써 눈을 감았던 정치적 좌파에 대한 지성계의 신뢰가 땅에 떨어져 있었다. 셋째, 때는 바야흐로 모든 보편적 가치에 내한 철학적 회의가 깊어가던 시기, 여기서 좌파의 보편적 이념 역시 예외가 될 수 없었기 때문이다.

상황이 우리의 것을 많이 닮았다. '우리 지식인은 왜 개혁에 소극적인가?' 질타하는 강준만 교수는 지식인들에게 '왜 침묵하느냐'고 물었던 좌파 정권의 막스 갈로를 연상시킨다. 우리 지식인 역시 이제까지 권력의 밖에서 권력 그 자체를 비판해왔고, 사회주의권의 몰락으로 좌파이념 자체에 신뢰감을 잃었으며, 그러잖아도 때는 포스트모던, 보편적 주체가 만들어낸 일체의 보편적 이념에 회의를 느끼고 있다. 그래서 차라리 침묵?

침묵하지 않는 강준만은 어떤 의미에서는 최후의 근대적 지식인이다. '공정성'을 자처하는 그의 생각이 때로는 독단적이라 느끼고, 대중의 입'을 자임하는 그 실천방식이 낡았다고 여기면서도, 그의 존재가 더없이 귀중한 것은, 자진해서 무덤으로 기어 들어간 지식인들을, 그 혼자 열심히 밖으로 불러내고 있기 때문이다. 누군가 말했다. "데리다와 들뢰즈를 논하기 전에 강준만을 논해야 한다." 맞다. 시대에 걸맞은 새 지식인 상을 그리는 작업은 아마도 이 최후의 근대인을 논하는 데서 출발해야 할 것이다.

무덤 밖에서 죽은 자에게 퍼붓는 시끄러운 악담도, 무덤 속에서 산 자에게 수군대는 험담도 필요 없다. 문제는 '묘비에 무엇을 새길 것인가', 혹은 '땅 속에 묻어야 할 것이 무엇인가' 하는 것이다. "지식인의 묘비"란 "지식인은 죽었으니 입 닥치고 있으라."는 뜻이 아닐 게다. 근대적 독단을 무덤으로 보내고, 모든 것을 전체화하는 근대의 편집증적 보편주의를 매장하라는 얘기, 그리하여 그 무덤에서 이념적 겸손함(허튼 겸손 떨라는 얘기 아니다)을 가진 지식인, 개별 상황에 기민하게 개입하는 지식인, 시대에 걸맞은 "새로운 책임감"을 가진 지식인으로 거듭나야 한다는 얘기다.

: 자기의 테크놀로지

●●● 자기를 배려하는 행위는 끊임없이 글쓰는 행위와 결합되었다.

미셀 푸코 〈자기의 테크놀로지〉

포스트모던의 유행이 사르트르의 지식인을 죽여놓았다. 그러니 게으른 자들의 반발을 무릅쓰면서까지 굳이 민중을 대변하는 지식인을 부활시킬 필요는 없다. 그들은 무덤 속에서 자게 내버려두자. 그래, 이제 지식인은 민중을 대변할 필요 없다. 이제는 민중도 다들 똑똑해져서 자기 표현을 하는 데 굳이 지식인을 필요로 하지 않는다. 그러니 지식인도 굳이 민중을 위해 희생할 필요는 없다. 더더군다나 그들을 책임질 필요도 없다. 그러니 이제 딱 하나, 자기만 책임지면 될 일이다. 그 정도는 할 수 있지 않은가? 조여오는 권력의 망 속에서 망가지지 말고 자아를 배려하라. 우리의 지식인들에게 가장 필요한 것은 존재미학, 즉 자존심의 최소한을 지키고 제 존재의 아름다움을 유지하는 예술이다.

　미셀 푸코는《성의 역사》제2권《쾌락의 활용》에서 다시 주체의 문제로 돌아간다. 다만 근대 형이상학의 함의를 피하고 싶었던지 의식의 '주체' 대신에 몸을 가진 '자기(soi)'라는 개념을 사용한다. 계보학자로서 푸코가 주체를 권력과 담론의 효과로 보고 그것을 개체화했다면, 이제 푸코는 그 권력의 망에 사로잡힌 '자아'가 어떻게 그 권력의 거미줄 속에서 자신을 잃지 않고 유지할 수 있는가 하는 문제로 돌아간다. 우리는 앞에서 우리의 지식인들이 미디어 권력이 생산하는 언술 속에 어떻게 배치되어 객체화되는지 보았다. 지식인은 '자기'를 배려해야 한다. 자신을 망가뜨리지 말고 조여오는 권력의 망 속에서 자기를 보호할 줄 알아야 한다.

푸코의 말대로 과거에 자기를 배려하는 행위는 글쓰기의 실천과 밀접하게 관련되어 있었다. 글쓰기를 업으로 살아가는 지식인에게 자기를 배려하는 주요한 영역이 글쓰기가 될 것임은 말할 필요도 없다. 얼마 전 공선옥 씨가 동인문학상 수상을 거부했다. 황석영 씨의 심사 거부가 있었던 터라, 〈조선일보〉에서 이런 사태를 막기 위해 후보로 뽑힌 작가들에게 자기 글 소개를 쓰라고 요구했던 모양이다. 한마디로 후보 선정시 딴 짓(?)을 못하게 각서를 받아두려고 했던 것이다. 적어도 공선옥 씨는 이런 유치한 짓거리에 분노를 표현할 줄 안다. 최인훈 씨도 〈동아일보〉에서 주는 인촌문학상을 거부했다. 그는 그 이유가 "공적인 것"이라 밝혔다. 이 신선한 파격이 바로 미디어로부터 문학을 보호하고 또 그 권력의 망 속에서 자기를 배려하는 방법이다.

8장 공포

레드 콤플렉스는 빨갱이에 대한 공포감이 아니다. 외려 빨갱이 잡는 극성스런 반공 투사들에 대한 공포에 가깝다. 말하자면 언제라도 빨갱이로 몰려 죽을 수도 있다는 막연한 두려움. 그것이 사람들로 하여금 강박적으로 시도 때도 없이 반공주의적 언행을 하게 만드는 것이리라. 즉 타인을 향해 "나는 빨갱이가 아니에요."라고 고백을 시끄럽게 하는 방식. 그것도 타인에게 폭력을 가하는 공격적인 방식의 고백. 그것이 레드 콤플렉스다.

：우익이 무서워

●●● 나 자신이 존재하기를 그만둘 정도로 그의 의지에 복종한다면, 나는 그에게 저항하지 않는 것이다. 그러면 아마 그는 나에게 목숨을 선사할 것이다.

산도르 페렌치 〈어른과 어린이 사이의 언어교란〉

언젠가 일본에서 장인어른이 전화하셔서 뭐하고 지내냐고 물으시길래 한국에는 〈산케이〉, 〈요미우리〉보다 더 거지 같은 신문이 있어서 이 친구들 "바카" 만드는 재미에 산다고 대답했다. 그랬더니 대뜸 "테러당하지 않게 조심하라"고 하신다. 그럴 염려 없다고 아무리 안심을 시켜드려도 수십 년의 삶의 체험에서 나온 그 우려를 잠재우기에는 역부족이다. 여기서 나는 가끔 망언과 교과서 문제로 드러나는 일본의 우익적 경향이라는 것이 일본 국민들이 가진 어떤 원초적인 공포감 위에서 유지된다는 것을 깨닫는다.

우리라고 다를까? 우리 어머니는 충청도의 지주 집안에서 태어나셨다. 6·25 때 서울서 학교 다니다 피난 내려와 고향에 오니 세상에 집의 머슴이 빨간 완장을 차고, 할아버지 방에 댓자로 누워 있더란다. 빨갱이에 대한 인상이 별로 좋은 분이 아닌데, 이런 어머니조차 빨갱이에 대해서는 "지독한 놈들"이라 욕하면서 우익에 대해선 아무 말도 못하신다. 내가 한국의 극우파들을 조롱한다고 하면 "제발 몸조심하라"고 사정, 사정을 하신다. 그 바탕에는 단순히 '세상 모나게 살지 말라'는 처세술 이상의 뭔가 알 수 없는 거대한 공포감이 깔려 있다.

공포. 그것은 사람들을 이성적으로 사유하지 못하게 만든다. 공포에 질린 사람에게 유일한 정의는 생존이고, 그 생존을 위해 그들은 무슨 일이든 저지를 준비가 되어 있기 마련이다. 가령 나치의 유대인 학살, 일본군의 남경 학살, 한국군의 베트남 양민 학살. 그것은 모두 공산주의 혹은 공산주의자에 대한 과장된 공포감이 공격적으로 표출된 것이었다. 전후 50년사를 지배해온 우리 사회의 레드 콤플렉스라는 공포감. 그것도 그런 종류의 것이리라. 하지만 위에서 본 장인어른과 어머니의 예는 레드 콤플렉스의 본질이 어쩌면 다른 곳에 있을지도 모른다는 생각을 갖게 한다.

한마디로 레드 콤플렉스는 빨갱이에 대한 공포감이 아니다. 외려 빨갱이 잡는 극성스런 반공 투사들에 대한 공포에 가깝다. 말하자면 언제라도 빨갱이로 몰려 죽을 수도 있다는 막연한 두려움. 그것이 사람들로 하여금 강박적으로 시도 때도 없이 반공주의적 언행을 하게 만드는 것이리라. 즉 타인을 향해 "나는 빨갱이가 아니에요."라고 고백을 시끄럽게 하는 방식. 그것도 타인에게 폭력을 가하는 공격적인 방식의 고백. 그것이 레드 콤플렉스다. 공포에 사로잡힌 인간은 사고의 유연성을 잃어버리고 도미노 속의 블록이 되어 연쇄 반응을 일으키게 된다. 그리하여 별것 아닌 일이 결국은 핵분열과 같은 거대한 폭발을 일으키며 사회가 발각 뒤집히게 되는 것이다.

황태연 씨의 발언이 문제가 된 적이 있다. 그 누구도 황태연 씨가 주사파라고 믿지 않는다. 황태연을 주사파로 몰고가는 그자들도 그렇게 믿지 않을 게다. 그런데도 그들은 '김정일에게 사과를 받을 길이 없다'는 외교적 · 정치적 판단을, '김정일이 사과를 할 필요가 없다'는 윤리적 판단으로 둔갑시켜놓고 그를 하이에나처럼 물어뜯는다. 이 반공 깡패들의 행패를 보면서 시민들은 공포감을 갖게 된다. 이 공포감은 만인의 것, 마녀사냥에 쫓기는 사람만이 아니라 집단을 이루어 마녀를 사냥하는 사람들 역시 갖고 있는 것이다. 이 공포감은 분명 휴전선 너머의 북에 대한 공포감이 아니다. 늘 내 주변에 있어 언제라도 내게 해코지를 할 수 있는 반공 깡패들에 대한 두려움이다. 공포 정치는 계속된다.

：평양 나비의 날갯짓이

●●● 한번 당한 폭력을 더 약한 자에게······.

사무엘 히르슈〈공격자와의 동일시의 두 유형〉

베이징 나비의 날갯짓이 지구 반대편에 폭풍을 불러일으킨다? 아무리 현란한 용어로 현혹해도 나는 안 믿는다. 왜? 나비 한 마리가 폭풍을 일으키면, 지구상에는 나비의 개체수만큼 많은 폭풍이 일어나야 하니까. 그뿐인가? 자존심 상한 다른 곤충들이 가만히 있지 않을 게다. 그럼 모기 폭풍, 파리 폭풍, 매미 폭풍, 잠자리 폭풍, 풍뎅이 폭풍이 일어난다. 이 꼴을 보고 새들이 가만히 있겠는가? 얘들이 봉기하면 아예 태풍이 일어난다. 태풍 참새호, 박새호, 딱다구리호. 그뿐인가? 인간은 어떻고. 비행기 제트 엔진의 바람! 여기서 지구는 멸망한다. 하지만 지구는 멀쩡하지 않은가? 그래서 더운 여름날 나는 지구 반대편의 주민들이 입을 태풍 피해에 대해 아무 죄책감 없이 태연히 부채질을 했다.

하지만 카오스 이론이 적용되는 곳이 있으니 바로 조국 대한민국.

여기서는 평양의 날갯짓이 남한에 폭풍을 일으킨다. 평양에 갔던 〈중앙일보〉 기자가 편집장과 식사를 하다가 밥주벌의 밥풀을 본다. 거기서 영감을 얻어 평양의 가십거리를 뻥튀기기로 애국적으로 결단한다. 그 구국적 가십이 특종이 되어 중앙 일간지들의 머리를 장식한다. 수백 명이 공항으로 쇄(殺)도해 계란을 던지고 주먹을 휘두른다. 여러 명이 덜컥 구속된다. 야당에서 집단 히스테리를 일으킨다. 자민련에서도 경련이 시작된다. 여당과 몸싸움을 한다. 3당 의원들이 씩씩거리며 우르르 국회로 몰려간다. 표결을 한다. 장관이 물러난다. 여당의 당직자들이 일괄 사표를 내고, 내각이 총사퇴를 한다. 보라, 나라가 발칵 뒤집혔다. 다들 미쳤다. 완전히 돌아버렸다. 초현실주의적 상황이다.

물의를 일으킨 〈중앙일보〉, 반성은커녕 외려 훈계를 한다. 장관 해임이 햇볕정책과 무슨 상관이 있냐고. 몰라서 그러나, 아니면 알면서 일부러 그러나? "총체적 실패라는 평가를 받고 있는 햇볕정책에 대한 통일부장관 임동원의 그칠 줄 모르는 아집과 독선이 낳은 국가적 폐해는 이루 헤아릴 수조차 없습니다." 해임건의안 제출 이유서의 구절이다. 사설을 쓰려면 이런 것 정도는 읽고 써야 하는 거 아닌가? 설마 직무 수행의 사소한 절차적 문제 때문에 장관 해임의 거사까지 결행했겠는가. 30년 만의 장관 해임 결의라고 한다. 60년대처럼 국민의 밥줄인 식량정책의 파탄이 있었나. 70년대처럼 실미도에서 훈련받던 공작원들이 서울에서 무장 난동을 일으켰나.

선수를 놓친 〈조선일보〉, 질세라 거든다. 조선은 솔직히 밝혀라. 햇볕정책에 찬성하는가? 반대하는가? 반북 선동하느라 멀쩡한 이를 죽였다가 살리는 예수의 이적까지 행사하면서, 정상 회담 후에는 잽싸게 'NK 섹션'을 개설해 북을 "협력의 파트너"라 부르는 건 또 뭔가. 조선이여, 북은 "주적"인가? 아니면 "파트너"인가? 장관 해임을 햇볕정책 자체와 연계시켜보는 것은 현 정권이 도그마적으로 경직된 증거'란다. 당구알이 정구공의 경직을 나무란다. 정작 "도그마적으로 경직"된 것은 누구인가. 별거 아닌 일로 온 나라를 발칵 뒤집어놓고 "국보법으로 처단하라"고 악을 쓰는 교조적 반공주의자들 아닌가? 국가보안법이 왜 필요해? 강정구 교수 입 막고 싶으면, 국세청 동원해 세무 조사하면 되잖아.

나비의 운동량을 차폐할 이성적 기제가 없는 곳에서는 카오스의 물리 법칙이 그대로 인간 사회에까지 적용되고, 인간들은 한갓 물리적 대상으로 전락한다. 태풍이 불면 이재민이 생기지만, 또한 대목 장사도 열리는 법. 이재민은 민족이고, 장사꾼은 누굴까? 동업자가 둘인데, 그 중하나는 족벌 언론이다. 우리 언론은 사건을 보도하는 게 아니라 보도를 사건한다. 날씨를 짓는 중세의 마법사처럼 달님 속 계수나무 별똥별 하나에 나비 날갯짓을 섞어 태풍을 조제한다.

:6·25는 통일전쟁?

●●● 모든 종류의 진보적이며 미국의 의도에 맞지 않는 이념에 대한 파괴, 이러한 이념의 소유자에 대한 테러와 물리적 파괴는 한국인에게 커다란 상처를 입혔는데, 이 상처가 집단적인 차원의 '공격자와의 동일시'를 낳았다. 이 상처투성이의 동일시는 자신의 역사에 대한 의식의 소멸, 자신의 행위에 대해 책임질 수 있는 능력의 파괴, 축출된 자신의 일부를 반공 히스테리라는 형태로 단죄하는 것 등을 포함한다.

홀거 하이데 〈노동사회에서 벗어나기〉

"김 대통령이 6·25를 신라와 고려에 의한 통일과 같은 수준으로 본다는 것 자체가 우리의 머리를 갸우뚱하게 만든다. 6·25 전쟁을 '통일 시도'로 보는 것도 6·25에 대한 지금까지의 우리의 시각과 입장에 부합되지 않는다. 북한의 입장에서 본다면 6·25는 엄연히 '무력을 통한 통일 시도'였기에 이런 언급은 북한의 시각에서 출발한 인식이 아닌가 하는 우려마저 갖게 한다." 〈조선일보〉의 사설이다. 한마디로 대통령이 빨갱이라는 얘기다. 그 근거는 6·25를 "신라와 고려에 의한 통일과 같은 수준으로 본다"는 데 있다. 그렇다면 원조 빨갱이는 따로 있다.

내 생각에는 대통령 김대중 씨가 아마도 〈월간조선〉을 애독하는 모양이다. 김대중 씨에 앞서 이미 오래 전에 충격적인 발언을 한 사람이 있었다. 〈조선일보〉가 자랑하는 이념 논객 조갑제 편집장이다. 그의 말을 들어보자. 그는 6·25를 신라의 통일과 같은 수준으로 보는 정도가 아니라 아예 김유신과 김일성을 같은 반열에 올려놓고 칭송하고 있다. "김유신(金庾信)과 김일성(金日成)의 공통점. 김유신과 김일성은 1천3백 년이라는 간격에도 불구하고 공통점을 갖고 있다. 두 사람은 통일을 위한 전쟁을 결심했던 한국 역사상 유이(唯二)한 지도자이다."

〈조선일보〉는 말한다. "남쪽의 입장과 확인된 역사적 자료에 의하면 6·25는 공산주의 구소련의 사주를 받은 김일성 일당이 대한민국을 적화하기 위해 일으킨 민족의 비극이다. 수백만의 사람들이 죽고, 수많은 이산가족을 만든 이 비극을 어떻게 '통일 시도'라는 단어로 표현할 수 있을 것인가. 우리 국민 중 몇 %가 6·25를 '실패한 통일 시도'로 인식하는가에 생각이 미치면 혼란스럽고 당혹할 따름이다." 그러게 말이다. 어떻게 조갑제 씨는 "수백만의 사람들이 죽고, 수많은 이산가족을 만든 이 비극을 '통일 시도'라는 단어로 표현"할 수 있었던 것일까. 국가보안법이 버젓이 살아 있는 이 땅에서 정말 간도 크다. 나 역시 "혼란스럽고 당혹할 따름이다."

"그런 그가 그것도 하필이면 '국군의 날' 기념식에서 북한의 시각을 연상시키는 듯한 애매한 용어를 구사한 것이다. 대통령 주위에 이런 시각을 갖고 있는 사람들이 모여 있지 않은가 의심되며, 바로 이 때문에 오늘날의 혼란상태가 초래되는 것은 아닌가 하는 의문이 난다." 그러게 말이다. 조갑제 씨면 대한민국의 근본을 지키는 자유 투사가 아닌가. "그런 그가 그것도 하필이면" 안보의 초석 〈월간조선〉에서 "북한의 시각을 연상시키는 듯한 애매한 용어를 구사한 것이다." 그리하여 〈조선일보〉 주변에 "이런 시각을 갖고 있는 사람들이 모여 있지 않은가 의심되며, 바로 이 때문에 오늘날의 혼란상태가 초래되는 것은 아닌가 하는 의문이 난다." 아무리 도시화가 되어도 여전히 대한민국의 아침은 닭소리와 함께 시작된다. 새벽에 배달되는 그 신문지에 포장된 모이를 먹고 "꼬끼요–", 힘차게 새벽을 연다.

♣ 우요꾸(右翼)와 춤을

••• 군 위안소에서 거액을 저금하여 고향에 집을 지은 예도 있고, 일본군이 부당한 업자의 착취를 막아준 예도 있고……. '증언'이라는 것……. 전쟁 직후에는 전혀 없었던 위안부의 증언이라는 것……. 지금 그들 스스로 목소리를 내는 것이 아니다.

고바야시 요시노리 〈전쟁론〉

아내의 고향 가고시마에서 알게 된 우에야마 센세이는 내게 절을 하며 "일제 36년간 저지른 죄악에 대해" 깍듯이 사과했다. 졸지에 민족대표가 되어 노인의 절을 받으며, 나는 '이것이 일본의 위대함'이라는 생각을 했다. 나는 이게 진정한 의미의 한일우호라 본다. 그런데 이와는 좀 다른 우호 관계도 있다. 일본에도 소위 '친한파'가 있다. 그런데 재미있게도 한국의 우익 인사들과 긴밀한 교분을 맺고 있는 이들의 대다수가 실은 교과서 왜곡을 주도하고, 군국주의를 찬양하는 그 사람들이다. 친미/친일/반공 전선 속에서 양국 우익이 하나가 된 것이다.

이 해괴한 우호 관계가 〈조선일보〉와 〈산케이신문〉 사이에도 있다. 교과서 왜곡을 주도한 〈산케이신문〉은 2001년 언론사 세무 조사 때 〈조선일보〉의 입장을 열렬히 대변했다. 그 답례일까? 총리의 신사 참배로

요란한 때, 〈월간조선〉 조갑제 씨가 용감하게 〈산케이신문〉 지면에 얼굴을 내밀었다. 그 글에 따르면 한국의 정국은 지금 '김정일 정권＋한국 내 좌파' 대 '한국 주류층＋부시 정권'의 대립 구도를 보이고 있다. "김대중 정권은 좌파측"이며, 현재처럼 좌파가 주도권을 잡으면 한미 동맹 관계와 한일 우호 관계가 깨진다. 통일의 지름길은 김정일 정권의 붕괴, 해체이며, 현 정권은 북괴의 생존력과 군사력만 강화시켰다는 것이다.

한마디로 현 정권의 햇볕정책을 지지하면 좌파라는 얘기다. 그렇다면 김대중 정권, 현 정권의 대북정책을 지지하는 대다수 국민들, 그 정책을 도운 미국의 민주당이 모두 좌파란 말인가. 심지어 이회창 총재마저 대북 화해정책을 현 정권의 업적으로 꼽은 바 있다. 그럼 이회창 총재도 좌파란 말인가? 설문 조사를 보면 조갑제 씨가 말한 "주류", 즉 북의 붕괴와 해체를 통해 통일을 해야 한다고 보는 사람은 늘 극소수다. 가자미처럼 오른쪽으로 치우친 눈을 가진 사람들에게는 중간에 있는 사람조차 왼쪽에 있는 것처럼 보이는 모양이다.

더 큰 문제는 그의 사대주의적 태도다. 〈월간조선〉에서는 일찍이 미 공화당 부시 후보의 연설을 담은 테이프를 부록으로 끼워 판 적이 있다. 부시가 대한민국 대통령이라도 되는가? 이게 무슨 망발인가. 한국과 미국이 혈맹이라도, 분명 두 나라는 국익이 다르다. 아무리 북한이 미워도, 우리 국익을 버리고 미국의 이익을 앞세울 수는 없는 일이다. 한국과 일본도 민족적 이해가 다르다. 아무리 북이 미워도, 민족의 이익을 저버릴 수는 없는 일이다. 북에 대한 증오심에 사로잡혀 미국과 일본 앞에서 국가적 이익과 민족적 이익을 저버리는 것은 신판 사대주의가 아닐 수 없다.

한일 우호 관계가 깨진 이유는 무엇인가? 조갑제 씨 말대로 현 정권이 북한과 접근하여 한일의 반공전선을 약화시켜서일까? 아니다. 〈조선일보〉와 긴밀히 교류하는 그 신문사에서 교과서를 왜곡하고, 소위 '친한파'들이 신사 참배를 획책했기 때문이다. 이런 상황에서 니뽄 우요꾸(日本右翼) 신문에 얼굴을 내밀어 기껏 남북을 싸잡아 비방하다니, 그는 대체 어느 나라 사람인가? 일본의 우익이 왜 북의 위협을 강조할까? 그걸 빌미로 재무장하기 위해서다. 그런데 왜 한국의 언론인이 멍청하게 그 놀음에 놀아나는가. 우익이라면 제 나라의 국가적 이익, 제 겨레의 민족적 이익을 챙길 줄 알아야 한다. 최소한 일본 우익은 그 정도는 한다. 못했을 때는 하라끼리(=할복)로 책임이라도 진다.

ː미국을 위한 인종주의

●●● 방주에서 나온 노아의 아들들은 셈과 함과 야벳이며.

〈창세기〉 9 : 18

나치는 유대인만 미워하는 게 아니다. 지금 유대인과 원수처럼 싸우는 아랍인도 미워한다. 야벳족의 눈에는 유대인이나 아랍인이나 어차피 셈 족일 뿐. 이를 '안티세미티즘'이라 부른다. 유럽의 일부 백인 보수층 사이에는 안티세미티즘 성향이 잠재되어 있으나, 공개석상에서 이런 인종 주의적 논리를 과감하게 주장할 용기를 가진 자는 많지 않다. 단 하나, 네오 나치뿐이다. 그런데 이런 반인륜적 '안티세미티즘' 선동을 공개적으로 하는 분이 대한민국에 있다. 〈조선일보〉에 '코너'를 얻어 매일 칼럼을 연재하는 이규태 씨다.

이규태 씨에 따르면, "혹서와 혹한"이 교차하는 "고원지방"에서 사는 아랍 사람들은 "극단을 오가는 기후 틀에 마음도 틀이 박혀 매사에 극단적"이며, "복수에 민감하고 호전적"이다. 그래서 "'인샬라–', 곧 알

공포 209

라신이 원하신다면— 쌍둥이 빌딩이 폭파되건 펜타곤이 폭삭하건 국제 경제가 뒤죽박죽이 되건 미사일이 날아오건 아랑곳없다." 그리고 지금 "색출되고 있는 암살 테러범들"은 "예외 없이 아랍인들"이며 이들은 모두 "자살 충돌 직전에 예외 없이 '인샬라!'를 크게 외쳤을 것이다."라고 한다.

이것은 전형적인 환경결정론, 고리타분한 19세기적 편견으로, 오늘날에는 아무도 그 말을 믿지 않는다. 인종주의적 편견은 다양한 개인들을 하나의 집단에 귀속시킨 후, 그 집단의 특성을 논한다. 물론 그 특성을 기술하는 술어들은 부정적인 것 일색이다. 가령 "복수에 민감하고 호전적……" 이규태 씨는 혹시 아랍 사람들 만나본 적이나 있는지. 적어도 내가 만나본 아랍인들 중에 "복수에 민감하고 호전적"인 사람은 없었다. 내가 자주 접한 아랍어는 "인샬라"가 아니라 "살라말레쿰"이었다. 그런데 "너희에게 평화를"이라고 인사하는 사람들이 "복수에 민감하고 호전적"이라고?

말이 나온 김에 따져보자. 정작 "복수에 민감"한 게 누구인가? "보복"을 하자고 난리를 치는 그 사람들이 아닌가. "호전적"인 것은 누구던가? '암살, 테러 등 수단과 방법을 가리지 않겠다', '60개국에서 더러운 전쟁을 벌이겠다', '필요하면 핵을 쓸 수도 있다'고 막말을 하는 사람들이 아닌가. 인류가 겪은 수많은 전쟁 중 가장 규모가 큰 것을 "세계 전쟁"이라 부른다. 그런데 두 번의 세계 전쟁을 일으킨 호전적인 인종은 누구더라? 지난 20세기에 지구상에서 가장 많은 전쟁을 한 나라는 어디? 또 멀쩡히 잘사는 아랍인에게 '십자군 전쟁'을 걸었던 문화는 어디더라?

"지하드"라는 이름의 "성전"은 몇몇 이슬람 광신도들이 하는 짓이다. 우리는 그 성전을 "테러"라 부른다. 그렇다, 그것은 테러다. 하지만 또 다른 성전은? 부시는 이번 아프간 침공을 "십자군"이라는 이름의 "성전"으로 축성했다. 지하드와 십자군 전쟁. 하나는 일부 광신도 집단이 벌이는 성전, 다른 하나는 국가에서 수행하는 성전이다. 여기서 전자는 '테러'지만, 후자는 '테러'라 부르면 안 된다. 왜? 무고한 사람을 죽이는 일도 국가가 축성하면 신성해지기 때문이다.

우습지 않은가? 셈과 야벳의 싸움에 셈에 가까운 황인종 칼럼니스트가 야벳족 대표로 인종주의 망언을 한다. 정작 테러를 당한 미국인들도 이런 망언은 안 한다. 독일에서라면 이런 극단적 언사는 법적 처벌의 대상이 된다. 이규태 씨는 도대체 어디서 살다 오셨나? "혹서와 혹한을 완충하는 봄이 없고 가을이 없"는 "고원지방"에서 살다 오셨나? 따뜻한 봄과 서늘한 가을이 있는 아름다운 금수강산에 살면서, 왜 이리 심성이 "극단적"일까? 인종주의 망언은 언론인으로서 자폭행위다. 아무리 미국이 형님이라고 해도 굳이 이렇게 인종 차별적 발언까지 해가면서 미국을 위해 원시적 분노를 표출해줄 필요가 있을까?

: 춤추는 반공

●●● 전쟁을 스스로 결단해본 적이 없는 국가는 결투를 해본 적이 없는 남자와
비교될 수 있다. 전쟁이란 것은 지도층과 국민이 개인적 운명과 체제의 존망을 걸
고 국가의 힘을 총동원하는 건곤일척의 승부이다.

조갑제

90년대 중반 북한의 핵사찰 문제로 한반도가 전쟁발발 직전까지 간 적
이 있다. 나중에 듣자 하니 당시의 대통령 김영삼 씨가 핫라인으로 전화
를 걸어 울고불고 하며 미국의 북폭계획을 뜯어말렸다고 한다. 이 민족
적 위기 상황 속에서도 조갑제는 태연하게 이렇게 말했다

"우리도 이스라엘식의 〈정당 방위적인 선제기습〉을 감행할 수 있을 것인
가. 그렇게 할 만한 배포와 논리를 국가 지휘부가 갖고 있을 것인가. 그것
을 국민들이 납득할 것인가. 그리하여 그 기습으로 파생되는 부담을 한국
은 감수할 수 있을 것인가."

한마디로 영변에 "정당방위적 선제기습" 공격을 가해야 한다는 것

이다. 그때 미국이나 한국군이 영변에 "정당방위적 선제기습"을 가했다면 과연 어떤 일이 벌어졌을까? 모르긴 몰라도 아마 이 글을 읽는 독자들의 상당수가 지금 세상에 존재하지 않을 것이다. 이것이 한국 우익의 수준이다.

사실 한국 우익에게는 '이념'이, 말하자면 대중을 설득할 논리가 따로 필요 없다. 빨갱이 색깔 공세가 그들의 소원을 들어주는 마법의 주문처럼 통하기 때문이다. 앞에서 본 다섯 개의 글은 서로 상이한 시기에 상이한 매체에 쓴 것이다. 그런데 우연한 계기로 쓴 이 글들을 한데 모아놓으니 우연하게도(?) 한국의 보수 우익이 이념적 헤게모니를 행사하는 메커니즘이 마치 모자이크 그림처럼 떠오른다. 그것이 발휘하는 위력의 원시적 크기에 비하면 그 구조는 믿을 수 없을 정도로 단순하고 무식하다. 다섯 개의 글에서 각각 지적하고 있는 요소들을 보자.

첫째는 '빨갱이 사냥'이다. 즉 반공의 선동으로 정치적 반대자를 사냥하여 제거하는 것이다. 이 수법으로 이들은 군사정권 시절에 수많은 사람들을 희생시켰으며 문민정권 이후로도 김정남, 이장희, 최장집, 한완상, 황태연, 임동원 등 수많은 정치적 반대자들을 제거해왔다. 이 정치적 마녀사냥을 통해 이 사회에서 정치적 이견을 배제하고, 국가정책 수행에서 자기들의 이념적 헤게모니를 확보하여 영원히 우익의 유일 지배 체제를 굳히려는 것이다.

둘째는 '집단 히스테리' 유발이다. 즉 주기적인 빨갱이 사냥으로 사회에 공포 분위기를 조성하여, 이를 집단 히스테리의 광란으로 몰아가는 것이다. 과거에 거국적 차원에서 관제 궐기대회를 조직했다면, 최근에는 보수언론의 반공 선동에 우익단체가 실력행사로 응답하는 형태로 이루어지고 있다. 가령 황태연 씨 사건이 발생했을 때 우익단체들이 그가 사는 집과 그가 가르치는 대학으로 쳐들어가 행패를 부린 바 있다. 평양방북단 사건 때에는 이들이 공항에서 폭행을 저지르기도 했다. 이 정치적 히스테리는 보수우익이 시민들에게 가하는 위협, 말하자면 일종의 무력 시위다.

셋째는 '냉전 구도의 고착', 즉 남북의 화해를 위한 노력에 찬물을 끼얹어 가능한 한 남북의 냉전을 지속시키는 것이다. 이를 위해 이들은 우익 국가주의를 절대화하고 민족주의를 "감상" 혹은 "환상"이라 매도한다. 특히 국민에게 정서적 호소력을 갖는 "통일"이 마법의 주문인 '반공'을 압도하지 않도록 '통일'에 관련한 모든 사안과 '통일'이라는 말의 사용까지 철저하게 감시하고, "주석궁에 국군의 탱크가 진입할 때 완성"된다는 무력흡수통일 이외의 일체의 통일 논의는 모두 '용공'으로 간주한다.

넷째, 냉전을 구축하여 북을 "주적"으로 규정한 다음 성스런 반공 십자군 구축에 들어간다. 그 파트너 중의 하나가 일본 우익이다. 일본 우익은 한반도의 분단을 원한다. 그래서 이들은 한국의 우익 못잖게 일본 내에서 극성스런 반북 캠페인을 벌이곤 한다. 물론 거기에는 북한의 군사 위협을 빌미로 재무장을 하려는 의도도 있다. 그리하여 반북, 반공의 전선에서 한국과 일본의 우익은 공동의 이해관계를 갖게 된다. 아울러 한국 우익의 원류가 친일파라는 것 역시 이들 간의 국제연대(?)의 튼튼한 정서적 토대를 이룬다.

다섯째, 한국 우익과 일본 우익에게 미국은 큰 형님. '친일파'로 민족적 단죄를 피할 수 없었던 한국의 우익, 그리고 '전범'으로 역시 국제적 단죄를 받아야 했던 일본의 우익에게 미국의 반공 노선은 생명의 은인이었다. 가령 공화당의 당선을 제 집 경사처럼 환영하는 〈조선일보〉와 한나라당의 사대주의적 경향을 보라. 또 아시아 여러 나라에 그토록 무례하게 굴던 고이즈미 총리가 미국에 대해 취하는 한없이 비굴한 태도를 보라. 이 과도한 친미 경향 때문에 한국 우익은 우리의 이익과 미국의 국익이 다르다는 기초적 사실조차 종종 잊는다. 그리하여 미국인들보다 더 미국의 이익을 위해 설치는, 애쓰는, 이해할 수 없는 행태를 보이는 것이다.

한마디로 일본의 우익과 나란히 미국 공화당 극우파들이 주도하는 반공의 십자군에 가입하여 북을 국제적으로 고립시키는 한편, 대북 강경책으로 남북의 군사적 긴장을 고조시키고, 나아가 내부의 정치적 반대자를 '연공' 혹은 '용공'으로 몰아 하나씩 제거해나가고 주기적으로 거국적인 마녀사냥의 카니발을 벌여 시민들에게 공포 분위기를 조성하고, 이 공포 정치를 통해 아주 손쉽게 자기들의 기득권과 헤게모니를 유지해나가는 것이다. 이것이 한국 보수주의의 본질이다. 아주 간단하고 원시적인 메커니즘이다. 한국의 정치는 본질적으로 공포 정치, 대중의 본능적 공포를 자극하는 협박의 정치다. 그리고 이 공포 정치에 대중은 기꺼이 참여한다. 왜? "직접적으로 생명을 위협받는 상황에서 공격자와 동일시하는 것은 생존전략의 일환이다."(홀거 하이데)

반공을 전가(傳家)의 보도(寶刀)처럼 휘두르는 보수주의자들은 안보를 걱정하는 애국자들일까? 그렇지도 않다. 가령 보수를 표방하는 한나라당의 총재는 두 아들을 군대에 보내지 않았다. 체중 미달이라 했다. 국가 안보의 첨병임을 자처하는 신문사의 사장 역시 군대에 가지 않았다. 이번엔 체중 초과라고 한다. 살이 쪄도 안 가고, 말라도 안 가고, 이들에게 군대 안 갈 이유는 무궁무진하다. 그런데 이들이 이념 공세를 펴서 결국 낙마시킨 통일부 장관의 경우에는 본인은 육사 출신에다가, 아들은 미국 시민권 소지자로 군이 병역의무를 질 필요가 없는데도 군 복무를 시켰다. 도대체 이런 부조리극이 다시 있겠는가?

반공의식은 어떤가? 간첩 잡으라고 만든 안기부 예산에서 1,100억이라는 천문학적 액수의 돈을 빼돌려 기껏 자기들의 선거자금으로 유용했다. 툭하면 안보 떠드는 보수언론들이 정작 국가에 내는 세금을 엄청나게 떼어먹었다가 적발됐다. 그뿐인가? 어떤 세력들은 정권 재창출을 위해 심지어 국군을 향해 총을 쏴달라고 부탁하기 위해 북과 접촉을 시도했다는 의혹까지 받았다. 이게 사실이라면 '용공', '연공' 정도가 아니라 완전한 반역행위다. 그런데 이런 짓을 한 자들이 '반공' 운운하고, '안보' 운운하고, '국가' 운운한다. 반공은 춤춘다. 그런데 이 광란의 춤을 추는 그 반공이 이렇게 진정성도 갖지 못한 가짜 반공이다.

차라리 신념을 가진 반공주의자라면 문제가 없을 것이다. 그런 사람들이라면 병역 기피를 한 자들, 국가 안보를 담당한 기관의 자금을 유용한 자들, 그리고 북한군과 내통을 한 자들을 결코 용서하지 않을 것이기 때문이다. 하지만 보라. 그 짓을 저지른 자들은 아무런 비난도 받지 않고 여전히 살아남아 떵떵거리지 않는가. 어떻게 이들을 이렇게 쉽게 용서할 수가 있을까? 결국 우리 사회에서는 '반공'이라는 네거티브한 이념조차도 한갓 허위와 위선에 불과하며, 실은 수구 기득권층의 밥벌이 수단에 지나지 않는다는 얘기. 한국의 보수주의는 이념이 아니다. 처세술이다.

9장 정체성

한국인의 정체성은 패거리의 정체성이다. '에고'는 있어도 '주체'는 없다. 그리하여 제 조그만 이익을 지키는 데에는 남에게 질세라 악착같이 달려들어도, 정작 자기의 견해를 얘기해보라고 하면 변변히 제 생각을 말로 풀어낼 줄 모른다. 우리 사회에는 '집단'은 있어도 '사회성'은 없다. 한국 사람들이 갖고 있다는 그 친절함은 정확하게 자기가 속하여 친분이 있는 집단의 동그라미에서 멈춘다. 그 바깥에 있는 사람들이 어떤 일을 당하든, 평균적인 한국인은 그들에게 아무 연대의식도 느끼지 못한다. 슬프지만 그게 우리의 자화상이다.

: 정체성으로서 예비역

●●● 군대는 인간의 자기소외를 극단적으로 강화한 조직형태이며, 인간의 정상적인 정서 생활을 조직의 임무에 극한에 이르기까지 복속시키는 조직형태의 전형……

존 홀로웨이 《권력의 새로운 개념》

몸이 군대를 제대하는 데에는 2년이 좀 넘는 기간이 필요하지만, 정신까지 군대를 제대하는 데에는 그보다 오랜 세월이 걸린다. 특히 우리 사회처럼 개인이 쉽게 집단에 함몰되는 분위기에서 개인은 주체적으로 자기 정체성을 형성하는 데 어려움을 겪게 마련이다. 그리하여 자기가 선택하지 않은 정체성을 자기 존재의 본질로 간주하는 사태가 벌어지곤 한다. 그 강요된 정체성 중의 하나가 바로 군대생활을 했다는 '예비역'이라는 것이다. 2년이 넘는 기간을 엄마 품을 떠나 살아보았다는 자부심, 고달팠던 생활에 대한 아프면서도 달콤한 향수, 군대생활을 해보지 못한 사람들, 특히 여성들에 대한 모종의 우월감이 함께 어우러져, 군대를 제대한 후에도 오랫동안 자신을 군인으로, 즉 '예비역' 군인으로 동일시하게 만든다.

군가산점 위헌 판결이 내려졌을 때, 내가 의아했던 것은 왜 그 고귀한 분노가 정작 그 판결을 내린 남자들, 즉 대법관들로 향하지 않고, 엉뚱하게 그 소송을 낸 여성들의 출신학교 사이트로 몰렸는가 하는 것이었다. 아직도 이해할 수가 없다. 또 자기 삶에 직접·간접적으로 더 큰 영향을 미칠 법령들이 하루에도 수십 개씩 국회에서 통과되는 판에, 하필 군필자 중의 극히 일부와 관계 있는 군가산점 문제에 왜들 그렇게 지대한 관심을 보였던 것인지, 이 뜨거운 연대의식은 대체 어디서 비롯된 것인지도 이해할 수가 없다. 내가 제시할 수 있는 유일한 설명은 이런 것이다. 즉 군가산점을 둘러싼 논쟁이 그토록 뜨거웠던 것은 그것이 '예비역'으로서 남성의 자존심을 건드렸기 때문이다. 그리하여 별거 아닌 문제를 놓고 남성들이 그렇게 신속하게 통일전선을 구축했던 것이리라.

우리는 살면서 원하든, 원하지 않든 간에 여러 가지 정체성을 갖게 된다. 그런데 이 수많은 정체성 중에서 왜 하필 동대장님의 부르심만이 신성한 걸까? '예비역'이라는 정체성은 기껏해야 일생에 한두 달 정도만 자기를 규정할 뿐이다. 그런데 왜들 자신을 그렇게 철저하게 '예비역'과 동일시하고 싶은 건지 모르겠다. 이제 몸뚱이만이 아니라 정신도 제대를 해야 하지 않을까? 군사문화가 사회 속에서 유지되는 것은 군을 떠나서도 정신은 여전히 군이라는 특수 사회의 원리에서 자유롭지 못하기 때문이 아닐까? 도대체 자기가 원해서 가진 것도 아닌 이 강요된 정체성에 한국 남성들이 그토록 오랫동안, 그토록 집요하게 애착을 느끼는 것을 도저히 이해할 수가 없다.

어느 대학의 여성주의 웹진에서 대학 내 예비역들의 행태를 비꼬는 도발적인 글을 실었다가 또다시 난리가 난 모양이다. 이 발칙한(?) 글을 여기저기 퍼 나르며 신성한 남성들의 동맹을 촉구하는 분들이 있는 모양이다. 읽어보니 별것도 아닌 글이다. 이렇게 자신을 완전히 '예비역'과 동일시하여 지레 그 글에서 자기가 모욕감을 느끼는 것도 영 자연스럽지 못하지만, 이 사이트, 저 사이트 돌아다니며 바지런히 사이버 동원 예비군 소집을 하는 것도 그다지 성숙한 태도로는 보이지 않는다. 부디 이번 사건이 이번에도 문제 제기를 한 여학생들을 집단으로 성토하는 우스꽝스런 남성축제로 끝나지 않고, 부디 '예비역'들의 몸과 정신에 기입된 군사문화의 잔재를 드러내어 한 번쯤 반성해보는 계기가 되었으면 한다.

⦂민족중흥의 역사적 사명

••• 우리는 민족중흥의 역사적 사명을 띠고 이 땅에 태어났다.

박종홍 〈국민교육헌장〉

거짓말이다. 아무리 기억을 더듬어봐도 나는 그저 아무 생각 없이 이 땅에 태어났을 뿐이다. 그런데 오늘 〈디지털 조선일보〉 게시판에 들어갔더니 누군가 오랫동안 잊고 있었던 이 끔찍한 '농담'을 전문 인용해놓고 그 밑에 이렇게 써놓았다. "참 다른 모든 것을 떠나서 명문이다. 이 정신을 되살려 민족중흥을 이룩하자." 그 밑에 추신까지 붙여놓았다. "추신 : 이거 초등학교 때부터 고등학교 때까지 다시 외우게 하자. 충분히 그럴 가치가 있는 것 같다. 쓸데없는 책보다는 비교할 수 없는 가치가 있으며, 쓸데 있는 책 여러 개를 잘 모아 정리해놓은 것 같다."

재미있게도 그는 이 "명문"(?)이 위대한 박정희 대통령 각하의 작품이라고 굳게 믿고 있었다. 그래서 그에게 이 "명문"은 원래 박정희의 것이 아니라 철학자 박종홍 씨의 것이며, 나아가 메이지 천황의 교육칙

어를 베낀 것이라고 해두었다. 그랬더니 대뜸 이런 대답이 올라온다. "박종홍이 쓴 것, 일본에도 비슷한 것 있다는 것 몰랐습니다. 하지만 일본 애들도 하든 안 하든 우리가 우리 후세에 대한 교육과 국가를 보는 마음 자세를 바로잡기 위해서는 다시 한 번 되새겨야 할 글귀라고 생각합니다." 아마도 이는 이분 혼자만의 생각이 아니라 우리 사회 일각에 아직 견고하게 남아 있는 어떤 세력의 생각이기도 할 게다.

어느 사회에서나 교육은 크게 두 가지 목적을 갖는다. 먼저 인간과 자연과의 관계, 즉 생산력을 발전시키는 데 필요한 지적 능력을 재생산하는 것. 둘째로, 인간과 인간의 관계, 즉 특정 생산관계를 정당화하는 이데올로기를 2세들의 머리 속에 주입하여 그 관계를 재생산하는 것. 〈국민교육헌장〉은 정확하게 이 두 요소만 담고 있다. 여기서 첫번째는 기술적 담론의 대상, 두번째는 종종 정치적 담론의 대상이 된다. 가령 일본의 역사교과서 파동, 한국의 전교조나 일본 일교조에 대한 마녀사냥을 생각해보라. 지배 세력에게 "참교육"은 권력의 원활한 재생산을 방해하는 골치 덩어리일 뿐이다. 그래선지 〈월간조선〉에서는 "열린교육은 국가를 깡통으로 만들 것"이라고 말한 바 있다.

물론 이런 사회적(?) 필요보다 학생들 개개인의 교양, 인격적 발달과 같은 것을 더 강조하는 교육철학도 있다고 들었다. 좋은 일이다. 하지만 '학생 개인의 교양을 앞세운다'는 이 가상한 생각이 천박한 사회에서는 국가와 가정 양면으로부터 공격을 받게 된다. 지배를 하는 국가 권력은 자기 재생산에만 관심이 있을 뿐 학생 개개인의 교양 수준에 별 관심이 없는 반면, 지배를 받는 개개의 가정들은 권력의 위계 질서 속에서 자기 자녀가 교양이 있는 인격자가 되어 낙오하기보다는 교양이 없어도 출세하기를 바라기 때문이다. 여기서 국가와 가정의 묘한 공모가 이루어진다.

누가 "한 사회의 지배적 이데올로기는 지배 계급의 이데올로기"(마르크스)가 아니랄까 봐 일제와 미국의 지배를 받아온 우리 사회의 이데올로기 역시 두 가지로 이루어져 있다. 친일을 하다가 반공주의자로 돌변한 군사 독재자들의 일본제 '국가주의'와 , 이들 밑에서 아무 생각 없이 테크노크라트로 복무하며 개인적으로 출세했던 미국 유학파들의 천박한 미국제 '자유주의'. 일본식 국가주의와 미국식 자유주의의 결합. 이것이 우리 사회의 지배 이데올로기이고, 우리 교육의 문제도 근본적으로 바로 이 권력 구성에서 비롯된다. 아이들에게 오직 출세하는 데 필요한 영어, 수학, 컴퓨터만 가르치려 드는 가정. 그리고 이런 아이들의 세계관의 공백을 메우기 위해 국가가 제공해주는 애국이라는 허위의식. 참교육은 이 두 가지 전선에서의 싸움이다.

：시민 길들이기

●●● 좀더 적합한 구조의 인간들과 그렇지 못한 인간들, 즉 '적응자들'과 '부적응자들'이 다양한 변종들과 함께 동일한 사회적 조형장치로부터 탄생한다. 모든 개인이 걸어가는 문명화의 길에서, 이 과정의 일부를 형성하는 갈등과 연관하여 특정한 본능에 붙어 다니는 불안…….

노르베르트 엘리아스 〈문명화 과정〉

우리는 '국가'를 의식하지 못한다. 국가가 직접 · 간접적으로 행하는 감시와 통제는 어느새 우리 몸 속에 기입되어 자동화 메커니즘을 이룬다. 그리하여 우리는 국가가 행하는 간섭을 미처 깨닫지 못하고, 그것이 마치 자기 스스로 알아서 자율적으로 행하는 자기규율이라고 착각한다. 외국에 나가기 전만 해도 주민등록증은 '국민'이면 누구나 갖고 다녀야 하는 것으로 알았다. 또 그 '증'을 얻기 위해 파출소에서 지문을 찍는 것은 너무나 당연한 것이기에, 일본에서 재일동포들이 지문날인을 민족차별이라 반대한다는 게 매우 이상하게 들리기까지 했다. 그 이상함이 우리에게 별로 이상하게 느껴지지 않는 것은 아마 강한 반일 감정 덕일 게다. 국가의 간섭은 보이지 않는다. 국가는 투명인간이다.

　유학을 갔다가 돌아오니 그 투명했던 국가가 비로소 육화하여 수시로 모습을 드러낸다. 국가는 휴가를 떠났던 병사가 탈영하지 않고 무사히 귀대했다고 보고하기를 요구했다. 돌아와서 한동안은 동장님의 방문을 받았다. 새 주민증을 만들라고 한다. 열 손가락에 지문을 채취당하는 게 기분 나쁘기도 하고, 주민증 덕을 볼 일이 많지 않은지라 귀찮기도 해서 차일피일 미루고 아직까지 안 하고 있다. 주민증이 없으면 의료보험 가입도 안 되고, 여러 가지 불이익을 받게 될 것이라는 협박도 귓전으로 흘릴 수 있었지만, "새 주민증을 안 만든 집은 아파트 단지에서 이 집뿐"이라는 동장님 말씀에 괜히 불안감이 느껴진다. 다행히 여권이 있어 그것으로 의료보험에도 가입할 수 있었고, 그 밖의 경우에도 신분을 증명하는 데 아무 무리가 없었다. 끝까지 버텨볼 생각이다.

외국인인 아내 역시 국가로부터 허락을 받아야 한단다. 도대체 '내가 내 아내와 살겠다는데 도대체 국가가 왜 건방지게 자기한테 허락을 받으라'고 하는지 이해할 수가 없어, 신고 안 하고 버텼다. 그러다가 아내가 친정에 가던 날 공항에서 관리한테 "자진 신고 기간이라 용서해주지만, 다음에 한 번 더 신고를 안 하면 벌금을 때리겠다."는 말을 들었다. 이 더러운 꼴을 당한 후 아내가 돌아오자마자 근처의 출입국 관리소를 찾아갔다. 그랬더니 국가가 나눠놓은 행정구역을 따라 우리는 인천으로 가야 한단다. 물어, 물어 어렵게 찾아간 출입국 관리사무소에서 아내는 자기의 사적 정보가 담긴 온갖 서류를 제출하고 기어이 그 열 손가락에 검은 잉크를 묻힌 후에야 비로소 그 잘난 '외국인 등록증'이란 걸 손에 넣었다. 이렇게 나의 귀국은 내외가 열 손가락에 잉크를 묻히라는 국가의 신고식으로 시작했다.

아이는 또 어떤가? 출생 신고를 해야 한단다. 이 아이는 내 아이인데, 국가가 무슨 권리로 자기한테 '신고하라, 마라' 명령을 하는가? 병원에서 받은 출산증명서를 내고, 서식을 작성하여 드디어 이 땅에 살 권리를 받아냈다. 그걸로 끝인 줄 알았더니 그렇지가 않다. 일본에서 태어난 우리 아이 역시 출입국 관리소에 신고를 해야 한단다. 사진을 찍고, 서류를 챙겨들고 부랴부랴 인천까지 행정구역 맞춰 찾아가서 '내국인 처우'라는 것을 받았다. 아이가 자라 열여덟 살이 되면 두 개의 국가는 아이에게 "둘 중의 하나를 택하라."고 명령할 예정이라 한다. 아니, 그 이전에 어느 국가에서 자라든 아이는 "네 정체성은 나와 동일시하는 데 있다."는 국가의 거룩한 가르침을 받으며 자랄 것이다. 어쨌든 이렇게 수많은 발품을 팔아서 우리 가족은 게오르규의 〈25시〉에 나오는 가족처럼 국가라는 군대에 입대 신고를 마쳤다.

도대체 언제부터 국가가 인간들을 관리하고 길들이기 시작했을까? 노르베르트 엘리아스의 《문명화 과정》에 따르면 서구에서는 이 과정이 중세의 궁정 사회로부터 시작되었다고 한다. 잔인하고 난폭한 전사였던 봉건 영주와 기사 계급이 도시의 궁정 사회에 편입되어 왕의 가신이 되면서, 원시적 활력이 차고 넘치던 다혈질의 기사들이 칼과 창 대신에 섬세하고 세련된 교양과 매너로 무장한 궁정인으로 길들여졌다는 것이다. 후에 경제력을 바탕으로 궁정에 편입된 시민 계급이 이를 받아들여 자기들의 가치관에 맞게 변형시키고, 그것을 계몽과 교양이라는 이름으로 사회 일반에 퍼뜨림으로써 오늘날 서구 문명의 정체성을 이루는 그 '문명화'라는 것이 완성된 것이다.

이 문명화 과정을 엘리아스는 근대 국가, 즉 중앙집권적 절대 왕정의 성립과 연관하여 설명한다. 과거에 봉건 영주와 기사 계급 사이의 갈등 해결 방식이 물리력을 동원한 전쟁이었다면, 궁정화가 진행되면서 이 갈등이 점차 왕의 중재에 의해 해결된다. 이렇게 왕권이 점점 강해지면서 과거에 봉건 영주들의 손에 있었던 사형(私刑)의 권리도 국가 권력에 의한 사법권으로 이양된다. 말하자면 사적 폭력의 권리가 국가에 이양되어, 국가 폭력으로 집중되는 과정 속에서 인간들의 습속과 인성 역시 변화하지 않을 수 없었던 것이다. 한마디로 국가의 성립 과정 속에서 중세의 난폭한 인간이 얌전한 근대인으로 길들여졌다는 것이다.

이 길들여진 근대인의 인성 구조를 엘리아스는 '내면화'와 '합리화'로 특징짓는다. '내면화'란 한마디로 사회적 초자아를 내면화하는 것, 즉 과거의 외적 · 타율적 강제를 자기 안의 내적 · 자율적 강제로 바꾸어 놓는 기제를 의미한다. 한편 '합리화'란 정념을 극복하고 현실의 진행과정의 인과 관계를 냉정하게 따져보는 습속을 말하는데, 엘리아스에 따르면 그것은 먼저 격정적인 기사들의 전쟁이나 결투를 차가운 음모와 계략으로 바꾸어놓았던 봉건 귀족 계급의 궁정적 합리성으로 출발하여, 시간이 흐르면 시민 계급의 등장과 함께 냉정하게 손익(=interest)를 따지는 호모 에코노미쿠스의 상인적 합리성으로 변모하게 된다고 한다. 그런 의미에서 합리주의 철학은 데카르트의 발명품이 아니라 사회에서 이루어진 문명화 과정의 이론적 반영에 불과하다는 것이다. 이 시기의 철학자들이 '정념론'을 쓴 것 역시 이 '인간 만들기 프로젝트'의 일환이었다.

엘리아스의 '문명화' 이론과 미셸 푸코의 권력 비판 사이에서 우리는 어떤 논리적 연관을 볼 수가 있다. 푸코의 사상이 전복적 의미를 갖는 것은 바로 이 '내면화'에 대한 급진적인 비판이기 때문이다. 근대 철학은 의식철학 혹은 반성철학이었다. 이렇게 내면성의 철학이라는 형태로 발달한 서구의 근대 철학은 외적 강제가 아닌 내적 규율에 의해 사유하고 행동하는 '자율적 주체'를 인간의 이상으로 내세웠다. 하지만 푸코는 이 자율적 인간이라는 관념의 역사를 쓰기 위해 국가 권력이 현실 속에서 얼마나 인간들의 몸에 철저한 강제를 가했는지 충격적으로 보여준다. 관념의 자율성이라는 근대적 이상 이면에는 엄청난 물리적 폭력을 동원한 신체의 타율이라는 현실이 새겨져 있다는 것이다. 푸코는 '내면화'라는 문명화 과정이 얼마나 야만적인 방식으로 이루어져 있는지 보여줌으로써, 근대 철학의 환상에 사로잡힌 우리의 존재 망각을 일깨워준다. 자율적 주체란 어떤 의미에서는 '알아서 기는' 존재인지도 모른다.

근대적 '합리성'에 대한 비판 역시 푸코의 테마 중 하나다. 근대국가는 자기를 '이성'으로 규정하기 위해 광인, 부랑자, 성도착자들을 폭력적으로 배제해야 했다. 기호가 다른 기호와의 차이 속에서 비로소 의미를 갖듯이 이성도 이성의 타자인 광인, 부랑자, 성도착자라는 소수자들과의 대비 속에서, 그들을 법적 · 제도적으로 차별함으로써 비로소 제 정체성을 획득했다는 것이다. 그리고 이 타자들의 존재를 통해 얻어진 이성의 왕국의 차안은 하나의 눈으로 질서 정연하게 구획지워진 감방들을 감시하는 거대한 원형감옥으로 상징된다. 어느 국가나 자기 영토 안에 자기가 볼 수도, 파악할 수도 없는 영역이 존재한다는 것을 못 참아 하는 법이다. 그리하여 데카르트가 말한 명석·판명이라는 인식의 이상 은 현실 속에서는 철저하게 감시되고 관리되는 사회 구조로 실현되어야 했다. 물론 이 역시 한갓 관념의 역사가 아니라 우리의 몸에 배제, 구금, 훈육, 강제 노동 같은 육체의 언어가 기입되는 유물론적 과정이었음은 말할 필요도 없다.

엘리아스는 문명화 과정에 대해 중립적인 태도를 취한다. 그것은 절대적 가치도 아니지만, 그렇다고 해서 회피해야 할 부정적 가치도 아니라는 것이다. '국가'라는 '하나'의 공적 폭력이 없었던 시절에는 자의 적인 '사형(私刑)'과 '전쟁'이라는 다수의 사적 폭력들이 존재했기 때문 이다. 엘리아스의 분석 속에서 문명화 과정은 다분히 무질서에서 질서 로 이행하는 평화적인 모습으로 묘사된다. 반면 푸코의 분석 속에서 그 과정은 아이들의 머리에 예법서를 주입하는 과정이 아니라 국가 폭력을 빌려 행사되는 거대한 생체 권력의 메커니즘으로 묘사된다. 엘리아스가 국가를 '이해의 조정자'로 보며 국가 자체의 정당성을 의문시하지 않는 다면, 푸코의 분석에는 암암리에 국가 자체의 정당성에 대한 물음, 그것 에 대한 급진적 비판이 내재되어 있다. 국가는 거대한 잠재적·현재적 폭력의 현재화이며, 이를 그는 아르토의 잔혹극을 연상시키는, 17~18 세기 잔혹한 처형장면의 묘사를 통해 충격적으로 드러낸다.

여기에서 '국가'의 문제를 바라보는 두 개의 시각이 충돌한다. 푸코 의 계보학적 방법은 냉철한 기술(=descriptive) 형태를 띤다. 여기에서 는 모든 도덕과 윤리와 제도와 법의 탄생의 비밀이 가차없이 폭로된다.

이 세속적인 비밀을 폭로함으로써 자기의 근원을 '신의 계율' 혹은 '이성의 법칙'과 같은 말 속에 감추는 신성한 권력의 절대성은 간단히 상대화한다. 이것이 푸코의 기술의 전복적 기능이다. 한편 국가 권력에 대해 규범적(=normative) 접근을 하게 되면, 우린 그것에 대한 또 다른 이미지를 얻게 된다. 이 경우 우리는 국가의 탄생 및 유지의 비밀이 아니라 그것의 현실 적합성을 묻게 된다. 국가가 아무리 폭력적인 근원과 본질을 가졌음을 폭로한다 하더라도, 그 폭로를 국가의 현실 적합성, 즉 현실적 필요성을 논박하는 근거로 사용할 수는 없는 일이다. 그렇게 할 경우, 그것은 '발생론적 오류'가 된다.

　　시민을 길들이는 국가 권력을 주제화하면서도 그 비판의 준거에 대한 논리적 검토는 종종 생략되곤 한다. 이 경우 국가는 오로지 시민들을 감시하고 관리하고 강제하는 억압의 메커니즘으로만 표상되고, 그것을 극복하는 방법으로는 '탈주'나 '노마드'와 같은 아르스 비벤디(생활 양식)로 상정된다. 이는 사태를 너무나 단순화하는 것이다. 푸코의 무정부주의적인 비판은 권력의 감시를 느끼는 우리의 감수성을 민감하게 해주고, 그것을 극복하기 위한 실천적 방안을 찾는 상상력을 자극하지만, 거기에서 기계적으로 어떤 대안을 끌어낼 경우 종종 다분히 허구적인, 현실성 없는 얘기를 하게 되기 쉽다. 국가가 존속하는 것은 그 폭력적 근원의 계보학적 비밀이 여전히 베일에 가려 폭로되고 있지 않아서가 아니라, 그것이 여전히 현실 적합성을 잃지 않았기 때문이다. 따라서 국가 권력에 대한 비판의 준거는 기술적 · 규범적 관점을 통합한 좀더 섬세한 관점이 되어야 한다.

국가를 바라보는 여러 관점이 있을 수 있다. 보수주의자들에게 국가는 "인류의 실현", 곧 그 안에서만 인간이 진정한 의미의 인간이 될 수 있는 존재론적 전제다. 사민주의자들에게 국가는 시장경제에서 비롯되는 빈부 격차를 해소하고 평등의 이념을 실현하기 위한 정치적 개입의 도구로 파악된다. 우익이든 좌익이든 국가의 중요성을 인정한다는 점에서는 일치하나, 보수주의자들이 국가를 인간의 '목적'으로 파악하는 반면, 사민주의자들은 국가를 다분히 '수단'으로 바라본다. 한편 자유주의자들에게 국가는 개인의 자유를 침해할 수 있는 잠재적인 위협이다. 이 국가의 간섭으로부터 개인의 경제적·정치적 자유를 확보하는 것이 이들의 목표이나, 이들 역시 사적 소유를 보호해줄 합법적 폭력(=국가)의 필요성을 부인하지는 않는다. 반면 무정부주의자들은 원칙적으로 국가 자체를 거부한다.

국가의 간섭으로부터 시민의 자유를 보호하고 국가의 시민 길들이기에 저항하는 투쟁은 두 개의 근원, 즉 자유주의와 무정부주의적 근원을 갖는다. 이 중 자유주의적 저항은 이미 오랜 역사를 가진 것이고, 반면 무정부주의적 실천은 비교적 역사도 짧고 그동안 까맣게 잊혀졌다가 최근에 다시 르네상스를 맞고 있다. 가령 전자주민증 반대, 지문날인 거부, 통신검열 반대와 같은 것이 국가의 간섭으로부터 사생활을 보호하려는 자유주의적 저항이라면, 노동 거부와 같은 노마드적 생활의 실천은 자본주의 체제 자체를 건드리는 무정부주의적 실천이다. 하지만 무정부주의가 반드시 반체제적일 필요는 없다. 극단적인 시장주의자들 역시 시장의 자율적 기능을 위해 아예 국가 자체가 없어져야 한다고 주장하기 때문이다. 이 경우 무정부주의의 무권력 상태는 자본가의 파라다이스가 될 것이다. 때문에 국가 자체를 부정하는 것이 곧 평등주의 이념의 실현이 되는 것은 아니다.

접근방법(기술적/규범적)과 이념(좌/우/리버럴/아나키)이라는 두 가지 변수의 조합에 따라 국가 권력을 바라보는 다양한 시각이 가능하다. 문제를 더 복잡하게 만드는 것은, 우리의 역사는 서구와는 전혀 다른 시계를 갖고 있다는 것이다. 따라서 국가의 합법적 폭력을 바라보는 관점은 서구의 그것을 기계적으로 도입한 것이어서는 안 되고, 그것을 우리의 상황에 맞추어 특수화한 것이어야 한다. 우리 사회에는 근대적 과제와 탈근대적인 과제가 어지럽게 중첩되어 있다. 이를 무시하고 단 하나의 분석틀로 국가 권력의 문제에 접근했다가는 실천적으로 원하지 않은 결과를 낳기 쉽다. 실제로 90년대에 우리 사회를 풍미한 포스트 담론들은 그런 단순화의 오류에 빠져 수사만 급진적일 뿐 실천적으로는 보수주의만 강화한 느낌이다.

한국에서 근대적인 의미에서 '시민 길들이기'는 멀리는 구한말에 시작되어, 일제 시대를 거친 후 해방 후에는 박정희 정권 하에서 본격적으로 이루어졌다. 박정희의 초기 연설에는 종종 "인간 개조"라는 섬뜩한 어휘가 사용된다. 재미있게도 비슷한 시기에 북한의 김일성 역시 글자 하나 안 틀리게 "인간 개조"라는 말을 사용했다. 그리고 이 개조사업은 불행히도 남과 북에서 모두 성공을 거두었다. 그런 의미에서 남과 북을 가리지 않고 한국인은 어쩌면 닥터 박정희와 닥터 김일성이 만들어낸 프랑켄슈타인의 괴물인지도 모른다. 북에서는 김일성 유일 체제의 필요에 맞게끔 인간을 개조하는 작업이 수행되었고, 남에서는 반공과 산업화라는 국가적 과제에 맞추어 인간을 "싸우면서 일하는 보람에" 사는 반공 전사, 산업 전사로 뜯어고치는 작업이 대대적으로 이루어졌다.

이는 단지 인간의 머릿속을 조작하는 관념론적 과정이 아니었다. 동시에 인간의 몸 자체를 뜯어고치는 유물론적 과정이었다. 그것은 자연의 리듬에 익숙한 전근대적인 농민을 공장의 기계리듬에 적응된 근대적 '산업 전사'로 길들이는 과정이자, 민간인을 분단 상황 속에서 언제라도 전투력으로 전화할 수 있는 병사로 길들이는 과정이자, 동시에 자율적이어야 할 시민들을 국가와 권력자의 명령에 절대적으로 복종하는 '국민'으로 뜯어고치는 과정이기도 했다. 박정희 정권이 "충효"라는 봉건적 덕목을 정치 이데올로기로 활용했다면, 북의 김일성 정권은 사회주의 인민들을 "효자동이, 충성동이"로 만들어냈다. 남북에서 동시에 이루어진 이 인간 개조사업의 최종 산물은 '충효'라는 전근대적인 덕목의 세례를 받고 군대식 행진과 공장의 기계리듬에 익숙해진 호전적인 산업 전사였다.

"체력은 국력이다." 과거에는 개인의 체력 관리조차 국가의 힘, 전투력 강화를 위한 것이었다. 안보를 위해 주민증을 만들어 자기의 존재를 신고하고, 이를 위해 지문까지 찍어 국가에 갖다바쳐야 했다. 이것은 단지 과거만의 일이 아니다. 생각을 해보라. 재일동포들에게 지문날인을 시킨다고 일본 정부를 요란히 비난하는 그 사람들이 정작 자기 땅에서 행해지는 주민증과 지문날인 관행의 문제점은 전혀 의식하지 못하지 않는가. 그동안 민주화 과정 속에서 국가 권력은 연성화했어도, 회사,

공장, 학교, 군대 등 미시적인 차원에서는 여전히 이 낡은 국가주의 습속이 힘을 발휘하고 있다. 개인을 곧바로 국가적 목표에 종속시켜버리는 이 국가주의 생체 권력의 집요한 관성에서 벗어나는 것. 이것이 우리 사회가 아직 완수하지 못한 자유주의적 과제다.

　시민을 길들이는 주체는 국가만이 아니다. 자본주의 경제를 요체로 한 시민 사회도 인간을 길들인다. 국가 권력이 연성화한 지금, 인간 길들이기의 주체는 점점 더 시민 사회의 몫으로 옮아가고 있다. 가령 오로지 입시 공부만 하다가, 대학에 들어가 학점을 챙겨가며 컴퓨터와 영어 회화만 배운 후, 그렇게 일자리를 얻은 다음에는 오로지 자본의 이윤 추구를 위해 자기의 삶 자체를 포기하고 살아가는 남자들. 혼인을 통한 신분 상승을 위해 다이어트를 하고, 에어로빅을 하고, 몸에 칼을 대는 여자들. 이것은 대단히 특별한 경우가 아니라 우리 사회의 평균적인 인간상이다. 굳이 국가가 강요하지 않아도 이렇게 시민들이 자발적으로 길들여질 수도 있다. 그리고 이 길들여지기는 자발적 성격의 것이기에 결코 외적 강제나 강요로 느껴지지가 않는다.

　이렇게 시민 사회 역시 인간들을 그냥 내버려두지 않고 알아서 기게 만든다. 아도르노의 말대로 현대 사회는 "합리적으로 관리되는 사회"이고, 이 사회 속에서 인간들은 자율적으로, 합리적으로 길들여진다. 합리화 자체가 인간을 해방시키는 것은 아니다. 거기에는 새로운 종류의 억압의 가능성이 내재되어 있다. 가령 과거에는 동네에서 구걸하는 나병환자를 볼 수 있었고, 입을 헤 벌리고 웃고 다니는 광인도 볼 수 있었다. 그리고 동네마다 소위 '바보'라 불리는 천덕꾸러기들이 있었다.

물론 그 시절에도 이들은 천대받았지만 적어도 우리 삶의 한 부분으로 존재했다. 그런데 언제부터인가 이들의 모습이 우리 삶의 정경에서 사라져버렸다. 푸코의 견해를 빌리면 사회가 '정상화'하는 과정에서 소위 합리성에 부합되지 않는 이 소수자들은 사회로부터 소리 없이 격리된 것이리라.

서구에서 수백 년에 걸쳐 이루어진 과정을 단 몇십 년 안에 압축적으로 체험했던 우리 사회는 여러 가지 시간층이 중첩되어 있어, 그 구조를 단 하나의 개념틀로 도식화하기에는 그 구성이 매우 복잡하다. 가령 '광인에 대한 국가적 관리의 잔인성'이라는 탈근대적 테제가 있다고 하자. 이것을 한국 사회에 기계적으로 적용하면 황당무계한 실천적 결론에 도달하게 된다. 왜냐하면 한국 사회에서 광인의 인권 침해가 가장 극악한 형태로 일어나는 곳은 국가 관리 사각 지대인 사설 정신병원이나 사설 기도원의 감금시설이기 때문이다. 또 부랑자의 재사회화라는 근대적 프로그램을 비판하는 탈근대적 테제가 있다고 하자. 그것은 노숙 생활이 6개월 이상 되면 소위 '방랑끼'가 들어 사회로 귀환하는 것이 불가능해지며, 그 생활은 대개 몸을 망가뜨리는 알코올 중독과 치명적인 질병으로 끝난다는 사실을 망각한 것이다.

따라서 '길들이기'에 대항하는 싸움은 우리 사회의 복잡성을 고려하여, 근대적 과제와 탈근대적 과제를 섬세하게 결합하여 배치하는 전략을 취해야 한다. 근대와 합리성 자체를 비난하는 기계적 도식은 이 문제에 접근하는 데 적합하지 못하다. 왜냐하면 시민 길들이기는 합리적인 방식으로 행해질 수도 있고, 비합리적인 방식으로 행해질 수도 있기 때문이다. 그리고 '길들이기'에 대항하는 싸움은 정체성(=동일성) 자체를 거부하고 주체성 자체를 거부하는 소극적인 방향이 아니라, 후기 푸코가 지적한 대로 주체의 윤리적인 자기 구성이라는 적극적인 관점에서 이루어져야 한다. 이는 단순한 계보학적 폭로에서 벗어나, 자기 내면의 권력 의지를 활용하여 자신을 적극적으로 주체로 만들어나가는 존재미학의 실천으로 문제의식을 전환할 것을 요구한다.

：개새끼의 존재미학

나는 누구인가? 대통령은 나를 '국민'이라 부르고, 의원들은 나를 '유권자'라 부른다. 신문은 나를 '구독자'라 부르고, 텔레비전은 '시청자'라 부르고, 라디오는 '청취자'라 부른다. 극장은 '관객', 연주회는 '청중', 박물관은 '관람객'이라 부른다. 택시는 '손님', 버스는 '승객', 비행기는 '탑승객'이라 부르고, 입국 심사대 앞에서 나는 급기야 '내국인'이 된다. 국세청은 나를 '납세자'라 부르고, 병무청은 '민방위 대원'이라 부른다. 시청은 나를 '시민'이라 부르고, 구청은 '구민', 동사무소는 나를 '동민' 취급한다. 조갑제 씨에 따르면 나는 박정희를 험담하는 "주자학적 지식인"이며, "검도 5단"의 이문열에게 나는 "지적 파파라치"이며, 일탈 좋아하는 어느 이상한 젊은이에게 나는 아웃사이더라는 잡지를 만부씩 팔아먹는 "스타 지식인"이다.

번거로운 인간관계를 피해 김포 땅에 칩거하고 있는데, 어느새 이 모든 정체성이 내 몸을 감고 있다. 이뿐인가? 이 밖에도 엄청나게 많은 규정이 가능하다. 이는 우리 삶이 얼마나 많은 관계들의 복합으로 이루어졌는지 단적으로 보여준다. 마르크스는 인간이란 "사회적 관계의 총체"라고 했다. 아마 이 때문이었을 게다. 사실 '나'라는 인간의 정체성을 이루는 모든 서술어들은 모두 이 사회적 관계의 표현이다. 가령 어머니에게 나는 '아들'이며, 아내에게는 '남편'이고, 아이가 태어나면서 졸지에 '아버지'까지 되고 말았다. 나를 '회원'이라 부르는 동창회에서 나는 선배의 '후배'이고, 후배들의 '선배'이자 스승들의 '제자'로 처신해야 한다. 어쩌면 인간이 저 혼자서 정체성을 갖는다는 것은 불가능할지도 모른다.

정체성을 갖는다는 것은 복잡한 인간관계의 망 속에 들어가는 것을 의미한다. 가령 '선배', '후배', '제자'로서의 정체성을 갖는다는 것은 동시에 거기에 걸맞게 처신하는 것을 뜻한다. 정체성이란 그저 내 몸을 감싸고 있는 허망한 홀로그램 효과가 아니다. 내 몸을 특정 방식으로 움직이는 물리적 힘이다. 물론 나는 이 '힘'에 저항할 수 있다. 그러나 그 대가는 상당히 쓰다. 이런 몇몇 주체들의 경험이 "모난 돌이 정 맞는다"는 불변의 진리를 낳은 것이리라. 외부에서 가해지는 이 힘을 내 안에 받아들임으로써 나의 정체성이 형성된다. 그리고 이는 머리 속만이 아니라 '습속(habitus)'의 몸 속에 기입된다. 일단 몸에 기입이 되면 그것은 끈질긴 관성을 갖는다. 우리 사회에 바뀌는 게 별로 없는 것은 바로 이 몸이 가진 관성 때문이다.

얼마 전 학생 시절 잠깐 몸담았던 운동서클에서 연락이 왔다. 거의 15년 만에 만나는 얼굴들이라 반가웠다. 곧이어 모든 이의 연락처를 적은 메일이 날아오고, 총선이 다가오자 공천을 받은 한 선배의 선거자금을 모은다는 내용의 편지가 날아왔다. 평소에 이런 문화를 못마땅하게 생각하고 있었기에 그냥 못 들은 척하고 넘어갔다. 나는 이게 정상이라고 믿는다. 내가 지지하는 후보라면 후원할 수도 있겠지만, 그렇지 않은 후보에게 왜 후원금을 낸단 말인가. 그후 선배를 만났다. "니 돈 냈나?" "아니오." "왜?" "제가 그 형의 정치 이념에 동의하는 것도 아닌데, 뭐하러 내요?" "야, 그래도 너무했다." 나는 이렇게 본의 아니게 '모진 놈'이 된다.

한 번은 나와 절친한 친구의 글을 신랄하게 비판한 적이 있다. 그친구는 물론 좋은 친구이고, 내게 좋은 책을 소개해주기도 했다. 그래서 책을 쓸 때 그 후기에 내게 아리에스의 책을 소개해준 그의 이름을 거론하며 감사를 표하기도 했다. 그의 도움에 감사를 표하는 것과 그의 글을 신랄하게 비판하는 것 사이에 나는 아무 모순도 보지 못한다. 당연한 일아닌가? 그런데 누군가 내가 후기에 쓴 그 감사의 말을 인용하며 인간진중권의 이중인격을 지적하는 사람이 있었다. 이렇게 절친한 친구를 어떻게 그렇게 신랄하게 비판할 수가 있냐는 것이다. 아무리 친구라도 말도 안 되는 소리를 하면 지적해야 하는 것이다. 그에게는 이 행태가 도저히 이해가 안 되는 모양이다. 그래서 나는 또 한 번 나쁜 놈이 된다.

보헤미안의 십계명이 있다. 대충 '부모 보기를 우습게 알고, 형제보기를 개떡으로 알며, 친구 배반하기를 밥먹듯 하라', 뭐 이런 내용이다. 물론 대책 안 서는 망나니가 되라는 뜻이 아니다. 인간관계의 망이 답답한 구속으로 작용하는 시대에, 그것을 대체할 새로운 관계의 유형을 만들어내려면 과감히 '개새끼'가 되어야 한다는 뜻이다. 그게 보헤미안이다. 그런데 한국이라는 사회에서 보헤미안 흉내를 내며 사는 것은 피곤한 일이다. 인간관계의 점성(=끈적끈적함)이 워낙 강하기 때문이다. 이런 사회에서 보헤미안이 되었다가는 욕만 얻어먹는다. 욕을 먹는 것은 사실 별문제가 아니다. 문제는 그런 짓 했다가 남들에게 상처를 주게 된다는 데 있다. 사실 웬만큼 뻔뻔하지 않고는 이 짓도 못할 것이다.

⦂패거리의 정체성

●●● 기술어구는 …… 이름과 동의어가 아니다.

S. 크립케 〈이름과 필연〉

비트겐슈타인의 기술어구론에 대한 크립케의 비판. 요점은 이런 것이다. 비트겐슈타인에 따르면 고유명사의 의미는 그 인물에 관한 기술(記述)의 총체다. 가령 '진중권'의 의미는 "독일에 가 박사학위도 못 따고 돌아와", "그 분풀이로 유명인들을 공격해", "제 이름을 날리고 돈을 버는" "인격 파탄자"(〈조선일보〉 독자들), 혹은 "반동적 의지에 사로잡혀 자유주의를 배반한 전투적 자유주의자"(철학자 이진우), 혹은 "자기 분야에서 변변한 저서도 없이 평론가 행세를 하며" "검도 1단의 실력으로 검도 5단에게 대드는 지적 파파라치"(소설가 이문열)가 될 것이다. 이 정도의 기술어구들을 들으면 나를 아는 이들은 금방 내 얼굴을 떠올릴 게다. 반면 크립케는 고유명사의 의미가 기술어구의 총체로 환원될 수 없다고 본다. 즉 진중권이 설혹 자랑스레 박사학위를 따고 돌아와 제 본질을 배반하고 조신하게 처신하고 있어도, 그 '진중권'은 변함없이 1963년에 태어난 그 인간을 가리킨다는 것이다.

나는 "사회적 관계의 총체"일까? 아니면 그것으로 환원될 수 없는 존재일까? 현재의 내 몸에서 그 모든 사회적 관계들을 걷어내면 고깃덩이만 남을 게다. 그렇다면 나는 사회적 관계의 망을 둘러쓴 양파일 뿐이다. 반면 크립케의 말에도 일리가 있다. 기술어구로 표현되는 사회적 관계의 양파껍질을 다 벗겨도 '진중권'은 여전히 진중권이다. '진중권'은 단지 양파껍질의 합이 아니라, 그 껍질 아래에 깔려 있는 어떤 실체(?)다. '진중권'이라는 실체는 일단 태어나면 후에 성인이 되든, 개새끼가 되든 여전히 진중권이다. 하지만 마르크스의 말대로 그 실체는 태어날 때부터 이미 사회적 관계의 망 속에 들어가, 정체성을 갖게 된다. 이는 부정할 수도, 거부할 수도 없는 사실. 그럼 문제는 딱 하나, '내 정체성을 형성하는 데 내가 얼마나 주체적 선택을 하느냐'이다.

내 몸을 감싸고 있는 정체성 중에 어떤 것은 내 선택에 의한 것이고, 어떤 것은 내 의사와 관계없이 주어진 것이다. 가령 나는 민주노동당의 '당원'이라는 정체성을 월 2만 원의 당비를 내는 조건으로 주체적으로 선택했고, 에어컨 선풍기를 들고 벨을 누른 보급소 직원 앞에서 〈조선일보〉의 '독자'라는 정체성을 갖기를 거부했다. 하지만 어떤 정체성들은 내 의지에 관계없이 강요된다. 가령 '한국인'이라는 정체성. 내가 좋아하든, 싫어하든 그건 내게 강제로 뒤집어씌워진다. 그렇게 강제적으로 부과된 정체성들 중에서 끔찍하게 싫은 게 있다. 김포시 북변동 동남 아파트 '민방우대원'이라는 것이다. 세상에 인간 진중권이 기껏

'민방우대원'이란다. 미치겠다.

이런 정체성을 뒤집어쓰고도 좋아하는 사람들이 있다. 얼마 전 서점에서 우연히 탁석산이라는 철학자(?)가 쓴 〈한국의 정체성〉과 〈한국의 주체성〉이란 책을 보았다. 몇 페이지 들쳐보고는 '으악' 하고 비명을 질렀다. 정말 엽기적인 책으로, 이 책에 비하면 장기의 자유판매를 주장하는 공병호의 〈갈등하는 본능〉은 애교로 보일 정도다. 제3제국의 나치 철학 이후로 전 세계에서 핵무장을 주장하는 유일한 철학자다. 어쨌든 한국인이라는 사람들은 정체성을 찾아도 개인적으로 찾는 게 아니라 이렇게 집단적으로 찾는다. 자신을 '한국'과 동일시한 다음, '한국의 정체성'을 찾는다. 그래서 제 정체성과 주체성을 찾아 기껏 '한국의 정체성', '한국의 주체성'이나 찾는 것이리라. 심지어 이런 책이 '좋은 책'으로 추천까지 받는다.

그러잖아도 우리 사회는 강제성을 띤 정체성이 너무나 많다. 그래서 원치 않는데도 생존을 위해 이러저러한 인간관계 속에 들어가 정체성을 뒤집어써야 할 경우가 너무나 많다. "인간은 사회적 관계의 총체"라고 하는 마르크스의 심오한 말이 우리 사회에서는 좀 엉뚱한 것을 의미한다. 즉 자아의 형성이 주체성의 형성과는 별 관계 없이 이루어진다는 것이다. 말하자면 제 주체성을 과감하게 버리고 자기를 끈적끈적한 인간관계의 망 속에 내던져 그 그물에 친친 얽매이는 것, 그것으로 한 인간의 자아가 형성되는 것이다. 이런 일을 잘할 때, 즉 '마당발'이 될 때 비로소 "사람이 됐다."는 소리를 듣는다.

이는 명함에 온갖 직함을 줄줄이 찍어 돌리는 지역 유지나 의원 나리들만의 일이 아니다. 대부분의 사람들이 적게 혹은 많게 쓸데없이 정체성을 불리는 이 '처세'의 도를 닦으며 살아가고 있다. 그 '처세'는 한갓 주관적 망상이 아니라 실제로 사회 속에서 객관적인 힘을 발휘한다. 여러 가지가 있겠지만 그 중에서도 우리 사회의 권력 형성과 밀접한 관련이 있는 것을 꼽으면 지연·학연·혈연으로 형성되는 정체성을 들 수가 있다. 이 정체성은 어떻게 보면 자발적으로 맺어지는 것 같으나, 어떤 면에서 보면 강요된 것이기도 하다. 사실 나는 오늘 대학 동창회 초대장을 받아놓고 갈까 말까 망설이고 있다.

프랜시스 후쿠야마라는 친구가 있다. 이 미디어 스타가 한국 사회에 대해 한마디 옳은 말을 한 게 있다. 그것은 한국 사회가 "저신뢰 사회"라는 것이다. 물론 한국놈들이 죄다 믿지 못할 놈이라는 뜻이 아니다. 한국에는 공적인 영역에 대한 신뢰가 존재하지 않는다는 얘기다. 가령 정치, 경제, 언론 등 한국의 공적인 영역에는 규칙에 대한 신뢰가 없다. '규칙'을 준수하다가는 자기만 병신된다. 예컨대 노무현 같은 '바보'는 원칙을 지키다 낙선의 고배를 마시고, 소득을 숨김 없이 신고한 어느 변호사는 세금 빼고 한 달에 달랑 150만 원을 손에 쥐고, 오동명 같은 기자는 양심을 지킨 죄로 회사에서 쫓겨난다. 이러니 누가 규칙을 지키겠는가?

'법'은 윤리의 최소한만을 규정한다. 즉 패륜의 극단적 경우에만 법이 개입한다. 따라서 법이 허용하는 한계 내에도 윤리적으로 '해도 될 일'과 '해서는 안 될 일'이 존재한다. 그것을 가르는 것이 바로 규칙이고, 그 규칙을 지킬 때 인간은 위엄을 갖게 된다. 윤리적 판단을 접고, 오로지 법의 금지조항만을 피해 행동하는 것은 야쿠자의 철학. 우리 사회의 멘탈리티는 이 야쿠자의 철학을 닮았다. 최근 삼성 회장이 법망을 요리조리 피해 아들에게 변칙상속을 한 것이 발각되어 물의를 일으킨 바 있다. 물론 그는 법정에서는 무죄를 선고받았다. 그렇다고 그게 윤리적일까? 가질 만큼 가진 자까지 이런 식으로 세상을 산다. 여기에 바로 한국식 자본주의의 천박성이 있다.

공적 신뢰가 없는 사회에서 윤리나 규칙을 지키는 사람은 도태한다. 그리하여 사람들은 이 불확실성의 세계에서 생존하는 방법을 찾게 된다. 이런 사회의 경쟁은 글자 그대로 생물학적 '생존 경쟁', 거기서 살아남기 위해 민중이 짜낸 지혜가 바로 '패거리 문화'다. 한국의 공적 영역은 패거리에 의해 움직인다. 기업은 혈연을 기반으로 한 족벌 체제로 운영되고, 정치는 학연과 지연에 의해 결정된다. 군대도 마찬가지다. 우리 현대사에 거대한 족적을 남긴 '하나회'라는 패거리를 생각해보라. 이런 환경에서 살아남으려면 무슨 수를 써서라도 그 혈연·지연·학연에 속해야 하고, 없으면 만들어서라도 살 길을 도모해야 한다. '향우회'를 만들고, '동창회'를 만들고……

패거리는 사조직인가, 공조직인가? 분명히 공적 영역에서 작동하는데 그 성격은 엄연히 사적이다. 한국이 '저신뢰 사회'라는 것은 곧 공사의 구별이 없음을 의미한다. 공적 영역이 사적 패거리에 좌우될 때, 경제는 제대로 기능하지 않고(족벌 경영의 비효율성), 정치는 후진화하며 (소위 '계보 정치'나 '보스 정치'), 문화는 천박해진다(어느 유명한 비평가는 자기 사단에 속하는 제자들을 데리다와 푸코의 머리 위에 올려놓는 극진한 주례사 비평을 써주며 챙긴 바 있다). 다른 한편 공사의 불분명함은 사적 관계의 순수성마저 해친다. 패거리에 속한 이들은 정말로 사적으로 좋아해 거기에 모여 있는 게 아니다. 그 안에서 만인은 만인에 대한 수단일 뿐이다.

패거리에는 개인의 '주체성'도, 집단의 '사회성'도 없다. 패거리의 권력 구조는 패거리의 정체성을 위해 개인의 선택을 무시한다. 그 안에서 지켜야 할 개인 윤리는 아부와 맹종이다. 동시에 패거리의 목적은 사회성을 배반한다. 패거리라는 이익 집단은 공적 영역에서 부당 이득을 취하며 부당 권력을 행사한다. 물론 패거리도 집단이라 그 안에도 도덕이 있다. 가령 전두환을 싸고돌던 장세동의 숭고한 '의리.' '의리'는 개인이 공동체에 대해 갖는 사회적 책임감이 아니다. 사회의 목적은 어떻게 되든, 패거리의 이익을 지키는 것이다. 장세동 오빠의 의리에 감동을 먹던 강남 아줌마들. 이게 한국 중산층의 교양 수준이다. 패거리는 전형적인 야쿠자 문화. 유감스럽게도 우리 사회는 다소간 이 야쿠자 문화 위에 세워져 있다.

일본 야쿠자들이 좁은 폐쇄적 집단의 정체성을 넘어 그 이상의 숭고한 정체성을 가지려 할 때, 봉고차에 확성기 달고 다니며 길바닥을 시끄럽게 만드는 우익이 된다. 우리 사회에서도 패거리를 짓고 다니는 인간늑대들이 외치는 애국적 목소리 역시 시끄럽기 그지없다. 우연히 국적이 같은 골프 선수의 우승을 제 일처럼 기뻐하고, 우연히 국적이 같은 야구 선수가 던지는 공 하나에 전국이 떠들썩하다. 주체성이 없는 사람들은 이렇게 집단과의 동일시 속에서만 자아실현을 하는 법이다. 한편으로는 극단적인 이기주의, 다른 한편으로는 크고 작은 집단주의. 이 둘의 기괴한 결합이 평균적 한국인의 '정체성'이다. 즉 개성과 주체성이 없는 적나라한 이기주의자이면서 동시에 사회적 연대나 책임을 모르는 집단주의자. 이게 바로 우리의 모습이다.

한국인의 정체성은 패거리의 정체성이다. '에고'는 있어도 '주체'는 없다. 그리하여 제 조그만 이익을 지키는 데에는 남에게 질세라 악착같이 달려들어도, 정작 자기의 견해를 얘기해보라고 하면 변변히 제 생각을 말로 풀어낼 줄 모른다. 우리 사회에는 '집단'은 있어도 '사회성'은 없다. 한국 사람들이 갖고 있다는 그 친절함은 정확하게 자기가 속하여 친분이 있는 집단의 동그라미에서 멈춘다. 그 바깥에 있는 사람들이 어떤 일을 당하든, 평균적인 한국인은 그들에게 아무 연대의식도 느끼지 못한다. 슬프지만 그게 우리의 자화상이다.

어떻게 해야 할까? 이 자화상을 지우려면 먼저 개인들이 지역·혈연·학연과 같은 마이크로 집단주의, '한국', '한국인', '한민족' 어쩌구 하는 매크로 집단주의에서 해방되어야 한다. 집단에 함몰되는 것은 봉건적 주체(?)의 특성이다. 근대적 주체가 되려면 먼저 쓸데없이 자신을 원소로 포함시키려 달려드는 크고 작은 집단으로부터 자기를 지켜야 한다. 나아가 "민족중흥의 역사적 사명을 띠고 이 땅에 태어났다."는 허위의식을 벗고, 이 공허한 애국주의를 사회적 책임 및 사회적 연대의 의식으로 바꾸어야 한다. "해방된 개인의 자유로운 결사." 해방된 개인은 패거리 속의 노예들과는 달리 주인이 되어 제 정체성을 주체적으로 선택한다. 그런 개인은 제 개성과 주체성을 유지하면서도 동시에 사회적 책임감과 연대의식을 가질 수 있다.

　이런 개인이 되는 것은 불가능한 일일까? 가능하다. 다만 인간관계의 점성이 높은 우리 사회에서 그렇게 사는 게 좀 피곤할 뿐이다. 푸코의 말대로 권력은 정말 도처에 있다.

10장 민족

민족주의는 낡은 이념이 되어가고 있지만, 그렇다고 민족의 문제가 해결되는 것은 아니다. 우리에게는 아직 통일의 과제가 남아 있고, 미국의 정치적?경제적?군사적 간섭의 문제가 해결을 기다리고 있다. 한 민족이 문화적 정체성을 갖는 것은 나쁜 일이 아니다. 오히려 몇푼의 효율성 때문에 문화적 다양성을 지워버리는 것이야말로 인류 문화에 대한 테러다.

: 혈통에서 시민적 연대로

●●● 민족이란 무엇인가? 공통의 법률 아래 살고 공통의 입법부에 의해 대표되는
사회다.

에마뉘엘 시에예스 〈제3신분이란 무엇인가〉

북한에서는 당나라를 끌어들여 삼국을 통일한 신라가 아니라 고구려에
서 한국사의 정통성을 찾는다고 한다. 외세를 끌어들인 신라는 민족의
배반자이고, 외세와 맞서 싸운 고구려야말로 민족사의 정통이라는 거
다. 여기에는 고구려와 우연히 같은 지역에서 미제와 연합한 남한과 맞
서 싸운다는 그들의 정치적 자부심이 표현되어 있다. 하지만 근대에 성
립한 '민족'의 개념을 이렇게 아득한 고대에 집어넣어 읽는 것은 시대
착오다. 이런 고약한 시대 착오는 남한에도 있다. 가령 우리의 교과서는
〈삼국유사〉를 쓴 일연을 대단한 민족주의자로 추켜세우나, 나는 그가
지금 우리가 갖고 있는 '민족의식'을 갖고 그 책을 썼다고는 믿지 않는
다. 민족주의. 그것은 20세기의 신화다.

　'민족'이라는 개념이 등장한 것은 최근, 그러니까 자급자족의 소규

모 경제단위의 벽을 깨고 국민국가 단위에서 자본주의 시장이 형성되면서부터였다. 한마디로 민족주의는 자본주의 국민경제를 향해 사회를 통합하는 이데올로기로 등장한 것이다. 물론 제3세계의 경우는 좀 다르다. 여기에서는 '민족'이라는 집단을 이루어 무섭게 달려드는 서구 제국주의의 침탈에 대항하기 위해서 마치 거울에 비친 반영상처럼 자기를 '민족'으로 조직해야 했다. 우리는 '민족'이 되고 싶어 된 게 아니다. '민족'이야말로 국산품이 아니라 대표적인 수입품이다. 일제 시대의 지식인들이 '민족의식'을 고취하느라 애썼다는 것은 그 이전에는 우리에게 '민족의식'이 없었음을 보여주는 증거가 아닐까.

역사적으로 등장한 민족주의에는 크게 통합적 / 대립적 / 해방적 / 팽창적 민족주의의 네 유형이 있다. 이 중 통합적 민족주의는 다양한 계급, 계층의 인간들을 국가 권력 아래 '국민'으로 통합시키려는 근대 국가 형성의 이데올로기로 등장했다. 종종 여기에는 이웃 민족을 천적으로 설정하여 증오하는 '대립적 민족주의'가 결합되곤 한다. 이렇게 외부의 적을 만들어 적개심을 불러일으키는 것은 예나 지금이나 사회를 통합하는 효과적인 방법이다. 가령 전두환 시절의 '극일운동'을 생각해보라. 한편 '팽창적 민족주의'는 제국주의 시절의 서구 열강이나 나치 독일처럼 한 민족이 한 대륙 혹은 전 세계를 정복해 지배하겠다는 이데올로기적 망상이고, 이는 반사적으로 정치적 독립과 자결권을 획득하려는 약소민족의 '해방적 민족주의'를 낳았다.

두 번의 세계대전을 거친 후 서구에서 민족주의는 이제 퇴물이 되었다. 가령 누군가 '민족주의자'를 자처한다면 극우파로 보아도 좋다.

그러나 국가와 민족이 없어서 고생했던 구(舊)식민지 국가에서는 경우가 다르다. 여기에서 '민족주의자'란 말은 여전히 애국자를 의미한다. 물론 '애국' 그 자체가 진리인 것은 아니다. 국가가 그릇된 길을 갈 때 열심히 애국하는 것만큼 어리석은 일은 없기 때문이다. 우리가 독립 투사들을 기리는 것은 단지 그들이 애국자였기 때문이 아니라 그 애국이 동시에 인류의 보편적 가치에 부합했기 때문이리라. '해방적 민족주의'에 대해서도 같은 얘기를 할 수 있을 게다.

세계에서 민족주의 문제가 제일 복잡한 나라가 바로 한국이리라. 우리 나라에서는 '국가=민족'의 등식이 간단히 성립하지 않는다. 국민국가의 건설이 민족 반역자들에 의해 주도되었기 때문이다. '해방적 민족주의'의 상징이 극우파들에게 암살당한 뒤, 우리 사회에서는 사이비 우익들의 '국가주의'(=통합적 민족주의)와 김구 후예들의 '해방적 민족주의'가 서로 대립해왔다. 가령 김구 선생을 깎아내리며 독재자 이승만을 "국부"로 추앙하는 〈조선일보〉의 행태를 생각해보라. 한국의 자칭 우익은 대단히 유감스럽지만 사이비다. 프랑스에는 항독 레지스탕스를 했던 드골이 있다. 그러나 우리 사회에서는 진정한 우익이 사이비들에게 탄압을 받아왔고, 아직도 가증스런 역사 수정주의에 의해 이념적으로 능멸당하고 있다(가령 이한우의 〈이승만—거대한 생애〉).

북한은 사정이 다르다. 김일성이 항일투쟁을 한 건 사실이다. 하지만 이를 부풀려 그를 민족의 해방자로 추켜세우는 순간, 북한 정권에 역사적 정당성을 주었던 '해방적 민족주의'는 1인 독재체제를 유지하기 위한 고약한 '통합적 민족주의'로 변질된다. 한 번 옳다고 영원히 옳은 것은 아니다. 북한의 권력자들은 날조된 혁명사로 주민들의 시계를 식민지 시대로 돌려놓고, 이 거대한 시대 착오의 드라마에서 자기들의 권력의 정당성을 끌어내며 영원히 옳으려 했다. 내부를 통합하려면 외부의 적이 필요하다. 그리하여 주체사상이라는 '통합적 민족주의'는 그 반대편에 미제를 "철천지 원수"로 보는 '대립적 민족주의'를 필연적으로 요구한다. 이해할 만한 구석이 없는 것은 아니나 북이 미국에 대해 가진 증오는 매우 과장된 것이다.

최근 어느 진보 잡지의 기자가 북한을 방문해 북한의 기자에게 김진명의 《무궁꽃이 피었습니다》를 거론하며, 일본이 침략할 경우 남북이 연합하여 일본에 핵공격을 가해야 한다고 말했다. 한마디로 이웃 나라를 천적으로 삼는 '대립적 민족주의'를 남북 합작의 '통합적 민족주의' 이념으로 제시한 것이다. 여기서 '해방적 민족주의'는 괴상한 방향으로 변질된다. 다시 말하지만 '해방적 민족주의'가 정당한 것은 인류의 보편적 가치에서 벗어나지 않는 한에서다. 남북이 하나가 되려고 이웃 나라에 핵공격을 가한다는 발상은 이 보편을 저버린 반인륜적 발상이다. 그러잖아도 요즘 서점가에는 난리가 났다. 이순신이 부활하여 일본을 정복하고, 장보고의 후예 한국 해군이 일본과 해전을 벌이고, 중국 대륙의 절반이 한국의 식민지가 되고……

재미있는 것은 남북의 '통합적 민족주의'의 유사성이다. 김일성과 박정희의 주체사상은 본질적으로 국민들을 독재체제 아래 복종시키려는 고약한 '통합적 민족주의'다. 그러나 남북의 독재자는 이를 애써 '해방적 민족주의'로 치장한다. 가령 북의 주체사상은 조선 인민을 외세의 입김에서 해방시켜주는 '조선식 사회주의' 이념이고, 남한의 그것은 자기를 닮을 것을 강요하는 미국과 서구 민주주의에 맞서 자주성을 세우려는 한국인들이 만들어낸 '한국적 민주주의'라고 한다. 이렇게 '해방적 민족주의'의 껍질만 입히면 독재는 손쉽게 정당화된다. 이른바 '주사파'의 오류는 주체사상을 '해방적 민족주의'로 착각해주는 그 천진난만함에 있다. 대한민국의 우익들도 천진하기는 마찬가지다.

최근 〈조선일보〉의 조갑제는 한민족이 이민족을 마구 부리는 팍스 몽골리카의 이상을 선전하고 나섰다. 박정희의 파쇼적 '통합적 민족주의'는 '해방적 민족주의'의 가면을 쓰더니 이제 노골적으로 '팽창적 민족주의'로 발전했다. 난리가 났다. 한쪽 구석에서는 김지하가 인류를 구원할 한민족의 세계사적 사명을 얘기하며 "성배의 기사"라는 나치의 용어를 사용한다. 난리가 났다. 한편 이 난리의 반대편에는 영어공용화론으로 표현되는 자유주의적 극단이 있다. 세계화를 꿈꾸는 이들은 그 이데올로기를 과학으로 착각하며, 그 과학(?) 속에 담긴 미국 자본의 목소리, 즉 미국식 민족주의의 측면에는 애써 눈감는다. 물론 민족주의는 서서히 역사의 밖으로 퇴장하고 있다. 하지만 그렇다고 민족이 없어지는 건 아니다.

전자의 극단에 대해서는 임지현 교수의 말을 들려주고 싶다. "우리 민족주의는 이제 혈통적인 것에서 시민적인 것으로 개념이 변해야 한다." 민족 정체성의 근거로 '혈통'을 드는 것이 바로 나치의 '혈통과 대지의 신화'다. 그리고 후자에 대해서는 이렇게 말하고 싶다. 민족주의는 낡은 이념이 되어가고 있지만, 그렇다고 민족의 문제가 해결되는 것은 아니라고. 우리에게는 아직 통일의 과제가 남아 있고, 미국의 정치적·경제적·군사적 간섭의 문제가 해결을 기다리고 있다. 한 민족이 문화적 정체성을 갖는 것은 나쁜 일이 아니다. 오히려 몇푼의 효율성 때문에 문화적 다양성을 지워버리는 것이야말로 인류문화에 대한 테러다. 모든 민족이 하나의 언어를 사용하는 멋진 신세계. 그런 21세기는 내게 호러 비전(horror vision)이다.

﹕민족주의와 일상적 파시즘

"역사학자 노먼 데이비스가 '신들의 놀이터'라고 명명한 폴란드. 아우슈비츠를 품고 있는 이 땅은 '살아남은 자의 슬픔'이 무엇인지 안다. 살인 방조자로서의 죄의식과 뿌리깊은 반유대주의는 오랫동안 폴란드인들의 의식세계를 분열시켰다. 한양대 사학과 교수가 쓴 동유럽 역사에세이. '유럽의 호랑이'라 불리는 신흥공업국 폴란드의 오늘과 어제에 대해 자세히 기술했다. 절름발이 사회주의에서 '인간의 얼굴을 한 자본주의'로 선회한 폴란드의 장래에 대해서도 논한다. 사회주의 억압을 고발한 영화감독 안제이 바이다가 군국주의 부활을 꿈꾼 일본작가 미시마 유키오를 소개하고 있는 데서 역사의 아이러니를 읽어내기도 한다."

임지현 교수의 저서에 대한 〈경향신문〉의 평이다. 〈경향신문〉은 임지현 교수의 저서가 갖는 의미를 비교적 객관적으로 서술하며 소개하고 있다. 임지현 교수가 그 책을 쓴 동기도 이 이상은 아니었을 것이다. 반면 〈조선일보〉의 기사를 읽어보자. 〈조선일보〉의 남다름이 그대로 드러난다. 〈조선일보〉 기자들은 기사를 써도 정치적으로 목적 의식적으로 쓴다. 가령 그가 이 책의 의미를 정치적인 맥락 속에 옮겨놓고 어떻게 이데올로기적으로 왜곡하는지 보자.

95년부터 2년간 개혁 소용돌이 속의 폴란드와 동구권 국가들을 관찰한 사색적 기행문이다. 이념시대의 대립적 인식을 여전히 갖고 있던 저자가 공산주의의 땅 동구권에서 확인한 사실은 역설이다. "변증법은 법칙화되는 바로 그 순간 비변증법적 형식논리학으로 전락한다. 슬프구나. 변증법의 운명이여!".

저자가 우선 발견하는 것은 더 이상 사회주의에 미련을 갖지 않고 시장경제와 민주주의를 양축으로 하는 서방식 사회체제로 급변해가는 동구권 현실이다. 과거에는 좌파적 성향을 띠었던 것이 분명해 보이는 저자의 생각은 명백한 현실 앞에서 고민은 하지만 더 이상 가식은 거부한다. 특히 아직도 좌파적 미련을 버리지 못한 채 인간의 얼굴을 한 자본주의 운운하는 식자층에 대한 우회적 비판은 오히려 통렬하다.

"시장경제도 계획경제도 아닌, 자본주의도 사회주의도 아닌 제3의 길이 사실상 파시즘이었다는 것은 이미 지난 한 세기의 역사가 입증한 바 있고 또 우리도 모두 아는 사실이 아닌지요."

아마도 저자는 동구권의 역사 속에서 확인되는 패러독스를 통해 우리 역사의 마디마디를 풀고 싶었는지도 모른다. "역사는 끊임없이 변한다"는 대명제 하에서 저항 민족주의의 명암을 지적하는 대목이 특히 그렇다.

"그것은 제국주의에 저항하는 힘으로 작동할 때는 진보성을 갖지만 역사의 진행에 따라 반동적 힘과도 얼마든지 결합할 수 있는 어두운 면도 갖고 있다." 이 얘기가 폴란드에만 한정되는 얘기인지에 대한 판단은 독자들의 몫이다.

〈조선일보〉

이한우 기자의 기사다. 그는 이 책을 이렇게 요약한다. (1) "아직도 좌파적 미련을 버리지 못한 채 '인간의 얼굴을 한 자본주의' 운운하는 식자층에 대한 우회적 비판" (2) "시장경제도 계획경제도 아닌, 자본주의도 사회주의도 아닌 제3의 길이 사실상 파시즘이었다." 한마디로 요약하면 임지현의 책이 반공 서적이라는 얘기다. 그런데 임지현 교수가 정말로 그런 책을 썼는가? 만약 그렇다면 그분이 편집위원으로 계시는 〈당대비평〉은 '좌파적 미련'을 벌써 훌훌 던져버려야 하고, '인간의 얼굴을 한 자본주의' 운운하지 말아야 하며, 그렇다고 자본주의와 사회주의 사이의 '제3의 길'을 따라서도 안 된다. 한마디로 동구권에서 사회주의가 몰락한 것을 보았으니 자본주의 사회에 찍소리 말고 투항하라는 얘기다. 그런데 임지현 교수가 정말로 이런 얘기를 하고 있는가?

이것이 〈조선일보〉가 지식인들을 자기들이 원하는 이념적 지형에 배치하는 방식이다. 나는 이 이데올로기적 배치의 방식을 우리의 지식인들이 왜 문제삼지 않는지 모르겠다. 자기들을 변호할 때는 온갖 정치한 (?) 개념적 도구들을 동원하면서, 왜 이렇게 분명한 사태 앞에서는 고귀한 침묵을 하는 것일까? 이것을 파악하는 게 그렇게 힘들어서일까? 이정도의 전술을 간취해내는 데 고도의 학적 작업이 필요하단 말일까? 지식인이라면 자기의 발언이 구체적인 화용론적 맥락, 정치적 지형도 속에서 어떻게 사용되어야 하는지 끝까지 감시해야 할 책임이 있다. 비트겐슈타인의 말대로 한 낱말, 한 문장, 하나의 텍스트는 그 자체로서 의미를 갖는 게 아니라 "사용" 속에서 비로소 의미를 갖는 것이기 때문이다.

민족주의 대 국가주의

이어서 민족주의 부분을 보자. 이한우 기자가 요약한 바에 따르면, (3) 저항적 민족주의도 "역사의 진행에 따라 반동적 힘과도 얼마든지 결합할 수 있"는데 그것은 "폴란드에만 한정되는 얘기"가 아니라 한국도 마찬가지라고 한다. 여기서 한국의 민족주의는 졸지에 "반동" 사상이 된다. 이것이 이한우 기자 한 사람의 개인적 견해가 아니라는 것을 임지현 교수의 또 다른 저서에 대한 〈조선일보〉의 평이 보여준다. 먼저 〈동아일보〉의 평을 읽어보자.

> 코소보 사태에서 보듯 인종 청소라는 극단적 민족주의가 대두되고 있는 20세기 말. 지구촌에서 몇 안 되는 단일민족 국가로 민족주의를 신주처럼 받들어온 우리에게 〈민족주의는 반역이다〉라는 책이 나와 충격을 주고 있다. 저자인 한양대 서양사학과 임지현 교수는 이 책에서 민족주의는 더 이상 체제를 옹호하는 이데올로기가 아니라 건설을 기약하는 반역의 이데올로기로 재창조돼야 한다고 문제를 제기하고 나섰다. 임 교수와 김동춘 교수(성공회대 사회학과)가 이 책에 대한 서평 대담을 통해 민족주의의 현재적 의미를 따져봤다.
>
> 〈동아일보〉

〈동아일보〉기자는 객관적 사실만을 기술하고 있다. 반면 〈조선일보〉기자의 경우에는 아주 분명한 정치적 목적의식을 갖고 기사를 쓰고 있다. 그의 서평에는 "민족주의" 자체를 불순화하려는 정치적 의도가 너무나 역력하게 보인다.

한국 사회에서 민족주의 하지 맙시다라고 말하면 불순한 사람으로 취급받기 십상이다. 그러나 이 책의 저자는 단호하게 말한다. 한국의 민족주의 사학은 사실상 정치권력과 동반자적 관계를 유지해왔다. 20세기 내내 민족주의는 한국 사회를 지배해온 신성불가침의 이념이었다. 그러나 맹목적 민족주의의 해악과 역기능에 주목, 이에 제동을 걸려는 움직임이 최근 몇몇 소장학자들을 중심으로 생겨나기 시작, 간과할 수 없는 지적 흐름을 형성하고 있다. 이 책은 민족주의 : 운동사와 관념사 에필로그 : 이데올로기의 속살들 등 4부로 나눠 11편의 논문-에세이를 싣고 있다. 주장의 핵심은 한국 민족주의는 시민적 공공성이 결여된 채 민중의 원초적 감정에 호소하는 신화로서 기능해왔으며, 이에 따라 체제-권력 유지에 봉사한 측면이 많다는 것이다. 한때 민족주의를 무기 삼아 비판적 지식인 행세를 하다가 어느 틈엔가 권력의 하수인으로 전락한 선배학자들이나, 짐짓 진보 연하면서도 민족이나 전통의 주술에서 헤어나지 못하는 소장 좌파 지식인들이 도마 위에 오른다. 민족주의 비판을 중심으로 새로운 세계사적 시각을 보여주는 저작이다.

〈조선일보〉

여기서 그는 민족주의를 졸지에 "민중의 원초적 감정에 호소하는 신화"이자 "체제-권력 유지에 봉사한" 불순한 이념으로 만들어버린다. 아울러 "권력의 하수인으로 전락한 선배학자"나, "'진보'연 하면서 민족이나 전통의 주술에서 헤어나지 못하는 소장 좌파 지식인들"을 "도마 위에" 올린다. 여기서 임지현의 책은 졸지에 운동권을 씹는 얘기가 되고, 그 책은 "새로운 세계사적 시각"을 보여주는 저작으로 상찬된다.

이렇게 〈조선일보〉의 반운동권 선전에 동원될 수 있었던 데에는 임 교수의 민족주의론 자체의 심각한 결함도 한몫했다. 서구에서는 'Nation'이라는 표현 속에서 '민족'과 '국가'가 구별되지 않는다. 그리하여 서구의 민족주의는 곧바로 우익 이념이 된다. 반면 우리처럼 식민지를 거친 사회에서는 민족과 국가가 분리되는 현상이 발생한다. 가령 일제시대를 생각해보라. 당시 우리에게 '민족'은 있었어도 '국가'는 존재하지 않았다. 즉 '민족'과 '국가'(=당시는 일본)의 구분과 대립이 존재했던 것이다. 해방 이후에도 마찬가지였다. 저항적 민족주의자들은 졸지에 좌익이나 용공으로 몰려야 했고, 과거의 친일파들은 반공을 무기로 휘두르는 국가주의자로 변신하여 서로 대립해왔다. 식민종주국인 서구와 식민지였던 한국 사회 사이에 가로놓인 이런 거대한 상황의 차이에 대한 충분한 숙고 없이 민족주의 자체를 비판하는 것은 문제가 아닐 수 없다.

조선일보가 대표하는 한국의 수구파들은 자칭 국가주의자다. 이들에게 민족주의는 정치적 라이벌이자 열등의식의 원천이다. 왜? 즉 자기들의 사상적 선조의 친일 경력을 연상시켜주기 때문이다. 혹자는 말한다. 〈조선일보〉는 친일만이 아니라 항일도 했다고. 그런데 월간 〈말〉에서 조사한 바에 따르면 그때 총독부에 압수된 〈조선일보〉 항일기사의 대부분은 박헌영과 같은 좌익 기자들의 것이었다고 한다. 말하자면 〈조선일보〉가 자신을 "민족정론지"라 주장하는 근거로 드는 기사들은 자기들이 "빨갱이"라 부르며 사냥질을 하는 그 사람들이 쓴 것이라는 얘기다. 혹자는 말한다. 〈조선일보〉에서도 일본 정치가의 신사참배를 비판하는 사설을 쓴다고. 하지만 〈조선일보〉의 친일적 경향은 그렇게 유치한 맥락에서 드러나는 게 아니다. 그것은 주로 한국 보수우익의 과거를 미화하고 정당화하는 방식으로 드러난다. 즉 "이승만 대신 김구를 존경하면 국가가 위태로워진다"는 식으로 이승만 밑에서 반공 투사로 돌변한 친일파들을 옹호하는 식으로 드러난다.

〈조선일보〉에게 친일의 문제는 역사적 열등의식의 원천이다. "친일파들의 고민을 있는 그대로 이해하는 성숙함을 가져야지요."라는 〈조선일보〉 이한우 기자의 언급은 이런 〈조선일보〉의 이념적 지향성의 일단을 잘 보여준다. 즉 〈조선일보〉에게 친일의 문제는 결코 과거의 문제가 아니라 현재의 문제이기도 하다. 우리 나라의 경우 민족주의자는 좌익이 되거나 용공으로 몰렸고, 반면 우익은 국가주의자로 자신을 정립했다. 말하자면 진짜 우익이어야 할 사람들이 졸지에 좌익으로 몰리고, 반면 우익의 자격도 없는 친일파들, 민족을 배반한 친일파들이 반공과 국가주의자라는 이념 하에 졸지에 애국자가 된 것이다. 민족주의와 국가주의의 대립. 바로 이것이 한국 근현대사의 경쟁이념이었다. 민족주의는 해방 전부터 오늘날까지 지배세력에 대한 대항 이데올로기였고, 반면 〈조선일보〉가 "건전한 공민의 윤리"라 추켜올리는 '국가주의'라는 파시스트 이념은 과거에 친일과 독재를 했던 자들의 자기 변명과 정당화의 논리일 뿐이다.

이런 우리 사회의 이데올로기적 대립 구도를 시야에 넣으면 이제 〈조선일보〉에서 임지현의 어떤 측면에 관심을 갖는지 잘 드러난다. 위에 인용한 두 기사 속에 이미 그들의 관심사가 적나라하게 드러나 있다. "〈한겨레〉나 〈조선일보〉나 그게 그거다"라는 임지현의 시각의 바탕에는 민족주의=국가주의=전체주의라는 단순한 도식이 깔려 있다. 그때 그때의 정치적 지형과 역사적 상황을 무시한 이 초시간적인 도식은 이렇게 〈조선일보〉의 역사적 정당화에 이용당할 수가 있다. 역사적 정통성에 결함이 있는 한국의 수구세력에게 적어도 이 문제는 '비기기만 해도 이기는 게임'이다. 그 비기는 비결을 임지현 교수의 민족주의론이 제공해주고 있으니 그쪽에서는 당연히 관심을 가질 수밖에. 저항적 민족주의가 "반동적 힘과도 얼마든지 결합"할 수 있으며 "이 얘기가 폴란드에 국한된 것은 아니"라는 이한우 기자의 언급이 이제 무엇을 의미하는지 분명히 알 수 있을 것이다.

일상적 파시즘

다음은 《일상적 파시즘》에 관한 조선일보의 서평이다. 이 서평을 쓴 사람은 총선시민연대의 활동을 "홍위병"이라 부르며 거기에 딴지를 걸었던 보수언론의 행태를 철학적으로 지원했던 이진우 교수다. 도대체 그 철학적·정치적 정체성을 파악할 수 없을 정도로 횡설수설하는 이분의

268 폭력과 상스러움

얘기를 들어보자.

간단히 말해 민주화 운동을 하면서도 대통령 앞에서는 큰 절을 하고, 5·18 전야에는 여자를 끼고 공짜 술을 퍼 마시고, 도덕성을 위해 일한 사람이 신뢰관계를 이용해 성추행을 거리낌없이 행하는 일상적 의식 속에 파시즘이 재생산되고 있는 것이다. 만약 우리가 "뭐, 그럴 수도 있지."라고 말한다면, 우리는 모두 파시즘의 공범인 셈이다. 이 책은 일상 생활의 미세한 국면까지 파고들고 있는 일상적 파시즘을 반공규율, 가부장적 혈통주의, 건축과 교회와 같은 일상문화에 이르기까지 정치하게 분석하고 있다. 그러나 이 책을 더욱 돋보이게 만드는 것은 일상적 파시즘의 비판을 비판세력 자체에까지 확대하는 촌철살인의 미덕이다. 자신들만이 비판할 수 있는 자격이 있다고 착각하는 일부 비판세력의 논리 자체가 이미 파시즘에 매몰되어 있다는 것이다. 왜냐하면 문제의식을 공유하는 사람들의 다양한 접근방식을 원천적으로 봉쇄하는 것이 바로 일상적 파시즘이기 때문이다. 자신의 의견과 신념에 동조하지 않는 사람을 모두 파시스트로 몰아붙이는 획일화의 논리만큼 파시스트적인 것도 없지 않은가? 이 물음에 대한 치열한 자기반성으로 점철되어 있는 이 책이 이 땅의 건전한 좌파문화를 다지는 데 기여하리라 확신한다.

〈조선일보〉

지금 나는 '매크로 파시즘'과 '마이크로 파시즘'이라는 낱말을 사용한 것을 후회하고 있다. '파시즘'은 비교적 뚜렷한 내포와 외연을 갖는 정치학적 개념이다. 그런데 여기서 '파시즘'은 그 개념이 분명하지 않은 경멸어, 즉 욕설로 사용되고 있다. 그러다 보니 파시즘이 아닌 게 없는 상태가 되어버리고. 이 새로운 파시즘의 원흉은 졸지에 "민중"이 된다. 게다가 "민주화 운동을 하면서도 대통령 앞에서는 큰절을 하고, 5·18 전야에는 여자를 끼고 공짜 술을 퍼 마시고, 도덕성을 위해 일한 사람이 신뢰관계를 이용해 성추행을 거리낌없이 행하는 일상적 의식……" 한 마디로 일상적 파시즘의 화살은 전직 운동권 출신들에게 돌아간다. 그러다가 최근에는 임지현과 〈당대비평〉을 비판하는 안티조선운동마저 그들이 만들어놓은 파시스트의 반열에 들게 되었다. 이게 도대체 뭐 하는 짓인가?

자, 여기서 한 가지 묻자. 우리 사회에 일상적 파시즘의 망을 만든 것은 누구였던가? 저항적 민족주의자들이던가? 아니면 국가주의자들이었던가? 잘라 말하는데, 한국의 민중을 징그러운 일상적 파시스트로 만든 닥터 프랑켄슈타인은 한국의 국가주의자들이었다. 벌써 잊었는가? 일제 때는 친일을 하던 이승만의 후예들, 이들이 해방 전에는 조선인을 졸지에 충성스런 황국신민으로 만들어버렸다. 또 군사문화를 우리 시민 사회에 폭력적으로 심으려 했던 박정희, 전두환의 후예들, 이들이 〈당대비평〉에서 그렇게 한탄하는 군사주의적 사고방식과 습속으로 우리 시민들의 몸을 뜯어고쳤다. 그런데 저 위의 〈조선일보〉 서평에서 정작 이 주범들의 모습은 어디에 있는가? 그냥 사라져버렸다. 그리고 애꿎은 "민중"들이 새로운 파시즘의 원흉으로 제시되고, 이미 신문에서 충분히 두들겨맞은 몇몇 운동권 출신의 행태만이 일상적 파시즘의 흉악한 몰골을 보여주는 가시적 예로 제시되고 있을 뿐이다. 이것은 현실의 왜곡상이다.

　물론 저항적 민족주의도 북한의 경우처럼 전체주의적 통합의 이데올로기로 변질될 수 있다. 하지만 남한의 경우는 사정이 다르다. 여기서 전체주의적 통합의 이데올로기로 기능했던 것, 즉 우리로 하여금 "민족 중흥의 역사적 사명을 띠고 이 땅에 태어"나 "나라의 발전이 나의 발전의 근본임"을 깨달으라고 요구했던 것은 국가주의 이념이었다. 이 군사 원리를 병영 밖으로 끄집어내어 학교와 가정과 경제에까지 연장시킨 것이 바로 국가주의자들이었고, 민족주의자들은 거기에 저항을 했다. 물론 이 저항의 과정 속에서 자신을 집단으로 조직해야 했기에 자연히 집단주의적 습속을 공유하게 된 측면도 있지만, 그것은 전 사회를 지배하는 파시즘의 메커니즘에 비하면 하나의 에피소드에 불과하다. 더욱이 운동권 내에서 집단주의적 폐해가 있었다면, 그것은 운동권의 이념과 지향의 필연적 결과라기보다는 우리 사회에 디폴트(기본) 값으로 미리 깔려 있던 그 습속에서 운동권이 완전하게 자유롭지 못했기 때문이다.

　이것이 일상적 파시즘론 자체의 결함에서 비롯되는 것인지, 아니면 〈조선일보〉의 기자나 필자들의 논지 왜곡에서 비롯된 것인지에 대해서는 판단을 내리고 싶지 않다. 다만 〈당대비평〉의 입장에서도 자기들의 입론이 이렇게 〈조선일보〉의 반운동권 캠페인에 이용당하는 것을 바라지는 않으리라고 본다. 입론을 세우고 글을 모아 멋진 제목을 붙여 책만 내면 되는 것이 아니라, 그 책을 둘러싼 담론의 형성, 그 책의 사회적 · 정치적 수용에 대해서도 끝까지 책임을 져야 한다. 해석은 저마다 자유라 하나, 〈조선일보〉의 경우에는 이 '자유'의 수준을 넘어 그 해석이 매우 작위적이고 악의적이다. 소위 "진보"를 자처하는 분들이 매번 이런 식으로 〈조선일보〉의 이념 공세에 동원되는 것은 현명한 일도 아니며 윤리적인 것 같지도 않다. 〈당대비평〉에서는 언젠가 〈조선일보〉 기고 문제에 대해 "진보의 목소리를 담아낸다."고 했던 것 같다. 하지만 유감스럽게도 내가 객관적으로 본 상황은 "진보의 목소리를 담아'내는 것과는 상당히 거리가 있어 보인다.

일상적 파시즘의 메커니즘

또 하나의 문제는 실천성에 관한 것이다. 일상적 파시즘론은 이제 일상적 파시즘의 현 상태들을 나열하는 수준을 넘어서 그것이 우리 사회에서 유지, 온존, 재생산되는 메커니즘을 구체적으로 분석해야 한다. 우리 사회의 일상적 파시즘이 재생산되는 메커니즘을 분석해보면 아마도 '언론'이라는 요인을 빼고서는 설명이 잘 안 되는 지점이 있다. 요즘처럼 권력의 지배가 더 이상 물리적 강제가 아니라 이데올로기적 설득을 통해 이루어지는 시대에는 더욱더 그러하다. 가령 '열린교육'이 국가를 깡통으로 만들 것이며, 두발 자유화는 학교에 영이 안 서게 만듦으로 허용해서는 안 되며, 이런 군사문화가 척결의 대상이 아니라 보존, 발전시켜야 할 문화적 전통이라고 우기는 신문이 수백만 부의 발행 부수를 갖고 우리 사회에서 발휘하는 그 막강한 정치적 영향력을, 그 어떤 이론이 지워버릴 수 있겠는가. 우리 사회의 일상적 파시즘을 온존시키는 가장 강력한 "반동적인 힘"은 민족주의가 아니라 〈조선일보〉다. 몇 마디 인용한다.

전쟁은 인간을 동물화하는 동시에 그 능력을 극대화하는 두 가지 얼굴을
지니고 있다. 높은 열을 받는 물질은 질적인 변화를 하는 것처럼 전쟁을
겪은 민족도 그런 본질적 변화를 통해서 세계사를 뒤흔드는 섬광이 되는
수가 많다. 미 MIT대학교의 루시안 파이 교수는 전쟁에서 살아남은 한국
인의 심리 상태를 '재난현상(Disaster Syndrome)' 이라고 불렀다. 살아남
은 것에 대한 죄책감. 그 후에는 살아남은 데 따른 자기 운명에의 확신을
갖게 되고 드디어는 '뭔가 나은 일을 성취할 수 있고 그렇게 해야만 하며
그렇게 운명 지워져있다' 고 생각하게 된다는 것이다. 2차 대전을 겪은 일
본, 내전과 외전을 동시에 경험한 중국, 그리고 6 · 25를 치른 한국, 이 세
나라는 지금 16세기의 스페인처럼 세계를 뒤흔드는 국력의 대폭발을 보여
주고 있다. 인류 역사의 발전은 전쟁을 가장 큰 계기와 동력으로 삼아왔음
을 부인할 수 없다. 그러나 우리는 미화도 외면도 하지 말고 있는 그대로
전쟁을 볼 필요가 있다. 한반도의 통일은 1975년 4월 30일 월맹군의 전차
가 사이공 독립궁의 철문을 밀어버리면서 돌입했던 장면처럼 우리 국군이
평양의 주석궁에 탱크를 진주시킬 때 비로소 성취되는 것이다. 통일독일
은 동독군 장성들을 한 명 남김 없이 예편시켜 서독군 체계하에 편입시켰
다. 따라서 전쟁과 군대를 무조건 경멸하는 태도는 전쟁광보다 더 해롭다.
군대와 전쟁의 본질에 대한 이해 없이는 기사를 제대로 쓸 수 없는 시대에
우리는 살고 있기 때문이다.

조갑제

이것이 바로 파시스트 전쟁론, 소위 나치 철학자들이 "전쟁의 문화이념"이라 불렀던 그 논리다. 한마디로 "국력의 대폭발"을 경험하려면 계속 파시스트 습속을 유지해야 한다는 것이다. 이 말은 임지현 씨가 진보의 목소리를 담아내기 위해 기고하는 그 신문사의 대표적 논객이 평소에 즐겨 하는 얘기다. 이 정도로 명확하고 분명하게 파시즘을 찬양하는 신문이 대한민국에 〈조선일보〉말고 또 있는가? 어쨌든 적어도 담론의 영역에서 〈조선일보〉가 〈당대비평〉이 척결하려고 하는 일상적 파시즘을 온존, 유지, 재생산하는 유력한 세력이라는 것쯤은 이 인용문 하나만으로도 충분히 알 수 있으리라고 본다. 모자란다고 생각하면 얘기하라. 예는 얼마든지 더 있다.

한편 일상적 파시즘론은 그것이 유지되는 메커니즘에 대한 분석에 입각하여 그 재생산의 고리를 깰 수 있는 실천적 대안을 제시해야 한다. 하지만 일상적 파시즘을 척결할 실천적 대안을 내놓을 때에도 역시 '언론에 대한 싸움'을 빼면 별로 뾰족한 방안이 떠오르지 않을 것이다. 어차피 지식인은 담론을 조작하는 게 본업이 아닌가. 가정과 학교와 회사에서 개인적으로 그 파시즘의 망을 헤쳐나갈 실존주의적 도덕을 빼면, 대체 어떤 실천적 방안이 남겠는가? "민중", 즉 우리 모두가 일상적 파시스트이니 "내 탓이오, 내 탓이오, 내 큰 탓이로소이다."라고 회개를 해야 한다고 할 수도 없는 일이고, 사회에 널린 그 모든 일상적 파시스트들을 쫓아다니며 시비를 걸어 자기가 파시스트라는 자백을 받아낼 수도 없는 일이고, 더욱이 먹고살기 바쁜 사람들에게 〈당대비평〉을 읽고 반성하라고 권하고 다닐 수는 더더욱 없는 일이 아니겠는가. 그렇다면 남는 실천적 방안이 무엇이 있겠는가?

민주주의는 이견의 존재를 인정하는 관용의 정신일 뿐 아니라 동시에 그 이견에도 불구하고 함께 할 수 있는 일이 무엇인지 찾아내는 실천적 능력을 말한다. 언론 개혁과 안티조선의 대의에는 공감하나 그 방법론에 동의할 수 없다면, 그 대의에 다른 방법으로 기여하는 길을 찾는 게 마땅할 것이다. 말을 했으면, 동시에 그 말을 '의미'해야 한다.

11장 힘

중요한 것은 "주사위를 던지면 1에서 6까지의 숫자 중 하나가 나온다."는 진리의 표명이 아니라, 실제로 주사위 놀이를 하는 것이다. 어느 때, 어느 곳, 어느 상황에서도 고루 타당한 말. 그것은 언어의 휴가일 뿐이다. 우리의 비판적 담론들은 현실과 맞물리지 못하고 공전하고 있다. 그것은 현실 속에 들어가 그 속의 힘들과 맞물려야 한다. 문제는 담론의 내용이 아니라 그것의 사용이다. 낱말의 의미가 그것의 사용에 있듯이 담론의 의의도 그것의 구체적 사용 속에 있다. 다양하게 변화하는 우연의 세계 속에서 닥쳐오는 문제들을 해결해내는 놀이. 이 유희의 정신이 필요하다.

:터키 인형과 난쟁이

●●● 역사 유물론이라 불리는 인형……．

발터 벤야민 〈역사철학테제〉

터키 복장을 한 자동인형이 탁자에 앉아 있다. 탁자 위엔 장기판이 놓여 있다. 그 어떤 자도 이 인형에게 이기지 못했다. 기계가 인간의 지능을 이기다니, 어찌 된 일일까? 지금이야 인공지능 컴퓨터가 가끔 체스 세계 챔피언을 물리치기도 하지만, 바로크 시대 기계제작술로 만든 이 인형이 슈퍼컴퓨터의 지능을 갖고 있을 리 만무하기 때문이다. 그런데 가만히 보면 속았다. 탁자의 아랫부분은 마치 비어 있는 듯이 보이나, 실은 교묘한 거울의 반사장치를 이용한 착시현상일 뿐, 그 탁자 안에 난쟁이가 들어 있었던 것이다. 벤야민은 이 난쟁이를 '역사 유물론'이라 불렀다.

가끔 몇몇 '좌파'들의 얘기를 들으며 그 논증 방식이 매우 '신학적'이라 느낀다. 사회주의라는 유토피아의 이상에서 직접 논거를 끄집어내는 경향이 있기 때문이다. 이렇게 보편적 이상에서 연역을 하기에, 그들은 세상의 모든 문제에 대해 이미 준비된 대답을 갖고 있다. 물론 그 대답은 늘 동일하다. 그 대답은 현실이라는 질료의 저항과 싸운 흔적이 없이 너무나 매끈하다. 저항 없는 표면을 운행하는 자기부상열차. 물론 그 열차는 결코 현실이라는 지면과 접촉할 일이 없다. 그런데 이런 태도로 과연 구체적인 정책을 둘러싸고 벌어지는 장기 게임에서 다른 정치세력들에게 이길 수 있을까? 역사 유물론은 난쟁이다. 그 난쟁이는 결코 장기판 위로 튀어 올라와서는 안 된다. 그것은 서울 뒤로 숨어야 한다.

이로써 나는 진보정당의 대중화를 가로막는 좌파들의 어떤 어법의 문제를 지적하고 있다. 나는 그 어법이 너무나 신학적이라고 느낀다. 사적 유물론이라는 난쟁이가 거울 밖으로 튀어나와 정체를 드러내면, 그것은 '세속적 천년왕국'과 같은 사이비 종교가 되어버린다. 때문에 기독교의 신이 숨어야 했듯이, 우리의 난쟁이도 탁자 아래 거울 뒤로 숨어 오직 손잡이만으로 자동인형의 손을 움직여 장기를 두어야 한다. 말하자면 우리끼리만 알아듣는 교리가 아니라 누구나 알아들을 수 있는 세속적 논증으로 현실정치의 장기판 속에 들어가야 한다는 얘기다.

⦂ 해석의 싸움

●●● 승리하는 적 앞에서 죽은 자도 안전하지 못하리라.

발터 벤야민 〈역사철학테제〉

내가 우연히 정치적 글쓰기를 시작했을 때 느낀 위기감. "역사 유물론에서 중요한 것은 위험의 순간에 역사적 주체에 예기치 않게 느닷없이 나타나는 과거의 이미지를 꼭 붙잡는 것이다." 프랑스 혁명이 고대 로마를 인용했듯이, 한 시대는 다른 시대를 인용한다. 그래서일까? 한국 사회의 이념적 풍경 속에서 불현듯 나치 집권 직전의 독일 사회의 이미지가 떠오른다. 데자뷔? 영겁회귀? 이 "위험의 시기"에 "피억압자의 전승"을 구원해야 했다. 당시는 광기에 찬 한국 자본주의의 공격적 신화가 승리를 구가하던 시절. 이 들뜬 분위기 속에서 미디어의 부추김을 받아 대중들 사이에서 독재자에 대한 그리움이 절절해지더니 독재자는 영웅이요 천재요 신이 되고, 그와 싸우다 죽은 피억압자들의 명예는 사정없이 짓밟히고 있었다. 적(敵) 그리스도들은 독재자에 항거하다 죽은 자들의 시체를 함부로 무덤에서 끌어내어 맘껏 능멸했다. "승리하는 적 앞에서 죽은 자도 안전하지 못하리라."

현실은 실증적 사실로 존재하는 것이 아니라 해석적으로 구성되어 '사건'이 된다. 그래서 계급투쟁은 늘 사건을 만들어내는 해석의 싸움을 동반한다. 이 해석은 유물론적으로 이해해야 한다. 들뢰즈의 어법을 빌리면 순수 사건은 존재하지 않는다. 사건은 계열화를 통해 비로소 존재하게 된다. 사회에는 계열화를 통해 사건을 창출하는 '사건-기계'가 있다. 가령 유서대필 사건이라는 것이 일어났을 때, 한국의 보수주의자들이 이를 어떻게 조직적으로 계열화해 나갔는지 기억하라. 옥상에서 얼씬거리는 사람을 보았다는 박홍의 증언, 후에 사기죄로 구속된 감정사의 미심쩍은 필적 감정, 자살특공대의 공상적 시나리오를 남발했던 언론. 당시에 그를 고소했던 검사는 인사청문회에서 자랑스럽게 말했다. "결국 유죄 판결을 끌어냈습니다." 그리하여 법정에서 새로운 사건이 탄생했다. 김기설은 죽어서 자살특공대원이 되어야 했다. "승리하는 적 앞에서는 죽은 자도 무사하지 못하리라."

역사를 둘러싼 해석은 한갓 인식론적 사건이 아니라 계열화를 통해 사건을 비로소 발생시키는 존재론적 사건이다. 가령 80년대에 우리의 어깨를 무겁게 했던 광주항쟁을 보라. 독재자들은 가짜 간첩의 손에 독침을 들려 침투시킴으로써 그 사건을 "공산폭도들의 반란"으로 계열화하려 했다. 야당 지도자를 체포함으로써 이 운동을 "내란 음모"로 계열화하려 했다. 1987년의 커다란 물리적 싸움을 통해 비로소 광주는 "민주화 운동"으로 계열화하나, 이 승리도 아직 온전한 것은 아니다. 광주를 둘러싼 해석의 싸움은 아직 끝나지 않아, 민주주의의 적들은 이를 "전라도 광신도들의 폭동"으로 계열화하려고 애쓰고 있다. 역사의 해석은 역사가의 골방에서 이루어지는 지적 작업이 아니라 이렇게 구체적인 현실의 공간 속에서 물질적 힘의 충돌을 통해 발생하는 존재론적 사건이다.

역사란 일어난 일을 그대로 기록하는 것이 아니라 현재를 위해 과거의 기억을 조직하는 것. 우리 앞에는 70, 80년대에 죽은 자들을 위협하는 또 하나의 커다란 싸움이 놓여 있다. 사회의 일각에서는 독재자의 신전 건립을 추진하고 있다. 이렇게 역사의 기억은 그 건물의 재질인 콘크리트처럼 구체적인 물질성을 띤 것이다. 그들은 자기들의 현재를 위해, 자기 자손의 미래를 위해 자기들의 기억을 조직하려 한다. "적은 승리하기를 멈추지 않았다." 이 위험한 시기에 우리 역시 우리의 현재와 우리 후손의 미래를 위해 우리의 기억을 조직해야 한다. 피억압자의 전승을 수호해야 한다. 저들의 기억이 콘크리트처럼 구체적인 물질성을 띠는 것처럼 우리의 기억 역시 한갓 관념의 형태로 머물 수는 없다. 기억을 조직하는 것은 머릿속에서 관념적 현상이 되는 것이 아니라 머리 밖에서 유물론적 실천이 되어야 한다.

: 사건-기계

••• 어떠한 사실도 그것이 원인이라는 이유만으로 해서 역사적 사건이 되는 법
은 없다.

발터 벤야민 〈역사철학테제〉

"〈조선일보〉는 사건을 보도하는 것이 아니라 보도를 사건한다." 앞에서
이런 말을 한 적이 있다. 이런 것을 자기인용(autocitation)이라 한다.
〈조선일보〉는 단순히 사건을 보도하는 데 그치지 않고, 어떤 사실을 계
열화하여 '사건'을 만들어내 이를 통해 대중의 본능을 자극하는 선동을
하곤 한다. 마르크스는 "한 사회의 지배적 이데올로기는 지배계급의 이
데올로기"라고 했지만, 그때 그는 이데올로기라는 것이 단지 관념의 차
원만 갖고 있는 게 아니라는 것을 몰랐던 것 같다. 이데올로기는 단지
벌어진 사실을 해석하는 식으로 수동적으로 작동하는 게 아니라, 사건
을 스스로 만들어내는 적극적 기제를 갖고 있다. 이데올로기는 존재 사
실의 당파적 해석의 문제가 아니라 정치적으로 의미 있는 사건을 생성
하는 힘이다.

우리 사회에는 '사건-기계'라는 것이 있다. 그 기계의 내부는 아직 알려져 있지 않으니 '블랙박스'로 간주하자. 이 박스에 특정한 사실을 'input(투입)'하면 상식적으로는 도저히 불가능한 'output(결과)'이 나온다. 가령 대통령 자문정책기획위원장 최장집 씨의 논문, 김대중 씨의 6·25 발언, 황태연 씨의 김정일 발언 등은 그 자체로서는 별 문제도 없는 것이다. 하지만 이 평범한 사실이 그 블랙박스 안에 입력되면, 사회를 시끄럽게 할 만한 대(大)사건을 산출한다. 말하자면 평범한 사실들을 재료로 엄청난 정치적 사건을 생산해내는 왜곡의 기제가 우리 사회의 내부에 마련되어 있다는 얘기다. 물론 누군가 한 사람이 이 기제를 의도적으로 만들어내고 조정하는 것은 아니다. 이 기계는 언론, 보수정당, 우익단체와 시민들 중 정치적으로 가장 후진적인 층위의 자연스런 공조로 이루어져 있다.

이데올로기 비판은 단순히 왜곡된 논리에 대한 반박만으로 이루어져서는 안 된다. 사실을 사건으로 축성하는 블랙박스, 사건-기계의 내부 구조를 그려내고, 그 기계를 이루는 요소들 각각을 분석하고, 그것들이 서로 맞물려 돌아가는 기제를 파악하여, 이 거짓 사건의 산출기의 작동을 철저하게 파괴하는 것을 지향해야 한다. 이데올로기 비판은 논증의 이론으로 완성되는 것이 아니라 이 파괴의 실천으로 끝나야 한다. 아니, 이것으로 그치는 게 아니다. 이데올로기 비판은 상대의 사건-기계를 파괴하는 데 그치지 않고 사회 속에 자신의 사건-기계를 구축하는 유물론적 실천 속에서 완성되어야 한다. 때로 사건은 그냥 주어진다. 하지만 때로 사건은 창출된다. 중요한 것은 세계를 해석하는 이론적 능력이 아니라 "상황의 배치"를 통해 세계를 이루게 될 사건을 생산하는 창조력이다.

：정의와 힘

●●● 자신의 힘을 스스로 제어하면서 역사의 지속성을 폭파시키기에 충분한 힘을 가진 남자…….

발터 벤야민 〈역사철학테제〉

하나의 담론은 종종 참/거짓의 인식론적 게임이기 이전에 현실에서 생성되는 힘들의 관계의 표현이다. 담론의 진리성이나 정합성 이전에 그 바탕에 깔린 '의지'를 읽는 전통은 니체에게서 비롯된다. 카를 마르크스 역시 〈도이치 이데올로기〉에서 당시 독일 사회에서 통용되는 담론들의 바탕에서 '계급이해'를 보았다. 프로이트는 의식의 수준에서 이루어지는 게임의 바탕에 무의식적 '욕망'이 깔려 있다고 보았다. '주체의 죽음'을 운위하는 탈근대의 사상이 니체, 마르크스, 프로이트에게 의뢰하는 것은 이 때문이다. 어쩌면 인간은 데카르트가 말하는 주체, 즉 사유하는 존재가 아닌지도 모른다. 내 머리로 판단하고 내 몸으로 행동하는 것은 내 의식이나 내 몸 밖에 있는 어떤 힘인지도 모른다. 그것은 의지일 수도 있고, 계급일 수도 있고, 무의식일 수도 있다. 니체, 마르크스, 프로이트. 이 세 사람의 담론분석을 관통하는 가장 큰 질문은 이것이다. "그들은 무엇을 원하는가?"

현실이란 물질적 힘들이 충돌하여 일으키는 다양한 사건의 연속이다. 개인적인 힘이든, 집단의 힘이든, 현실은 이 다양한 힘들이 시시각각 변화하면서 만들어내는 벡터로 볼 수 있다. 이 물질적 힘들이 담론이라는 관념의 영역으로 올라올 때에는 대개 보편이익의 외양을 띤다. 이 보편성 요구는 대개 허위의식에 불과하기에, 담론의 세계에서 논쟁은 대개 보편성의 가면 뒤에 숨은 특수이익을 들추어내는 데 집중된다. 이것이 고전적인 이데올로기 비판의 방법이다. 말하자면 이런 종류의 투쟁에서 관건을 이루는 것은 상대의 논리 속에서 특수이익과 보편이익이 어긋나기 시작하는 지점을 정확히 지적하며 대중에게 이런 질문을 던지는 것이다. "그들은 그 말로써 무엇을 원하는가?"

우리가 사는 현실 속에도 이해 관계를 달리하는 여러 계급, 계층, 집단들이 존재한다. 이들을 모두 만족시켜주는 절대적 보편성이란 존재하지 않을 게다. 가령 프롤레타리아의 특수이익이 결국은 인간 일반의 보편이익과 합치한다고 주장했던 마르크스주의의 실패를 목도한 오늘날, 그 누구도 감히 자신의 이해가 보편이해를 대변한다고 주장하지는 못한다. 그럼에도 불구하고 '보편성'에의 호소 없이는 담론 자체가 존립할 수가 없는 것이다. 그런 의미에서 이 보편성의 요구는 한갓 폭로되어야 할 허위의식에 불과한 것이 아니다. 바로 이 보편성 요구가 여러 담론들 사이에 토론과 논쟁을 가능하게 해줌으로써, 힘과 힘의 물리적 충돌을 합리적 담론의 세계로 승화시켜주는 것이다.

특수한 '힘'과 보편적 '정의'의 요구. 담론은 이 두 요소로 이루어진다. 힘 없는 정의는 무력하고, 정의 없는 힘은 위험하다. '힘'을 내세워 '정의'를 부정하는 것은 파시즘, '정의'의 이름으로 '힘'을 무시하는 것은 무력한 패배주의일 게다. 여기에서 사회적 언어게임을 바라보는 두 개의 관점이 성립한다. 하나는 독일에서 힘을 얻고 있는 근대적 의사소통이론(가령 하버마스)이고, 다른 하나는 프랑스 사상가들이 주장하는 탈근대적인 권력이론(가령 푸코)이다. 의사소통이론이 정의라는 '이상'의 실현을 목표로 삼는다면, 권력이론은 '정의'의 미명하에 행해지는 놀이 바탕에 깔린 냉혹한 힘의 '현실'에 주목한다. 논증의 방식도 다르다. 전자가 규범적이라면, 후자는 계보학적이다. 즉 전자가 보편적 규범을 세우는 데 주력한다면, 후자는 보편적 규범의 족보를 파헤쳐 그 허위를 폭로하는 데 관심이 있다. 의사소통이론이 합리주의의 전통 위에 서 있다면, 후자는 니체적 유물론의 바탕 위에 서 있다. 그렇다면 합리주의적인 유물론은 불가능한 것일까?

내가 경험한 바에 따르면 하버마스가 설정하는 이상적 담화 상황이란 '마찰 없는 평면의 가정'에 불과할 뿐이다. 그것은 현실에서 이루어지는 게임을 설명하는 데에는 적절하지 않다. 그의 틀 속에는 의도적으로 의사소통을 왜곡하는 이들을 담화 상황으로 끌어들일 구체적인 방법론이 결여되어 있다. 정치적 싸움은 의사소통 내에서의 담론의 싸움으로만 이루어지는 것이 아니라, '의사소통을 거부하는 것'과 '가치가 없는 지엽적 사건을 담론화하는 것'도 포함하기 때문이다. 현실에서는 종종 후자가 더 중요하다. 반면 푸코의 방법에는 의사소통 배후에 숨어서 그것을 왜곡시키는 힘들을 충격적으로 보여주는 미적 효과가 있다. 하지만 그에게서는 '권력'이란 말이 거의 형이상학적 범주가 되어, 부정적 권력과 긍정적 권력을 가르는 최소한의 이론적 장치도 결여되어 있다. 그리하여 그의 권력비판은 종종 '발생론적 오류'에 빠지곤 한다. 어떤 부정적 권력이 여전히 작동하는 것은 우리에게 그 권력의 계보학적 비밀이 감추어져 있기 때문만은 아닐 것이다.

담론, 세론, 습속

"한 사회의 지배적 이데올로기는 지배계급의 이데올로기"라는 말은 오늘날에도 여전히 유효하다. 우리는 종종 도저히 존재론적으로 보수적일 수 없는 집단이 외려 그 사회에서 가장 보수적인 견해를 대변하는 기현상(?)을 목격한다. 지배는 물리력을 이용한 강제를 통해 이루어질 수도 있지만, 그 이전에 담론을 통한 설득에 기반하여 유지되는 법이다. 아마 하버마스는 이 상황을 고전적 혁명이 아닌 의사소통구조의 개혁을 통해 타개하려 했던 것이리라. 그가 '의사소통이론'의 형태로 사적 유물론을 언어학적으로 재정식화하려 한 것은 그동안 자본주의 사회 내에서 이루어진 지배의 패러다임의 변화를 반영한 것이리라. 오늘날 조야한 물리력의 위협을 통한 권력 유지는 낡은 것이 되었다. 그 대신 신문, 잡지, 방송을 통해 의사소통의 구조를 왜곡시키는 것이 권력 유지의 방식으로 선호되고 있다.

하이데거는 〈존재와 시간〉에서 우리의 언어게임의 바탕으로서 '세론(Gerede)'에 관해 언급한다. 모든 수학적 명제가 결국은 정리와 공리의 수준으로 내려가 자기의 정당성을 입증하듯이, 세간에 떠도는 세론은 그보다 추상의 수준이 높은 담론이 자기 정당성을 주장할 때 의뢰하는 준거가 된다. 이데올로기가 유지되는 것은 바로 이 대중들 사이에서 오가는 세론 덕분이다. 시민혁명 당시의 혁명가들에게 천부인권을 누릴 자격이 있는 '인간'은 당연히 '유산계급의 백인 남성'이었다. 이것이 바로 세론이 가진 보수성이다. 사실 우리 사회의 보수성의 가장 깊은 바탕을 이루는 것은 바로 대중들 사이에서 떠도는 얘기들 속에 있는지도 모른다. 가령 정치적 독재, 가부장 독재, 성 차별, 지역 차별, 외국인 차별을 생각해보라. 그 누구도 '담론'의 영역에서 이를 노골적으로 주장하지는 않는다. 하지만 그것은 세론 속에, 즉 대중의 일상적 담화 속에 분명히 존재한다.

피에르 부르디외는 '습속(habitus)'에 관해 언급한 바 있다. 사실 '세론'이란 단지 가정에서, 직장에서, 거리에서, 술자리에서 혹은 택시 안에서 오가는 '빈 소리'로만 존재하는 게 아니다. 그것은 인간이 행동하는 방식, 특히 타자와 관계를 맺는 방식 속에 물질적 형태로 존재한다. 보수성은 머리 속에만 기입되는 것이 아니다. 그것은 무엇보다도 습속이라는 형태로 인간들의 몸 전체에 기입되는 것이다. 보수성의 집요함은 논리의 튼튼함에서 오는 것이 아니다. 이 습속이라는 몸의 보수성, 즉 관성의 힘에서 비롯된다. 가령 우리 사회의 습속을 이루는 군사문화의 허구를 논파하는 것은 그다지 어려운 일이 아니다. 그러나 그 습속을 깨는 것은 한갓 논리의 문제가 아니다. 그것은 차원이 좀 다른 문제다.

먼저 몸 속에 기입된 습속이 있다. 그것은 입을 통해 '세론'의 형태로 제 정체를 드러낸다. 그러면 미디어는 '민심'이니 '여론'이니 운운하며 그 목소리를 여과 없이 증폭시킨다. 그리고 이는 미디어를 접한 대중들의 입에 회자되면서 다시 대중들의 몸 속에 깊숙이 기입되어 습속으로 굳어진다. 과거의 이데올로기 비판이 담론, 즉 이념의 추상적 표현에만 관심을 집중했다면, 오늘날의 이념 비판은 대중들의 입에 회자되는 '세론'과 그들의 몸에 의해 실천되는 '습속'으로 나아가야 한다. 세론과 습속이야말로 정말로 현실적인 힘을 가진 구체적인 이데올로기다. 이데올로기 비판은 담론, 세론, 습속, 이 세 가지 영역을 모두 포괄해야 한다. 이를 '이데올로기 비판의 유물론적 원칙'이라 부르자. 마르크스의 말대로 이제까지는 철학자들이 세계를 다양한 방식으로 해석해왔다. 이제 문제는 그것을 변혁시키는 것이다. 변혁의 대상은 몸 속에 기입된 흔적, 아니 그 이전에 몸의 집요함이다.

우연과 놀이

들뢰즈는 "우연"에 대해 이야기한다. 90년대를 풍미했던 '포스트모던'이라는 흐름은 적어도 우리 사회에서는 보수적으로 이해되고, 또한 보수적으로 실천되었다. 하지만 그 안에는 실은 귀중한 유물론적 계기가 포함되어 있다. 세계의 다양성 · 가변성 · 우연성에서 추상하여 동일성 · 불변성 · 필연성에 주목하는 것이 관념론의 특징이다. 그에 반해 유물론은 자기 동일적으로 영원 불변하는 필연적인 존재보다는 시시각각 변하는 물질의 흐름 속의 생성에 주목한다. 포스트모던의 사상에는 세계의 다양성 · 가변성 · 우연성을 바라보는 감각(aisthesis)의 회복이라는 지극히 유물론적 계기가 들어 있다. 그러나 우리의 소위 '유물론자'들은 이 구체성의 영역을 벗어나 검증이나 반증의 위험이 없는 높은 추상의 차원으로 올라가 발언하기를 좋아한다.

현실은 필연과 우연이 함께 어우러지는 '사건'의 세계다. 비판이 힘을 얻으려면 바로 이 사건의 세계 속에 들어와 계열화되어야 한다. 우연은 예측할 수 없기에 물론 거기에는 위험이 따른다. 하지만 이 위험을 받아들여 놀이를 계속하려는 용기가 필요하다. 그리하여 디오게네스의 말대로 "우연에는 용기를……." '운명에 대한 사랑'(amor fati)이란 모든 것을 운명에 맡기라는 숙명론이 아니다. 현실은 인간의 파악 능력을 넘어서는 우연이 함께 만들어 간다는 사실을 인정하는 것을 말한다. 그리고 그 우연과 함께 즐겁게 놀이를 할 준비를 갖추는 것을 말한다. 중요한 것은 "주사위를 던지면 1에서 6까지의 숫자 중 하나가 나온다."는 진리의 표명이 아니라, 실제로 주사위 놀이를 하는 것이다.

어느 때, 어느 곳, 어느 상황에서도 고루 타당한 말. 그것은 언어의 휴가일 뿐이다. 우리의 비판적 담론들은 현실과 맞물리지 못하고 공전하고 있다. 그것은 현실 속에 들어가 그 속의 힘들과 맞물려야 한다. 언어를 배운다는 것은 그 언어 체계 속의 어휘들을 외우는 것이 아니다. 하나의 표현을 가지고 구체적인 상황들 속에서 놀이를 할 수 있는 능력의 획득을 말한다. 이는 담론의 영역에도 그대로 적용된다. 문제는 담론이 아니라 그것의 사용이다. 낱말의 의미가 그것의 사용에 있듯이 담론의 의의도 그것의 구체적 사용 속에 있다. 다양하게 변화하는 우연의 세계 속에서 닥쳐오는 문제들을 해결해내는 놀이. 이 유희의 정신이 필요하다.

별자리

벤야민이었을 게다, "산만한 지각"에 관해 얘기한 것이. 나는 이 개념을 인식론적 모델로 사용하고자 한다. 즉 현실의 구체적 사건에 개입하여 발언을 할 때, 그 발언들은 견고한 건축학적 구성이 아니라 개개의 사건들을 비추는 단편의 형태를 갖출 것이다. 여기서 나는 '잡글'의 복권에 대해 얘기하고 있다. '잡글'은 대개 우연한 계기로 쓰여진다. 먼저 우연히 사건이 발생하고, 이어서 청탁이 들어오고, 거기에 반응함으로써 비로소 잡글이 탄생한다. 여기서 글을 쓰는 과정은 저자의 의도에 완벽하게 지배되지 않는다, 거기에는 주사위(aleatorik)의 요소가 개재된다. 잡글들은 일관된 사고의 산물이 아니기에 첫눈엔 매우 혼란스러워 보인다. 쓰는 이조차 정신이 산만해진다. 그러나 바로 거기에 잡글의 가치가 있다. 그 안에는 저자의 주관적 의도를 무시하고 현실의 객관적 진행이 들어와 있기 때문이다. 그러므로 어쩌면 이 산만한 지각의 단편들이 하나의 원근법적 시점에 입각하여 쌓아올린 체계보다 현실의 객관성에 더 가까울지도 모른다.

벤야민은 어디선가 '별자리'에 대해 얘기한 적이 있다. 이 역시 나는 미학에서 끄집어내어 인식론적으로 사용하려 한다. 담론의 세계를 보라. 기사가 있고, 칼럼이 있고, 논단이 있다. 거기에 잡지가 있고, 방송이 있고, 정치권의 설전이 있다. 첫눈에 이 모든 것은 카오스처럼 보인다. 밤하늘에 어지러이 널린 별들을 보라. 파악할 수 없을 정도로 어지러이 널린 별들의 숲 속에서 길을 잃지 않기 위해 고대인들은 밤하늘의 시각적 이미지를 구성하는 방안을 창안해냈다. '별자리 그리기'. 담론의 스펙트럼을 그리는 것은 별자리 그리기와 같다. 그 중 어느 별은 죽어서 사라지기도 하고, 별똥별이 되어 땅에 떨어지기도 하며, 허공을 헤매다가 다른 별에 그 자리를 내주기도 한다. 그때마다 별자리의 모습은 시시각각 달라진다. 담론의 분석은 정태적이 아니라 시간 축을 따라 변하는 스펙트럼의 형상을 그 역동성 속에서 포착해야 한다. 그 스펙트럼은 존재의 영속성을 갖는 타블로가 아니라 순간적으로 포착된 무상한 생성의 이미지, 즉 빛의 그림자 '마테르나 마기카(laterna magica)'다.

벤야민은 현대에 들어와 발생한 아이스테시스(지각·감각)의 변화에 대해 얘기한다. 근대의 미적 체험이 조용한 관조의 모델이었다면, 현대의 지각은 '촉각적'으로 변했다는 것이다. 이 역시 나는 미학에서 끄집어내어 인식모델에 적용시키려 한다. 실제로 잡글은 촉각적이다. 그것은 대중을 자극한다. 그것은 대중의 몸에 직접 기입된다. 바로 거기에 잡글의 유물론적 성격이 있다. 가끔은 논리적 설득이 필요 없을 때가 있다. 아니, 더 이상 논리적 설득의 문제가 아닌 적나라한 힘의 표출을 볼 때가 있다. 이 힘을 받아치는 데 가장 효과적인 무기는 역시 대중의 신체에 직접 다가갈 힘을 가진 글쓰기, 바로 잡글이다. 잡글은 쇼크를 주어 대중의 몸을 변화시킨다. 잡글은 대중과 함께 웃으며 과거와 명랑하게 작별하는 축제 분위기를 만들고, 이 축제 속에서 대중의 몸은 거듭난다.

웃음의 폭력

자크 데리다는 〈법의 힘〉에서 "권위"의 신비스런 원천을 캐묻는다. 카를 슈미트와 벤야민의 논리의 동형성에 당혹스러워하면서, 그는 끝까지 벤야민을 구원하려고 애쓴다. 신화적 폭력에는 무혈의 신적 폭력으로. 이 "무혈의 신적 폭력"이라는 말이 주는 섬뜩한 뉘앙스를 의식하면서도 그는 이 시대에 다시 벤야민을 구원하려고 애를 쓴다. 굳이 여기서 이 논의와 관계된 복잡한 법철학적 논의 속으로 들어갈 필요는 없다. 그저 나는 그 끔찍하게 들리는 벤야민의 테제를 이런 식으로 이해하기로 했다. 폭력에는 폭력으로. 권력이 행사하는 신화적 폭력에는 웃음의 폭력으로. 니체는, 가장 커다란 비판은 상대의 이상을 비웃어주는 것이라고 했다. 신적 폭력이라는 말 속의 '신'은 조커(농담하는 사람)다. 대중을 공포 속으로 몰아넣는 협박과 위협의 폭력에는 그들을 이 공포로부터 해방시키는 희롱, 조롱, 우롱의 폭력을. 벤야민의 말대로 "가끔은 횡경막의 발작이 그 어떤 논리보다 더 깊은 지혜를 주는 법이다."

상대의 악에서 나의 정당성을 끄집어내는 것은 노예의 철학이다. 우리는 자신을 긍정하며 새로운 가치들을 창조해야 한다. 니체의 목표는 "한 사람의 긍정적인 철학자, 즉 징후들을 읽어내고 처방을 내리는 의사/해석자, 부정적인 가치들을 파괴하고 새로운 가치들을 창조해내는 비평가/예술가가 되는 것이다." 비트겐슈타인은 철학의 치유적 기능에 대해 얘기한 바 있다. 그의 말을 이데올로기의 영역으로 옮겨놓으면 '(허위의식으로서) 이데올로기는 문법적 착각의 문제'가 된다. 긍정적인 철학자는 사회의 담론 속에서 이 병의 징후들을 읽고 처방을 내린다. 나아가 이 병적 징후들이 만들어낸 부정적인 가치들을 파괴하고 새로운 가치들을 창조해낸다.

우리가 창조해야 할 새로운 가치란 리오타르의 말대로 "미적 에토스"라 부를 수 있을 게다. '정치를 예술화'하는 신화적 폭력에 맞서는 나의 방법은 '예술을 정치화'하는 것이다. 아니, 이 대중문화의 시대의 어법에 맞게 '정치의 키치화'에 맞서는 '키치의 정치화'라 하는 게 낫겠다. 어쩌면 벤야민이 영화예술에 기대했던 혁명적 효과를 우리는 인터넷의 디지털 세계 속에서 기대할 수 있을지 모르겠다. 새로운 "미적 에토스". 그것은 가상과 현실 사이의 근대적 이분법을 철회하고, 예술에서 얻어진 미적 감각으로써 흔히 의식하지 못하고 넘어가는 우리 사회의 병적 징후들을 포착하고, 예술에서 얻어진 상상력을 그 부정적 가치들을 파괴하고 새로운 가치를 창조하는 사회적 상상력으로 발전시키는 것을 의미한다.

> 정의를 구현하는 것은 법이고 나라를 외부로부터 지키는 힘은 군사력이다. 정의만 강조하는 나라는 군사력이 약해서 국민의 안전을 지켜주지 못한다. 조선조가 그런 나라였다. 힘만 강조하는 나라는 정의가 없어서 국민들을 고생시킨다. 북한 정권이 바로 그런 존재이다.
>
> 조갑제 〈정의와 힘〉

니체의 얘기를 오른쪽으로 읽고 체하면 이렇게 극우파가 된다. 어쨌든 근대 자유주의체제를 무너뜨리려 했던 나치 운동은 나름대로는 탈근대의 기획이었는지도 모른다. 꼴뚜기도 어물이라는 의미에서 말이다. 파시스트들와 포스트모더니스트들 사이에는 재미있는 상동성이 존재한다. 니체주의자들이 '유목적(노마드)' 삶을 노래하면, 우익 니체주의자 조갑제는 한 곳에 붙박이지 않고 영토를 확장하려고 온 세계를 떠돌아다녔던 칭기즈 칸 부대의 유목적 삶을 찬양한다. 좌익 니체주의자들이 '힘(puissance)'을 얘기하면, 우익 파시스트는 그 '힘'을 무지막지한 군사력으로 이해해버린다. 파시즘은 니체를 흉내내는 원숭이. 좋은 버릇인지는 모르지만 인간은 원숭이를 비웃는 경향이 있다. 이 글은 조갑제가 쓴 같은 제목의 글을 읽고 '우하하하' 터져나온 폭소 속에서 얼떨결에 세상에 나왔다.

12장 프랙털

친일파 처리가 제대로 안 되는 것은 논리라는 관념의 문제가 아니라 유물론의 문제, 즉 그의 추종자들이 구축해놓은 권력관계라는 물적 토대의 문제다. 그것은 일제의 식민통치와 미국의 군정을 받아야 했던 우리 현대사의 얼굴이자, 그 과정에서 형성된 지배세력의 얼굴이자, 반공의 전선에서 한-미-일 군사동맹이라는 전략의 얼굴이기도 하다. 거시구조는 사회 속의 단자들 하나 하나를 제 형상대로 찍어내고, 그 결과 미시구조는 도처에서 프랙털처럼 거시구조를 반복한다. 이것이 우리가 무심결에 보고 지나치는 일상의 장엄함이다.

፧오페라의 망령

••• 그이 옆에 누운 팔삭둥이 산초 판사 그는 깔끔없이 종자 노릇한 짝없이 충직한 종자.

미겔 데 세르반테스 〈돈 키호테〉

오페라에 유령이 떠돌아다니고 있다. 모자에 별을 두 개 박고, 검은 선글라스를 쓴 못생긴 사내의 유령이. 듣자 하니 오래 전에 제 부하의 총에 맞아 죽은 독재자의 원혼이라고 한다. 아직도 갈 곳을 못 찾았는지 밤마다 오페라 극장에 저벅저벅 군화 발자국 소리를 흘리고 다닌다고 한다. "비가 오면 생각나는 그 사람." 이 사람이 무슨 한이 맺혔기에 죽어서도 오페라를 떠도는 것일까? 하긴, 듣자 하니 그 역시 음악에 제법 조예가 깊었다고 한다. 가령 그가 작곡한 '새마을 노래.' 이는 온 국민이 새벽잠을 설쳐가며 즐겨 듣던 국민가요가 아니던가. 그리하여 오늘날까지 한국 가곡사에 빛나는 금자탑으로 남아 있지 않은가. 정치가의 길을 걷느라 못다한 음악의 꿈이 미련으로 남아서일까? 왜 이 사내의 유령이 아직도 오페라를 떠돌아다녀야 한단 말인가.

음악계 일각에서 거금을 들여 〈오페라 박정희〉를 만든다고 한다. 어느 음대 교수가 작곡을 맡고, 대본은 박정희 찬양론을 펴던 이인화 씨가 쓰고 있다는 것이다. 죽은 독재자를 위해 오페라를 만들어 봉헌한다는 발상이 도대체 '예술적으로' 가능한 것이 바로 한국사회다. 독재자를 찬양하는 데에 뮤즈의 입을 빌리겠다는 발상은 전 세계에서 아마 대한민국에서만 가능한 엽기적 해프닝일 게다. 지식인이 독재자 찬양에 입을 빌려준 것만 해도 이미 충분히 한심하거늘, 아예 예술의 형식을 빌어 독재자의 삶과 죽음을 기리겠다는 것이다. 도대체 '박정희'라는 내용과 '오페라'라는 형식이 그들의 감성에서는 무리 없이 어울리는 모양이다. 취향도 참 별나다. '박정희'와 '오페라'의 만남 자체가 이미 '코미디'이겠지만, 저들의 감성은 이 만남에서 '영웅적 비극'을 느끼는 모양이다. 그 감성의 해부학적 구조는 대체 어떻게 생겨먹었을까?

구미에 있는 박정희 생가. 거기에는 오늘도 독재자 박정희 씨와 그의 아내 육영수의 커다란 사진이 나란히 걸려 있고, 그 앞에는 향불이 타오르고 있다. 박정희가 민족의 구세주라 믿는 촌로들이 그 앞에서 '비나이다, 비나이다' 두 손을 비비며 절을 하기도 한다. 여기에서 박정희 신드롬은 '박정희교', 글자 그대로 정치적 사이비 종교가 된다. 무지한 촌로들이야 매일 주위에서 듣는 얘기가 그런 것이라 그럴 수 있다 치자. 적어도 지식인이라면 이 끔찍한 사태 앞에서 문제의식을 느껴야 한다. 그런데 소위 지식인이라는 자들이 이를 말리기는커녕 외려 한껏 부추겨댄다. 심지어 '박정희 철학' 운운하면서 이 사이비 종교에 심오한 철학적 표현을 부여하려 한다. 그것도 모자라 박정희를 아예 '예술'로 만들려 한다. 박정희교, 박정희 철학, 박정희 오페라. 박정희는 예술이요, 종교요. 철학이요, 졸지에 "절대정신"이다.

박정희와 그 추종자들이 예술에 무지했던 것이 다행이라고 할까. 박정희가 온 나라를 거대한 병영으로 만들고 있을 때, 적어도 고급예술은 이 광란의 도가니 속에서 비교적 온전할 수 있었다. 그게 다 한국 군부의 교양 수준이 낮았던 덕이다. 그 험악한 시절 무사히 다 넘기고, 21세를 맞는 지금 이 시대에 순수예술이 졸지에 위대한 지도자를 기리는 도구로 사용된다니, 이를 어떻게 이해해야 할까? 오페라는 봐줄 사람이 있으리라 믿으니 만드는 것일 게다. 또 그 '봐줄 사람'이란 저기 경상도 구미 땅에서 두 손 비비며 박정희 귀신에게 비는 촌로들이 아닐 게다. 따라서 박정희를 주제로 한 오페라를 만들겠다는 발상이 가능하다는 것 자체가 우리 사회에서 오페라를 보고 수용하는 소위 '교양층'이 얼마나 교양 없이 천박한지 보여주는 증거이리라. 한 나라의 자본주의 수준은 딱 그 나라 자본가의 수준을 반영하는 법. 이게 우리 수준이다. 슬프지만 이게 현실이다.

⦂별꼴이 반 쪽이야

●●● 내용이 모두 엉터리인 것을 철없는 백성에게 사실로 믿게시리 기회를 노리고 있으니⋯⋯.

미겔 데 세르반테스 〈돈 키호테〉

요즘 웬 우익 앙가주망이 이리 기승을 부리는지 모르겠다. 과연 정권이 바뀌긴 한 모양이다. 현 정권 등장 초기에 몇몇 문인이 김대중을 찬양하는 '용비어천가'를 불렀다가 빈축을 산 적이 있다. 제사보다 젯밥에 더 관심이 많은 것으로 드러난 이 일부 몰지각한 사람들을 제외하면, 70~80년대의 문인들의 앙가주망은 '민주주의'라는 인류 보편의 가치를 위한 귀중한 활동이었다. 또 이 앙가주망에는 금전적, 신체적 피해를 무릅쓰는 희생이 뒤따랐다. 하지만 최근에 기승을 부리는 우익 앙가주망은 정권의 탄압을 받는 위험한 행동도 아니다. 그렇다고 인류 보편의 가치를 위한 것도 아니다. 최초의 정권교체로 인해 권력을 일시적으로 상실한 막강한 기득권층을 위한 앙가주망이다.

복거일 씨가 〈목성잠언집〉이라는 만화책을 냈다. 목성의 위성 중에는 제우스의 에로메노스(=동성애의 대상이 된 미소년)인 '가니메드'의 이름을 딴 조그만 별이 있다. 소설은 이 별에서 일어나는 정치적 사건을 다룬 공상과학소설이라 하는데, 그 별의 이름을 굳이 "개니메드"라고 천박하게 들리는 미국식 발음으로 표기한 것이 매우 강렬한 인상을 남기면서 그의 세계관의 정체를 짐작케 한다. 소설의 형식은 재미있게도 그가 싫어하는 어느 좌파 논객의 〈엑스 리브리스〉와 비슷해서 매 꼭지를 인용문으로 시작하되, 그 인용문은 저 유명한 움베르토 에코의 〈푸코의 추〉를 닮아 가상의 인물들의 것으로 설정된다. 도대체 미국식으로 발음되는 '개니메드'라는 그 별에선 대체 무슨 일이 있었던 것일까? 읽어보니 별의 꼴이 말이 아니다. 글자 그대로 별꼴이 반 쪽이다.

정작 별꼴이 반 쪽인 것은 그 책이다. 처음부터 끝까지 온통 저주와 비난으로 가득 차 있다. 그 비난이란 게 하나도 새롭지 않다. 신문에서 지겹게 보던 것, 즉 한나라당과 조선일보의 주장을 그대로 빼다 박았다. 김대중에 대한 이 강렬한 증오. 대체 어디에서 비롯된 것일까? 살벌한 박정희, 무식한 전두환, 간사한 노태우, 한심한 김영삼 정권 하에서도 터지지 않고 고이 간직되어 왔던 작가의 그 고귀한 원한이 왜 하필 별볼일없는 김대중 치하에 마구 새어나와 오뉴월에 서릿발이 내리듯 문학계를 썰렁하게 하는 걸까? 아무리 생각해도 그 이유는—그가 등장인물의 입을 빌어 말하는 바 예술의 본질처럼—"반지성적"이다. 게다가 미워하려면 당당하게 할 것이지 허구적 인문을 내세울 것은 또 뭔가. 그의 책에서 정작 그가 새겨들어야 할 '잠언'을 한마디 인용하자. "그렇게도 미워하고 싶으면, 당신 자신의 이름으로 미워하시오."

이 책에 '잠언'이라는 형식을 준 것은 왜일까? 거추장스런 논증의 의무를 피해 자기의 정치적 본능을 "반지성적"으로 표출하기 위한 것으로 보인다. 하긴 '잠언'에 증명을 요구하는 사람이 어디에 있겠는가? 그 만화책에 등장하는 인물들은 문학적 가공을 거치지 않은 생경한 형식으로 인해 어렵지 않게 현실의 인물로 읽힌다. 그렇다면 직설법으로 해도 될 얘기를 왜 군이 번거롭게 픽션의 형식을 빌어 하는 걸까. 뭐 하러 그 수많은 미국식 인명(人名)의 바다 속에서 독자를 헷갈리게 하는 걸까. 그냥 '김대중'이라고 하면 될 것을 뭐 하러 '티모시 골드슈타인'이라고 하는가. 김대중 가문이 언제부터 유대계였던가. 게다가 '가니메드'가 '개니메드'라면 '골드슈타인'은 마땅히 '골스테인'이 되어야지. 도대체 이해를 못하겠다. 직설법으로 말하면 누가 잡아가기라도 한단 말인가? 설마 티모시 골드슈타인이 할 일 없어 소설가나 잡아넣겠는가?

그가 잠언을 구사하는 데에는 말못할 사연이 있다고 한다. 요즘 책을 불사르는 사람들이 있는데, 이들이 무서워서 그랬다는 것이다. 아마도 이문열 씨에게 '홍위병'이라는 욕설을 먹고 화가 나서 그의 책을 반납한 네티즌들을 가리키는 모양이다. 근데 유감스럽게도 이문열 씨 책은 한 권도 화형을 당한 적이 없다. 고스란히 헌책방에 넘겨져 새 독자들을 기다리고 있다. 게다가 책 반납은 아무한테나 하는 게 아니다. 이문열쯤 되니까 하는 것이다. 소위 '홍위병'들 중에 이문열의 독자가 다수 존재하니까 그런 운동도 일어나는 거다. 하지만 복거일 씨는 경우가 다르다. '홍위병' 중에 복거일 씨의 독자가 얼마나 되겠는가. 따라서 아무리 그가 네티즌들에게 '홍위병'이니 뭐니 악담을 퍼부어도 복거일 씨

'책반납 운동'은 애초에 일어날 수 없다. 이는 수학적 확실성을 갖는 진리다. 그런데 벌써부터 자기를 희생자로 놓고 신파를 할 것은 또 뭔가?

압권은 역시 그의 극단적 자유주의가 드러나는 부분. 이번에도 노동조합에 대한 적개심을 표시하는 것을 잊지 않았다. 그는 노동조합과 같은 "산업 및 직언단체별로 조직"하는 "단체주의"가 이탈리아 파시즘에서 두드러진 역할을 하다가 "나치 치하에서 훨씬 충실한 모습을 갖추었다."고 말한다. 한마디로 노조는 개인을 집단 속에 몰아넣는다는 점에서 파시즘의 온상으로 볼 수 있다는 것이다. 거짓말이다. 사실 나치의 경제정책은 한편으로는 정부 주도하에 군수산업을 육성하는 등 국가주의적 성격을 띠지만, 다른 한편으로는 대재벌의 이해를 반영하여 극단적으로 자유주의적이었다. 나치는 노동조합과 같은 단체주의 조직을 강제로 해체시켜 노동자들을 졸지에 자본 앞에서 불알 두 쪽 찬 벌거벗은 개인으로 대책없이 해방시켰다.

그의 말에 따르면 '노사정위원회'는 "위헌"이라고 한다. 그런데 공교롭게도 이는 최근 경총에서 내놓은 주장과 정확하게 일치한다. 우연의 일치일까? 왜 이 소설가는 자기 작품에 재벌의 이데올로기를 담는 걸까? 재벌의 입장이 문학과 도대체 무슨 관계가 있는가? 이것은 누가 봐도 문학을 이용한 뻔뻔한 정치행위다. 이 정도로 작가가 제 이데올로기를 생경하게 표출하는 것은 참여문학의 극단적 형태인 사회주의 리얼리즘에서조차 금하는 것이다. 이런 지적에 그는 벌써 대답을 준비해놓고 있다. "예술은 본질적으로 정치적이다. 문학은 특히 그렇다. 어떤 작품이 현실에 등을 돌린 것처럼 보일 때도, 바로 그런 선택으로 그것은 정치적 결정을 내린 것이다." 이것은 좌익들이 우익의 순수예술론을 공격할 때 사용하던 그 어법이다. 이렇게 우익이 좌익의 어법을 구사할 때, 그것이야말로 파시즘의 징후로 볼 수 있다.

: 우리들의 찌그러진 영웅

●●● 여기 기사가 누워 있다. 그를 업고 로시난테, 이 길 저 길 다니노랄 제 만신
창이로 헤매던 몸······.

미겔 데 세르반테스〈돈 키호테〉

작가는 사회와 번거로운 관계를 절연하고 조용히 자기의 문학세계에 갇
혀 소설이나 시만 쓸 수가 있다. 그 문학적 성취만으로도 작가는 이미
사회에 기여할 수가 있다. 하지만 때로 작가는 사회에 책임을 지기 위해
문학을 현실참여의 무기로 삼아 정치적 앙가주망을 해야 할 때가 있다.
가령 온 국민이 군사독재의 총칼에 억눌리고 있을 때, 국민의 막힌 입을
대신하여 용감하게 발언하던 수많은 문인들이 있었다. 그때 그들은 우
리의 희망이었다. 하지만 사회의 민주화와 함께 문인들의 앙가주망은
과거의 일이 되어버렸고, 한때 반독재 전선에 섰던 문인들은 대부분 문
학의 세계로 다시 돌아갔다. 이렇게 문인들의 앙가주망이 더 이상 절실
하지도, 위험하지도 않게 되자, 이번엔 엉뚱한 사람들이 나타나 괴상한
앙가주망으로 평온한 "사회에 소음"을 일으키고 있다. 그 대표적인 사

람이 소설가 이문열이다.

최근 10여 년 동안 이문열은 번번이 사회적 물의를 일으켰다. 〈악령〉이라는 소설을 써서 비열하게 운동권을 매도했다가 반발을 샀고, 〈선택〉이라는 소설로 페미니스트들과 마찰을 일으켰으며, 최근에는 〈술 단지와 잔을 끌어당기며〉라는 소설로 자신을 비난한 한 정치가에게 악 담을 퍼부어댄 바 있다. 이런 식으로 우리들의 일그러진 문학 영웅은 최 근 문단 안에서 '문학적으로 논의'되기보다는 주로 문단 밖에서 '사회적 으로 논란'되고 있다. 2000년에는 낙선운동을 벌이는 총선시민연대를 "홍위병"이라 비난하더니, 지난해에도 잊지 않고 신문개혁 운동을 벌이 는 시민단체에 또다시 "홍위병"의 딱지를 붙여주었다. 한마디로 최근 10년 간 매스컴에서 비친 그의 모습은 문학적 활동의 안팎에서 이런 식 의 비뚤어진 정치적 앙가주망을 하는 것뿐이었다.

쓰는 글마다, 하는 말마다 번번이 사회적 물의를 빚자 그는 자기가 목하 "시대와의 불화"를 하는 중이라 말하고 다니는 모양이다. "시대와 의 불화"를 일으키는 데에는 두 경우가 있다. 하나는 예술적, 철학적 측 면에서 시대를 앞서감으로써 자기보다 뒤처진 사회와 마찰을 일으키는 경우이고, 다른 하나는 급변하는 사회를 따라잡지 못해 시대착오적 행 위를 반복하며 시대의 발목이나 붙잡고 늘어지는 경우다. 전자는 시대 를 앞서가는 고독한 천재들, 후자는 시대에 뒤떨어진 돈 키호테들의 방 식이다. 이문열이 "시대와 불화"하는 방식이 어느 쪽인지는 굳이 말할 필요가 없을 게다. 서양의 돈 키호테가 갑옷에 긴 창을 들고 풍차와 불 화를 했다면, 한국의 돈 키호테는 목하 도포에 상투를 틀고 시민사회와 불화를 하는 중이다.

독일의 대표적인 작가 귄터 그라스는 인류의 양심을 대변하여 미국의 보복전쟁을 비판하는 목소리를 내고 있다. 그 시간에 우리의 문학영웅은 아무 근거 없이 시민단체를 비난하다가 여기저기서 비난을 받고는 "술잔"이나 "끌어당기"고 있다. 언젠가 누군가 그를 "노벨 문학상 후보"로 추켜세우는 것을 듣고 피식 웃음이 나왔다. 노벨 문학상, 아무나 받는 것 아니다. 글재주만 갖고 받는 것도 아니다. 그보다 더 중요한 것은 '작가와 작품의 바탕에 깔린 정신이 얼마나 인류 보편적 가치를 구현하고 있느냐' 하는 것이다. 그런데 어려운 처지에서 이 사회를 위해 힘겹게 활동하는 시민단체들을 도와주기는커녕, 족벌언론과 보수정당의 기득권을 옹호하느라 기껏 "홍위병"으로 매도나 하는 공격적 행태는 아무리 생각해도 인류 보편적 가치의 구현과는 거리가 있어 보인다.

왜 그는 몰상식한 발언으로 사회를 시끄럽게 하는 걸까? 한편으로는 변변한 작품 하나 없이 막강한 문학권력으로 군림하도록 뒤를 봐준 언론에 대한 보은의 차원에서 필요할 때마다 그들이 원하는 대로 입술 서비스를 해준 것일지도 모른다. 하지만 그가 족벌언론을 위해 입술 서비스를 해주는 더 큰 원인은 아마도 그의 멘탈리티 자체에서 찾을 수 있다. 다시 말해 그가 족벌언론의 지면에 얼굴을 내밀고 공격적으로 그런 망언을 하는 것은, 단지 족벌 언론에서 "한 말씀" 부탁을 했기 때문만이 아니라, 동시에 이문열 자신이 자기의 망언의 진리성을 굳게 믿고 있기 때문이기도 하다. 실제로 이문열은 자기의 책을 반납하겠다고 말할 수 있는 사람들은 모두 전라도 사람이라고 확신을 하지 않았던가. 그래서

"혹시 부모 중에 전라도 사람이 없냐?"고 집요하게 묻지 않았던가. 실제로 그는 자기의 편견을 확신하는 듯이 보인다.

그렇다면 문제는 그의 멘탈리티다. 개인적으로 나는 그의 세계관과 세계감정에 대단한 관심을 갖고 있다. 그것은 그의 정신세계가 특별히 매력적이어서가 아니라 그것이 이 시대에 가능하리라고는 믿을 수 없을 정도로 시대착오적이기 때문이다. 조선시대를 체험하기 위해 굳이 타임머신을 타고 그 시대로 갈 필요는 없다. 그의 말을 들어보면 조선시대에 우리 선조들이 어떤 생각을 갖고 살았는지가 현상학적 질의 생생함을 갖고 생생하게 느껴진다. 아무리 보수적이라 해도 어떻게 이렇게 시대착오적일 수가 있을까? 마치 생물학에서 오리너구리와 같은 화석생물의 존재가 중요한 의미를 갖는 것처럼, 그의 멘탈리티의 가공할 수구성은 우리 사회의 지식의 고고학을 구성하는 데에 빼놓을 수 없는 살아 있는 자료가 될 수 있다.

언젠가 어느 교수가 〈삼국지〉의 세계관이 오늘날 청소년의 교육에 좋지 않다고 말하자, 이문열은 자신의 〈소설 삼국지〉를 이렇게 정당화했다. "자신이 충성을 서약했던 대상이 옳다고 믿는 바를 위해 기꺼이 피를 뿌리고 죽어간 수많은 충신절사들은 삼국지의 갈피 갈피를 수놓는 꽃이다." 이 구절을 읽고 소름이 오싹 끼쳤다. 천황이 옳다고 "믿는 바를 위해 기꺼이 피를 뿌리고 죽어간 수많은" 가미가제 특공대원들이 생각났기 때문이다. 도대체 자신이 옳다고 믿는 바도 아니고 "자신이 충성을 서약했던 대상이 옳다고 믿는 바"를 위해 죽어 가는 게 뭐 그리 잘하는 짓일까? 이 봉건적 멘탈리티는 아무리 생각해도 근대는 물론이고 현대의 가치관과는 거리가 멀다. 하지만 우리의 청소년들은 그 잘난 "국민작가"의 이름값 덕분에 21세기가 되어서도 여전히 이런 책을 읽으며 제 세계관을 구성하고 있다. 한심한 일이다.

〈선택〉도 만만하지 않다. 옛날 여인들은 "시루떡에 김이 안 오른다고 대들보에 목을 매고" 죽었는데, 요즘 여자들은 팔자가 좋아져 '페미니즘' 운운한다는 것이다. "백 권의 책을 남기고 천 폭의 그림과 만 수의 시를 남겼다 한들 아이들과 아이들의 아이들로 이어지는 끝없는 세상과 어찌 바꿀 수 있으리." 이렇게 여성의 존재 이유를 출산으로 환원시키는 성차별주의를 실천하는 것은 히틀러 시대의 나치들, 그리고 오늘날에는 아프가니스탄의 탈레반 정권뿐이다. "가문이란 것에 너를 던지고 동일시를 얻게 되면…… 대대로 이어질 네 자손에까지 네 삶은 연장된다." 그 잘난 "가문"은 여자의 가문이 아니라 남자의 가문인데, 거기에 왜 여자가 "너를 던지고 동일시"를 얻어야 할까? 어쨌든 이것이 재령 이(李)씨 가문의 이데올로기다. 그밖에도 남편이 죽었다고 굶어 죽은 여자의 '순절'이 "정사(情死)"였다고 주장하는 대목에선 정말 기가 막혀 할 말을 잃게 된다. 이게 대한민국 "국민 작가"의 교양 수준이다.

이것이 이문열의 개인적 세계관이 아니라 집단적 세계관, 즉 영남의 잔반(殘班) 이데올로기라는 것을 깨우쳐준 것은 이문열의 후광을 입어 베스트셀러 작가가 된 이인화의 〈영원한 제국〉이었다. 이 소설은 정조대왕과 영남 남인을 찬양하는 내용으로 되어 있다. 영남 남인이야 자기 가문이라서 그렇다 치고, 갑자기 그가 정조대왕을 찬양하는 이유는 무엇일까? 우연히 역사책을 읽다가 그 이유를 알게 되었다. 숙종 때 궁

중에서 사용하는 기름장막을 무단 유출한 횡령죄를 저질렀다가 노론의 송시열에게 밀려 쫓겨났던 영남의 남인들이 정조대왕 때 다시 중앙으로 복귀했기 때문이었다. 이런 한심한 가문 이데올로기가 표면의 애국주의적 구호에 힘입어 수십만 부씩 팔려나가 졸지에 '고꾸민쇼세츠(國民小說)'로 등극했던 것이다. 이게 바로 경상도로 쫓겨 내려간 잔반의 후예들이 문학을 가지고 하는 장난이다.

이것은 단지 가문주의적 사관(史觀)의 문세가 아니라 동시에 정치 이데올로기이기도 하다. 가령 〈영원한 제국〉에서 영남 남인은 정조대왕을 도와 조선을 "세계의 선진국"으로 만든 공신으로 묘사된다. 이 전통을 이어받아 영남 남인의 후예들이 현대판 정조인 박정희에게 몰표를 던져, 한국의 근대화를 이룩하는 공신이 되었다고 한다. 여기서 한국 정치의 고질병, 즉 공화당 이효상 씨의 "신라 임금론"과 전라도에 대한 감정을 유발시키는 벽보를 내붙인 중앙정보부의 조작으로 영남에서 발생한 지역차별 정서와 그에 기반한 몰표 현상이 졸지에 숭고한 애국질로 둔갑해 버린 것이다. 이런 경향 소설을 독자에게 좋은 작품이라 추천했던 이문열 씨는 그 바탕에 깔린 경상도 이데올로기를 전혀 의식하지 못했던 것일까? 나는 그렇게 보지 않는다. 그는 분명히 의식하고 있었다. 그 역시 그런 지역차별의 편견에서 자유롭지 못함을 부산에 내려가 자기 입으로 스스로 폭로하지 않았던가. 이게 경상도 잔반의 후예들이 문학을 갖고 하는 짓이다.

〈악령〉의 경우를 보자. 그는 자기를 찾아와 고백을 한 과거 운동권 사람들의 고백에 기초하여 이 책을 썼다고 말한다. 이 대목에서 그는 마치 자기를 죽일 임무를 띠고 찾아온 안기부 소속 가짜 간첩의 말을 믿고 〈레드 바이러스〉라는 명저(?)를 저술한 박홍처럼 보인다. 운동권에 대한 비판도 좋지만, 그것이 제대로 된 비판이라면 어떤 전형성을 가져야 할 텐데, 그 소설은 운동권 생활을 제법 해본 내가 봐도 황당한 얘기들로 가득 차 있다. 한마디로 공안기관의 반공 캠페인 수준을 넘지 못하고 있다. 운동권에 대한 이 살벌한 적의는 도대체 어디서 비롯된 것일까? 운동권이 이문열에게 개인적으로 무슨 피해를 끼쳤던가? 그에게 연좌제의 고통을 안겨준 것은 운동권이 아니라 운동권을 때려잡던 공안기관과 광신적 반공주의자들이 아니었던가. 도대체 이해를 할 수가 없다.

'지역 차별주의'와 '광신적 반공주의'는 영남에 둥지를 튼 수구세력이 오랫동안 지역 패권의 구도를 유지해온 비결이었다. 이 수구세력의 기득권이 다칠까 봐 그는 조선일보에 이렇게 쓴 바 있다. "옛날의 대부급에도 미치지 못하는 직분과 이력을 가진 이라도 무리를 짓고 시세만 타면 정치가 제 것인 양 나서고, 서민들은 입만 열면 정치를 비판한다. 그것도 지금 세상의 도라 할 수 있는 민주주의가 발전해서 그리된 것이라 하니 공자의 말은 저절로 죽은 셈이다." 자기는 신문 투고로 활발하게 "정치가 제 것인 양 나서"면서 "서민들"이 "정치를 비판"하는 것은 "공자의 말"을 죽이는 짓이 된다는 것이다. 시절이 좋아져서 그렇지 사실 옛날에는 소설가 따위도 "대부급에도 미치지 못하는 직분과 이력"에 불과했다.

광신적 반공주의, 지역 차별주의, 엘리트주의, 가문주의, 성차별주의 등 이문열이 작품과 정론을 통해 드러낸 이 이데올로기의 편린들은 그의 개인의 멘탈리티가 아니라 특정 인간들의 집단적 이데올로기다. 이 영남 잔반 이데올로기는 더 이상 시민사회의 수준에 조응하지 않는 시대착오다. 이 낡아빠진 봉건 이데올로기와 함께, 자신의 정치적 반대자들에게 "홍위병"의 딱지를 붙이는 괴벨스적 선동이나 자신을 비난하는 사람들에게 보복하려고 문학을 이용(《술단지와 잔을 끌어당기며》)하는 것은, 분명히 말하지만 몰상식하고 몰취향한 행위다. 아울러 논쟁을 하다 말고 도망가 자기가 "검도 5단"이라고 자화자찬하는 것도 양반의 격조에는 어울리지 않는 처신 같다. 이문열 씨는 이제 철 좀 들었으면 좋겠다. 문학을 흉기로 사용하는 우리들의 일그러진 영웅을 뮤즈는 얼마나 더 참아줘야 할까? 상식에서 벗어나는 것이 문학이지만, 문학은 상식 이상의 것이지 그 이하의 것이 아니다.

：모욕당하지 않을 권리

●●● 토소보의 여왕 둘시네아라네……

미겔 데 세르반테스〈돈 키호테〉

이문열 씨가 시민단체에 "홍위병"이라는 고약한 딱지를 붙이자, 여기에 반발한 네티즌들이 그의 책을 반납하는 퍼포먼스를 가진 바 있다. 이 행사를 주관한 부산의 한 사진사에게 조선, 중앙, 동아일보는 기사, 사설, 기자수첩, 독자편지 등 온갖 지면을 동원해 무차별 공격을 퍼부었다. 과연 화력도 막강하다. 그 공격은 자기들을 옹호해준 소설가에게 보은(報恩)하는 수준을 넘어, 거의 '히스테리'라고 할 정도로 험악했다. 특히 이들은 책의 장례식 퍼포먼스에 어린아이를 내세워 영정을 들게 한 것을 집중 부각시키며, 이 퍼포먼스를 중국의 문화혁명에 비견할 만한 사건으로 계열화해 나갔다.

그런데 중립적 매체들의 보도에 따르면 행사는 대단히 평화적이며 짜임새 있게 진행되었다고 한다. 본디 갈등이 있는 곳에서는 두 당사자의 주장을 공평하게 소개하는 것이 보도의 원칙일 터. 어떻게 '수습' 딱지를 뗐는지 대 신문사의 기자들은 이 원칙을 과감히 무시했다. 그것도 모자라 기사 속에서 예술적 연출까지 했다. 이들의 기사를 보면 정말 이천의 이문열 씨의 '부악문원' 앞에서는 가공할 홍위병의 난동사태가 있었던 것 같다. 그런데 그 행사로 인해 죽은 이도 없고, 다친 이도 없고, 조리돌림을 당한 이도 없다니, 이게 웬 변괴인가. 이렇게 그들은 퍼포먼스를 '홍위병'의 난동으로 빨간 칠을 해대어, 이문열 씨의 고약한 문학적 은유(?)를 거의 사실로 둔갑시켰다.

이문열 씨의 눈에는 한나라당의 뜻에 거슬리면 정권의 '홍위병'이겠지만, 여기에 있는 이 '홍위병'이 노동자대회에 참가하여 '김대중 정권 타도'를 외칠 때, 시위장에서 흘러나오는 반주에 맞춰 돌 지난 아들놈의 팔을 잡고 운동가 부르는 연습을 시킨 바 있다. 이 장면을 그 기자들이 보았다면 아마 이런 식으로 기술했을 게다. "좌파 평론가, 돌 지난 아들에게 혁명가 가르쳐", "젖먹이 아기마저 정치투쟁 수단화." 부랴부랴 '아동 보호'의 논리까지 동원해 부차적 사항을 부각시켜 억지로 사건화하는 작태를 보니, '피식' 웃음이 나온다. 그런데 철없는 아이들에게 이 승복을 본받아 입이 찢어져도 '공산당 싫어요'라고 가르쳐야 한다고 주장했던 게 누구더라. 자기들, 특히 〈조선일보〉의 지론이 아니던가.

메이저 언론의 몰매질에 소설가 박완서씨가 가세했다. 그는 홍위병들의 난동을 규탄하며 이에 맞서는 문학단체들의 성전을 촉구하고 나섰다. 메이저 신문에서 두들겨댄 것으로는 성이 안 차니, 이 참에 문학단체들까지 나서서 그 힘없는 네티즌에게 몰매를 주자는 얘길까? 그렇다면 거기에 대한 적절한 코멘트는 영화 친구의 대사일 게다. "고마해라. 마이 무구따." 이 자연스럽지 못한 분노를 정당화하려고 그가 든 근거 역시 조선일보에서 계열화시킨 그 빨간 이미지, 즉 어린이에게 영정을 들게 했다는 것이었다. 한국의 대표적 문인이 기자들의 속 들여다보이는 농간에 이렇게 쉽게 넘어가다니, 좀 그렇다. 휴, 속세는 왜 이리 번잡한지……

박씨의 말에 따르면 "문학인은 모욕당하지 않을 권리가 있다." 맞다. 하지만 그 '권리'가 왜 문인만의 특권이어야 하는가? 모욕당하지 않을 권리는 문인만이 아니라 모든 인간의 것일 게다. 아닌가? 혹시 이견이 있으면, 박완서 씨는 언제든지 반론 주시기 바란다. 그렇다. 모든 인간은 '모욕당하지 않을 권리'가 있다. 그런데 이문열 씨가 그 권리를 침해했다. "홍위병" 발언으로 모욕당하지 않을 타인의 '권리'를 무참히 짓밟았다. 그래서 상처받은 네티즌들이 책 반납을 통해 거기에 항의하려고 했던 것이다. 일이 그렇게 된 것이다. 네티즌들이 할 일 없어 그 짓을 하겠는가?

평소에 정치에 관여하기를 꺼리시는 분이 문학단체들의 봉기를 선동하고 나선 것은 예사로운 일이 아니다. 왜 그러셨을까? 아마도 조중동에서 왜곡보도를 하느라 바빠 이 사실을 감추는 바람에, 박완서 씨가 이를 미처 모르셨던 모양이다. 설마 그걸 아시고도 평정심을 잃고 이런 반응을 보이셨겠는가. 그럴 리 없다. 바로 그 때문에 언론의 보도는 객관적이어야 하는 것이다. 그렇지 않으면 존경받는 문인이 졸지에 이상한 사람이 되어버릴 수가 있는 것이다.

⫶ 시(詩)여, 덧없음을 독점하세요

●●● 아마도 다른 이 있어 더 나은 시로 읊조려 주리……

미겔 데 세르반테스 〈돈 키호테〉

"제가 겪어본 바로는 개인에서부터 크고 작은 집단, 기관을 거쳐 국가에 이르기까지 권력욕이 있는 사람들(그런 사람들 때문에 더불어 겪는 괴로움을 말할 필요가 있을까요)은 역사 지향적이고 역사를 독점하려고 하는 반면 가령 시(예술)를 쓰는 사람은 시간 지향적이고 시간의 핵심인 덧없음에 민감합니다(그리고 역사가 비교적 용서 없이 진행되는 것이라고 한다면 문학은 또한 용서의 한 형식이기도 합니다)."

시인 정현종 씨의 미당 문학상 수상 소감이다. 그는 '권력욕이 있는 사람들'과 '시를 쓰는 사람'을 대립시켜, 권력욕은 더러운 것이며, 시는 지고지순한 것이라 말한다. 편리하나 좀 촌스러운 이분법이다.

권력욕을 가진 자가 모두 '괴로움'을 주는 것도 아니고, 시를 쓴다고 남에게 '괴로움'을 안 주는 것도 아니다. 훌륭한 정치가 있는가 하면, 더러운 시도 있다. 또 '권력욕이 있는 사람들'과 '시를 쓰는 사람'이 늘 대립하는 것도 아니다. 권력욕에 아부하는 시인도 얼마든지 있다. 가령 일본 제국주의를 찬양한 시인들이 있었다. 또 권력욕에서 수백 명을 학살하여 우리에게 잔혹한 '괴로움'을 준 독재자를 찬양한 시인도 있었다. 더 끔찍한 것은 이 두 가지를 다 한 시인도 있었다는 것. 미당 서정주가 바로 그 사람이다. 일제때 가미카제 결사대를 찬양하는 일본제 유미주의 시를 썼던 그는 '권력욕'을 가진 어느 군부 독재자의 용안이 "해처럼 빛나시더이다."라고 노래했다.

정현종 씨의 말처럼 시가 늘 지고지순한 것은 아니다. 종종 이렇게 사회적 흉기가 되어 사람들에게 '괴로움'을 줄 수가 있다. 시가 주는 이 고통은 정현종 씨가 믿고 싶어하는 것처럼 '권력욕'에서 '역사를 독점' 하고 싶은 자들의 역사학적 고통이 아니라, 평균적 미감을 가진 시인이라면 누구나 느껴야 할 미학적 고통이다. 그 고통을 고통으로 인지하지 못하는 감성의 무덤이 오늘날 우리 문학이 겪고 있는 위기의 본질이다. 촌스러운 19세기 데카당스의 퇴물, 그것도 일본으로 건너가 사무라이 미학으로 채색되어 다시 수입된 일본제 유미주의 때문에 '괴로움'을 겪는 것은 역사만이 아니다. '문학'이 너그러이 '용서'해준 그 빌어먹을 역사를 몸으로 살아야 하는 이들의 내면에서 왜곡되는 미감이다.

문학은 다 죽어 가는데, 웬 놈의 문학상은 그렇게 승하는지. 새로운 권력욕의 현신 언론사들은 저마다 문학상을 만들어 경쟁하고 있다. 미당 문학상, 동인문학상, 인촌문학상. 언론재벌이 주는 거액의 상금, 언론의 권위가 부여해주는 거대한 '상징자본'의 찬사가 죽은 문학을 구할 수 있는 건 아니다. 어쩌면 언론사가 문학에 수여하는 그 상금과 찬사는 초상난 집의 조의금과 고인에 대한 덕담인지도 모르겠다. 우리가 초상집의 상주에게 조의금을 내고 고인의 미덕에 관한 얘기를 들려줄 때, 우리는 죽은 이를 살리기 위해서 그러는 게 아니리라.

"그래서 저로서는 이렇게 말하고 싶습니다. 당신들은 역사를 독점하시오, 나는 덧없음을 독점하겠습니다……." 역사는 이미 님들이 '독점'하고 있습니다. 문학을 자신의 친일과 독재를 '용서하는 수단'으로 삼아 님들이 '독점'해버린 그 빌어먹을 역사를 고쳐 쓰느라, 민초들은 푼돈 모아 친일인명사전을 만들고 있고요. 어쩌면 진짜 시는 시집 밖으로 걸어나와 이들 사이에 살아 있는지도 모르지요. 시여, '덧없음'을 독점하세요. 덧없는 것 중의 대표적인 것이 권력에 아부한 시를 기리는 문학상이겠지요. 바니타스, 바니타스, 옴니아 바니타스. 삶은 이렇게 무상한 것을, 무슨 영광을 더 보겠다고…….

⦂ 프랙털

'왕따'라 불리는 아이들의 잔인한 놀이가 극단적인 집단주의와 이기주의의 모순적 결합으로 이루어져 있음을 지적한 바 있다. 잠재적인 피해자인 이기적 개인들은 가해자 집단에 속하여 다른 개인을 공격할 때 비로소 신변의 안전을 보장받는다. 이기적인 개체들은 자신을 가해자 집단과 동일시하는 데에 성공할 때 비로소 살아남을 수 있다. 그것이 '왕따'의 심리학이다. 우리는 이 어린이의 미시적 잔혹함을 유대인 사냥이라는 파시즘의 거시적 잔혹함과 연결시킨 바 있다. 미시구조는 거시구조를 비추는 거울이어서 거시 파시즘은 극단적 이기주의와 극단적 집단주의의 모순적 결합이다. 이기적 개인은 오직 국가 속에서만 안전을 보장받을 수 있다. 때문에 인간과 인간 사이의 유대가 무너진 극단적으로 이기적인 사회 속의 개인들은 광적으로 자신을 국가와 동일시함으로써 비로소 안전하다는 느낌을 갖고 싶어한다.

비슷한 현상을 '짝짓기 게임'에서도 볼 수 있다. 언젠가 베를린 한글학교에서 선생을 할 때의 일이다. 운동회에서 '짝짓기 게임'을 하는데, 영 분위기가 썰렁하다. 우리의 아이들과는 달리 독일 교포 아이들은 이 재미있는(?) 게임의 규칙에 적응을 하지 못한다. 마지막에 네 명의 아이를 남기고 "셋!"이라고 외쳤는데, 그 아이들은 하나를 떨궈내지 못하고 그냥 그렇게 마냥 붙어 있었다. 왜 그러냐고 물었더니 이렇게 대답한다. "다 친구인데 누구를 떨궈내요……." 짝짓기 게임 역시 극단적인 집단주의와 이기주의의 모순적 결합으로 이루어져 있다. 게임에서 살아남으려면 항상 어느 집단에 속해야 한다. 하지만 잠시 후에 "셋!"이라는 외침을 들으면 떨어지면 서로 죽을 것같이 붙잡고 있던 집단을 매정하게 버리고 혼자서 자기를 구원할 또 다른 집단을 찾아 떠나야 한다.

왜 같은 한국의 아이들인데 독일에서 자란 아이들은 짝짓기를 거북해하고, 여기서 자란 아이들은 그 놀이를 하며 즐거워하는 것일까? 알 수 없다. 분명히 유전자의 차이는 아니다. 그렇다면 아마도 교육의 차이 혹은 사회 분위기의 차이일 게다. 여기에서 우리는 짝짓기 게임이 무리 없이, 심지어 커다란 즐거움을 가지고 행해지는 우리 사회의 바탕을 의심하게 된다. 왜 우리 사회에서는 이 잔인한 놀이가 너무나 즐겁게 행해지는가? 아마도 우리 사회 자체가 극단적 집단주의와 극단적 이기주의의 모순적 결합으로 이루어져 있기 때문이리라. 그리하여 이 구조가 아이들의 몸 속에도 기입이 되어 그 놀이 속에 원시적 순박함을 갖고 그대로 반복되는 것이리라.

짝짓기 놀이를 하는 것은 아이들만이 아니다. 어른들 역시 거시적 차원에서 짝짓기 놀이를 한다. 가령 '국가주의'라는 집단주의 이념과 '자유지상주의'라는 극단적 이기주의. 실제로 우리 사회의 지배적 이데올로기는 이 두 요소로 이루어져 있지 않은가. 바로 이것이 우리 사회의 게임 규칙이다. "한 사회의 지배적 이데올로기는 지배계급의 이데올로기"라는 마르크스의 말처럼, 국가주의＋자유주의의 이념적 블록은 한국의 지배계급을 이루는 두 세력의 연합으로도 존재한다. 가령 국가주의는 일찍이 쿠데타를 통해 권력을 잡은 군부의 이데올로기, 자유지상주의는 이들의 권력 밑에서 복무했던 테크노크라트들의 이데올로기가 아닌가. 신이자기의 형상대로 인간을 창조하듯이 지배계급은 사회의 성원들을 꼭 자기들의 형상대로 찍어내는 것이다.

한국에서 '국가주의'는 식민지 시대의 군국주의 일본에서 비롯된다. 정작 일본에서도 사라진 이 이념이 한국에 생존할 수 있었던 것은 물론 그동안 우리 사회를 지배해온 일본군 출신의 친일 군맥을 통해서였다. '자유지상주의'는 해방 후 일본을 대신해 한반도에 진주한 미국의 이데올로기로, 미국에서 공부한 테크노크라트들을 통해 우리 사회에 이식되었다. 군부독재의 통치기구에 참여했던 이 기술관료들은 미국식 자유주의의 가치관을 몸 안에 체화하고 있었다. 이들이 한국에 돌아와 정계와 재계에서 지배블록의 일원이 된 후 정치, 문화, 교육, 언론 등 다양한 채널을 통해 우리 사회에 시장 만능의 미국식 자유지상주의 이데올로기를 유포해왔다. 그런 의미에서 '국가주의＋자유지상주의'라는 우리 사회의 지배이념은 일제의 식민통치를 받은 후 미국의 영향 아래 발전해온 한반도의 불행한 역사의 그림이라 할 수 있다.

프랙털. 거시구조는 이렇게 미시구조 속에 다양하게 변주되면서 반복된다. 문학이라고 다르지 않다. 최근에 어울리지 않게 문학적 앙가주망을 하며 정치색을 드러내는 이들의 면면을 보자. 먼저 박정희 찬양에

여념이 없는 이인화. 그는 일본식 '국가주의' 이념의 문학적 대변자다. "왕은 왕을 죽이지 않는다."며 전두환을 두둔하던 복거일. 그는 문학의 영역에서 천박한 자유주의, 즉 미국식 '자유지상주의'를 대변한다. 이 두 가지 이념이 뿌리내리는 토양이 된 것이 바로 식민지 조선의 문화, 즉 이문열이 "시대와 불화"하면서 용감하게 대변하는 문화적 보수주의다. 문화적 보수주의라는 땅 속에 뿌리박은 정치적 국가주의와 경제적 자유지상주의. 이것이 한국의 지배적 이데올로기이며 동시에 지배계급의 이데올로기이다. 거시구조는 이렇게 미시구조 속에 어김없이 반복된다. 이게 한갓 우연의 일치일까?

이념의 독재. 우리 사회는 극도로 우경화되어 있다. 우리 사회의 지배적 이데올로기는 그동안 다른 대항 이념의 존재를 허락하지 않았기 때문이다. 다른 생각을 말살하는 데에 보수층들이 즐겨 사용하는 이데올로기 장치가 바로 '빨갱이'와 '전라도', 말하자면 '레드 콤플렉스'와 '지역차별'의 논리였다. 이 원시적인 논리가 한국의 지배층이 그동안 정치적 이견자의 도전을 단호히 물리치고 오랫동안 권력을 유지해온 비결이다. 이 거시적 배제의 장치가 지금 이문열이라는 개인의 입을 통해 작동하고 있다. 이문열의 '홍위병' 발언에는 사실 이념적 차별과 지역적 차별의 두 요소가 교묘히 결합되어 있다. 한마디로 '홍위병'이라는 간략한 표현 속에 함축된 메시지는 바로 이것이다. '조선일보를 공격하는 자들은 전라도 정권의 사주를 받았으며, 이들이 보여주는 행태는 전형적인 공산당식 대중운동이다.'

실제로 이문열이 '책 반납 운동'을 주도한 네티즌을 만났을 때 두 가지를 물었다 한다. '혹시 전라도 출신이 아니냐', '혹시 운동권 출신이 아니냐.' 실제로 그는 '책 반납 운동'을 주도한 이가 전라도 출신의 운동권이라 굳게 믿는다. 여기서 징그러운 보수주의자의 정치적 편견은 거의 종교적 광신의 차원으로 승화한다. 하지만 이 광신은 이문열 개인의 주관적 편견에 불과한 게 아니다. 그것은 우리 사회의 다수가 공유하는 객관적 편견이기도 하다. 실제로 우리 사회에는 이 두 가지 편견을 체계적으로 생산해내는 공식적, 비공식적 통로가 존재한다. 이 편견의 생산 기계가 사회 속에서 실제로 작동하고 있으며, 그것이 철없는(?) 소설가의 입을 통해 징그럽게 드러난 것뿐이다. '전라도 출신 아니냐', '운동권 출신 아니냐'라는 이문열의 물음은 곳곳에서 실제로 물어진다. 가령 취직을 할 때에 이 물음은 특정 개인을 배제하는 메커니즘으로 작동한다.

'운동권'에 대한 그의 편견은 대체 어디서 비롯된 것일까? 그는 월북한 아버지 때문에 고초를 겪었다고 한다. 그런데 왜 그의 분노는 자기를 핍박한 자들을 향하지 않고, 피해자를 향하는가? 홀거 하이데는 이를 '가해자와의 동일시'라는 심리학 원리로 설명한다. '왕따'를 설명할 때에 얘기한 것처럼 이지메를 당하지 않으려면 공격자 집단과 동일시해야 한다. 공격자 집단과 하나가 되는 것이 사회라는 정글 속에서 개체가 생존을 보장받는 유일한 길이다. '레드 콤플렉스'라는 집단 히스테리는 결국 '가해자와의 동일시'의 결과다. 해방 후에 행해졌던 가공할 이념적 탄압과 학살은 '살아남으려면 필사적으로 가해자 집단에 속해야 한다'는 생각을 민중들의 정치적 무의식 속에 각인했고, 이것이 공격적인 반공주의로 결정화된 것이다. 불행한 경험을 처리하는 이문열의 개인적 방식 속에는 한국인 전체가 현대사의 경험을 처리하는 집단적 방식이 들어 있다. 창 없는 단자가 세계를 품듯이 미시구조 안에는 거시구조가 들어와 있다.

"나는 왜 사소한 것에만 분노하는가." 박완서 씨의 이 물음에 내가 대답해도 될까? 간단하다. 사소한 것에만 분노하도록 허용되었기 때문이다. 커다란 악 앞에서는 침묵을 할 수밖에 없는 사람들이라고 도덕 감정이 없겠는가? 그리하여 그 커다란 악에는 도덕 감정을 표출하지 못했던 그들이 그 커다란 악에 대항하는 미소한 자들이 저지르는 사소한 악에는 그토록 민감한 것이다. 이때 커다란 폭력 앞에서 침묵함으로써 주체이기를 포기했던 그 사람들은 비로소 안심하고 도덕적 판단의 주체, 즉 인간다운 인간으로 설 수가 있는 것이다. 억압이 있는 곳에서는 가해자와 동일시해야 비로소 사소한 도덕적 판단의 주체라도 될 수 있다. 이 알량함이 인간 조건의 심오한 비극성이다. 부산의 일개 사진사가 조선, 중앙, 동아일보의 왜곡보도에 무차별적으로 얻어맞았다. 이것도 모자랐던지 사소한 일에만 분노하는 유명한 문인이 문학단체의 봉기를 선동한다. 이 압도적인 물리력 앞에서 그 힘없는 네티즌은 "위기감을 느꼈다."고 했다. 과연 문학은 순수한가? 예술의 이름으로 민중의 고통에 눈을 감았던 순수문학도 이처럼 저 필요할 때면 얼마든지 정치적 앙가주망을 한다.

그 대표적인 예가 일제 찬양에서 전두환 찬양까지 안 해본 것이 없는 순수문학의 대가 미당 서정주다. 문학은 설사 순수해도 문학인은 그다지 순수하지 못해, 미당은 그 제자들로 이루어진 집단의 대명사다. 친일파 처리가 제대로 안 되는 것은 논리라는 관념의 문제가 아니라 유물론의 문제, 즉 그의 추종자들이 구축해놓은 권력관계라는 물적 토대의 문제다. 복거일의 영어공용화론에서 드러나는 과도한 친미 성향, 그리고 미당의 행적에 대한 평가에서 드러나는 아직 청산되지 못한 친일 성향은 한국 보수주의 이념의 두 측면이다. 그것은 일제의 식민통치와 미국의 군정을 받아야 했던 우리 현대사의 얼굴이자, 그 과정에서 형성된 지배세력의 얼굴이자, 반공의 전선에서 한-미-일 군사동맹이라는 전략의 얼굴이기도 하다. 거시구조는 사회 속의 단자들 하나 하나를 제 형상대로 찍어내고, 그 결과 미시구조는 도처에서 프랙털처럼 거시구조를 반복한다. 이것이 우리가 무심결에 보고 지나치는 일상의 장엄함이다.

광대의 철학

••• 조야하고 물질적인 것들을 둘러싸고 일어나는 싸움…… 이러한 싸움 없이는 고상하고 정신적인 것들은 존재하지 않는다.

발터 벤야민 〈역사철학테제〉

아주 오래 전에, 그러니까 어렸을 적에 텔레비전에서 셰익스피어의 비극을 영화화한 것을 보았다. 〈리어왕〉이었을까? 거기서 왕에게 알듯 모를 듯한 헛소리를 하는 궁정 광대의 모습에서 뭔지 말할 수 없는 매력을 느꼈다. 그의 행동은 버릇이 없고, 그의 말은 처음부터 뜻을 알 수 없는 헛소리에 지나지 않으나, 왠지 거기에는 뭔가 심오한 뜻이 있는 듯했다. 그리스의 비극에서는 코러스가 세계의 덮개를 뚫고 신적인 지혜의 말을 던져주었다. 코러스가 사라진 시대에는 실성한 광대가 그 신성한 역을 하는 게 아닐까? "오늘밤은 음녀(淫女)의 불 같은 정욕도 식을 좋은 밤. 가기 전에 예언을 말하겠습니다. 신부(神父)의 말이 행동보다 앞서면 술장사가 누룩에 물을 섞으면 귀족이 재봉사의 스승이 되면 이교도는 태우지 않고 기생서방 태우면……." (셰익스피어 〈리어왕〉)

'광대'가 어디에서 비롯되었는지는 확실하지 않다. 다만 이미 고대의 왕국에도 '광대'들이 있었다고 한다. 마치 무당에 강신무와 세습무가 있는 것처럼 광대에도 타고난 '바보'와 아비한테 직업으로 물려받은 '바보'가 있었다고 한다. 광대들은 왕의 머리 꼭대기 위에 올라앉아 무례한 언동을 하도록 허락되었다. 궁정에서 왕에게 반말을 할 수 있는 유일한 존재가 바로 광대였다. 광대의 전통은 중세까지도 이어졌다. 근대에 들어와 '광대'들은 서서히 궁정 밖으로 쫓겨난다. 아마도 합리주의의 사고방식이 발달했기 때문일 게다. 이때부터 '광대'들은 헛소리를 통해 신성한 진리의 단편을 계시하는 존재가 아니라, 그야말로 모자란 '바보' 혹은 정신 나간 '광인'으로 여겨지기 시작한다. 궁정에서 쫓겨난 광대는 어디로 갔을까? 카드 속으로 들어갔다. 카드로 들어간 광대는 수백 년이 지나서야 〈배트맨〉 영화 속의 '조우커'의 모습을 하고 카드 밖으로 튀어나온다.

우연과의 놀이. 작년에 베를린에 갔을 때의 일. 마침 '우연', '놀이', '광대'와 같은 개념에 푹 빠져 있던 차. 우연히 들른 벼룩시장에서 '놀이'에 관한 책을 발견했다. 거기에는 벤야민이 〈역사철학테제〉에서 말한 인형, 즉 터키 복장을 하고 장기를 두는 자동인형의 그림이 실려 있었다. 이 그림을 구할 수 있으리라고는 상상도 못했는데, 횡재를 한 셈이다. 며칠 후 폴란드의 슈테틴이라는 곳에 바람을 쐬러 나갔다. 베를린에서 기차로 두 시간 남짓 걸리는 국경 지대의 조그만 항구도시인데, 기대한 것보다 별로 볼 것이 없었다. 여기저기 볼 것을 찾아 기웃거리다가 역 근처에서 아담한 카페를 하나 발견했다. 그런데 그 카페의 이름이 마침 '조커'가 아닌가. 들어가 보니 카페의 벽에는 몇백 년 전부터 최근의 것에 이르기까지 다양한 '조커'의 카드가 벽에 도배되어 있었다. 자세히 보니 조커는 과거로 갈수록 르네상스 시대의 '광우(狂愚)'의 원형에 가까웠다.

조커의 철학. 흔히 서양 철학사란 흔히 플라톤과 아리스토텔레스의 대립의 역사라고 하지만, 철학사에서 진정한 대립이라 할 만한 것은 따로 있었다. 당시에 이미 주류였던 플라톤과 아리스토텔레스와 아웃사이더였던 디오게네스. 플라톤과 아리스토텔레스가 점잖은 소크라테스의 제자였다면, 통 속에 살면서 만인이 보는 앞에서 질펀하게 정액을 사출했던 디오게네스는 "미친 소크라테스"라 불리었다. 플라톤과 아리스토텔레스가 철학을 하는 데 로고스를 사용했다면, 디오게네스는 철학을 위해 똥과 오줌과 정액을 사용했다. 다른 철학자들이 입으로 논증을 할 때, 디오게네스는 몸으로 퍼포먼스를 했다. 서양 철학의 반쪽은 바로 이 광기의 지혜로 이루어져 있다. 철학사에서 또 다른 조커를 보려면 2천 년의 세월을 격해 니체에까지 내려와야 한다. 이 철학의 광대들은 철학과 씨름한 게 아니라 철학을 갖고 즐겁게 놀았다.

철학은 이렇게 놀 수도 있다. 놀이하는 광대는 하나의 모티브가 주어지면 그것으로 수십, 수백의 변주를 만들어내면서 논다. 이 모든 놀이, 이 책에 실린 모든 글의 바탕에 비트겐슈타인의 〈철학적 탐구〉의 한 패러그래프가 깔려 있음을 눈치챌 사람이 얼마나 될까? 철학으로써 "고상하고 정신적인 것"을 하려는 사람도 있겠지만, 모든 것이 너무 "고상하고 정신적"이어서 역겨운 시대에 철학은 광대가 되어 지저분한 장바

닥에서 질펀하게 쌈박질을 하며 노는 게 낫다. 가끔 글을 쓰면서 이성의 스위치를 내리고 머리를 스치는 헛소리들을 떠오르는 대로 받아적고 싶은 충동을 느낀다. 미친 것이 정상적인 곳에서 정상적이려면 미치는 게 정신 건강에 좋다. 이 범상함의 시대에 위대해지려는 자는 우스꽝스러운 꼴이 되고 말 게다. 이것이 파시스트들이 연출하는 '숭고한 희극'이다. 이 평범함의 시대에 숭고에 도달하는 유일한 길은 아마도 '희극적 숭고', 즉 스스로 바보-광대가 되는 것뿐이리라. 시대의 아이러니……

진중권과 함께 별밭을 우러러본다

노혜경(시인)

우리 시대의 제일 매력 있는 남자를 추천하라면 누구? 라는 질문을 받은 적이 있다. 당연히 진중권이지,라고 그다지 갈등 없이 대답했지만, 막상 왜 그가 매력 있는 남자인지에 대해 말을 하려는 순간 저 안에서부터 치솟는 기이하고 강력한 저항에 부딪히고 만다. 왜 이럴까? 내 내면의 서랍을 뒤져보는 동안, 나는 그 이유가 최근 들어 내가 '남자'라는 이름 자체에 대해 공황에 가까운 거부감을 느끼고 있기 때문이라는 것을 알게 되었다. 바로 그 진중권 씨와 함께 치른 전쟁 때문이다.

예비역들의 월장습격사건이라 명명할 만한 난동의 한복판에 던져져 정말 굉장하지도 않은 사이버 테러를 경험하면서, 나는 한국의 남자들이 어떤 존재인가를 새삼 깨닫게 되는 일종의 부가이익을 얻었다. 물론 불행한 부가이익이다.

누구나 다 그러하겠지만 나 역시 내가 알고 가까이 지내는 남자들을 대단히 좋아해 왔다. 내 남편을 비롯한 가족들, 동료들은 물론이고, 내 제자들, 나와 안티조선운동을 비롯한 여러 가지 일들을 같이 하는 남자들, 정확히 말해 남성 성별을 지닌 사람들에 대해 지니고 있던 좋은 인상은, 근대 한국사회가 근본적으로 군사문화에 기초한 가부장주의적 남성들의 천국이라는 척박한 현실이 가져다주는 원초적 상처에도 불구하고 한 여성으로서 내가 좌절하지 않고 살아남는 데 필요한 최소한의 발판이 되어 주었다. 남자라고 다 그런 것은 아니다. 이 세상에는 더불어 살아갈 수 있는 자질을 지닌 남자들이 그래도 많이 있다, 라는 안도감이었다고나 할까.

그런데, 월장 사태와 그 밖의 최근 들어 더 극심해지고 있는 듯이 보이는 성폭력적 남성문화를 보면서 마음의 깊은 곳에 빗장이 걸린다. 나는 남자에 대해 잘못 알고 있었다는 생각이 든다. 아니, 우리 사회의 대부분의 남자들은 건강하고 극히 일부의 남자들만 유독 수컷냄새를 풍긴다는 나의 생각에 문제가 있었던 것이 아닐까라는 불안이 새삼 엄습한다.

나는 지금까지 단지 운이 좋았을 뿐이다. 내가 좋아하던 그 남자들이 나를 안심시킨 것은 그들이 바라보는 나라고 하는 여성이 엄밀한 의미에서 일반적인 여성의 범주에 속하지 않는 사람이라는 암묵적 전제가 있었기 때문이지, 내가 어떤 뒷배경의 도움도 없이 단지 여성이라는 분별만 있는 한 인간존재로 등장할 때도 과연 나에게 인간으로서의 존엄을 허락할까, 라는 의문이 고개를 든다. 물론 반대의 경우도 가능하다. 내가 알고 지낸 남자들의 바람직한 인간적 특성이 한국사회의 전체 남성을 대표하는 것이라 보기엔 그들이 평균 이상의 의식화 수준에 도달해 있다는 사실을 내가 몰랐을 수도 있다. 그러나 어쨌든, 나라는 사람에게 '여성'이라는 표지는, 흡사 미국의 흑인 국제변호사가 지닌 피부색과 같은 의미일 것이다. 그가 법조계에 있을 땐 어떤 인종차별도 당하지 않지만, 청바지를 입고 거리로 나섰을 땐 이야기가 달라지지 않는가.

남자들은, 그리고 나 역시, 도전에 직면해보기 전까지는 자기가 어떤 의미에서 남자이고 여자인지를 미처 깨닫지 못한 채 살아가고 있다. 남자를 굳이 남자라고 의식해야 하는 장면이 여자라는 상대개념의 존재로부터 비롯하는 것일진대, 남자는 특별한 도전이 없는 한 굳이 '남자(male)'일 필요까진 없고 그저 '사람(man)'이기만 하면 되었다. 그러다가 요즘 들어, 여자들이 말도 하고 눈에 보이게 행동도 하면서, 아, '저 사람이 남자'였지, 또는 아, '남자가 이런 것'이었지라는 생각을 하게 만드는 반응의 순간이 늘어난다. 방금 내가 한 말의 기묘한 어감이 시사하는 바와 같이, '남자였지'란 깨달음에 내포된 의미는 결코 긍정적인 것이 아니다. 어떤 사람에게서 그의 여성에 대한 의식이나 여성을 대하는 태도 등을 전혀 계산에 넣지 않고 바라볼 때와 바로 그 점을 염두에 두고 바라볼 때 값이 다르게 나오는 사람들이 의외로 많다. 월장 사태가 증명한 바와 같이, 한국 사회에서 남자로서의 정체성을 지닌다는 것은, 참으로 실례의 말씀이지만 '수컷됨'의 동물성을 극복하지 못하고 있다는 의미는 아닐까란 생각마저 든다.

그리고 바로 그러한 연유로, 진중권을 매력 '남'으로 천거하겠다는 나의 발상이 진중권 씨에게 모욕은 아닐까란 황당한 마음이 슬슬 들기도 한다. 그는 매력적인 '인간'임에는 틀림없으나, 한국 사회의 일반적 어법으로서의 '남자'라는 말을 적용하기에는 '부족'한 점이 너무 많기 때문이다. 가장 결정적으로 그는 비(非)여자라는 것, 비(非)호남인이라는 것, 비(非)장애인이라는 것들이 그 반대편의 사회적 소수자들을 능멸하고 핍박하는 우월감의 표지로 작용하는 이 한심한 나라에서 바로 그 우쭐대는 과시자들의 무리에 속하기 위한 '무지몽매함'이 부족하다. 그런가 하면 그는 지나치게 많이 가지고 있기도 하다. 우선 그에게는 공감의 능력이 너무 많다. 어색한 말을 들으면 사지가 뒤틀리는 유머감각의 소유자이기도 하다. 아무 생각 없이 살아야 성공하는 세상에서 그는 너무 지성적이고 너무 사유능력이 있다.

아름다운 남자를 찾는 일이란 강자와 더불어 살기 위한 약자로서의 피눈물 나는 노력이라는 생각이 들면서, 그래도 진중권이 있어 얼마나 다행인가, 라고 생각하는 일은 어째 좀 쓸쓸한 위로가 아닌지……

각설하고, 진중권이 왜 아름답고 건강하고 매력 있으며 빼어난 남자인가를 이야기하는 동안에 나의 맺힌 마음도 스스로 풀어질 것을 기대하면서 점방 문을 열어볼까나.

내가 생각하는 건강한 남자의 기준이란, 가장 우선적으로 약자를 배려할 줄 아는 사람이며 어리광과 엄살이 없는 사람이다. 사회생활을 하면 할수록 남자들이 어딘가 이유기를 벗어나지 못한 구석이 있다고 느낄 때가 많아져서 그런지, 최소한 여자에게 닭벼슬을 과시하거나 강아지마냥 치마꼬리에 매달리지만 않아도 엄청 건강한 사람이란 생각이 든다. 하물며, 적극적으로 약자가 행패를 당하는 것을 보고 뛰어들어 도움을 준다면 그는 엄청 매력적인 남자임에 틀림없다.

진중권은 바로 그렇게 소수자의 편에 서는 것이 체질이 되어버린 사람이다. 그가 월장사태에 뛰어들어 거의 단신필마로 안티월장의 언어폭력과 싸우게 된 계기는 그가 페미니스트여서가 아니다. 페미니즘이니 뭐니 하기 이전에, 예비역이라는 다수의 위세에 눌려 소수 여학생들의 말할 권리가 침해되어서는 안 된다고 생각했기 때문이다.

그는 지금 월 이만 원의 회비를 내는 민주노동당 당원인데, 당비를 납부한다는 행위가 지니는 상징적 의미는 바로 그가 자본주의 사회의 인구적 다수이자 정치적 소수인 노동자들의 편에 서 있다는 가장 확실한 선언이자 가장 효과적인 실천이라는 데 있다. 진중권은 그냥 말만 하는 게 아니라 이렇게 실제로 싸우고 행하는 사람이다.

사실 진중권의 첫째가는 매력은, 그가 대단히 윤리적인 인간이라는 점이다. 우리 사회에는 수많은 좌파가 있고, 다 자기 나름으로는 사회가 왜 변혁되어야 하는지에 대해 말들을 한다. 그러나 실제로 그 변혁을 가능하게 만드는 주체를 형성시키는 일에는 의외로 소홀하기 쉽다. 그런데 진중권은 대체로 다른 지식인들과는 정반대로 움직인다. 월장 같은 궂은 싸움에 양비론을 택하지 않기, 민주노동당에 가입하고 당비 납부하기. 다수가 몽매할 때 과감하게 말하기. 쉬운 듯하지만 어려운 실천이다. 진중권에게는 사회적 문제들은 정치적인 역학 게임이기 이전에 윤리적인 실천의 문제란 것이 언제나 확연하다. 우리 사회의 가장 민감한 환부인 '지역감정'에 대한 그의 다음과 같은 말을 들어보자.

'지역감정'에는 윤리학적 문제와 정치학적 문제가 있다. 이 가운데 세인의 관심을 끄는 것은 후자, 즉 지역감정의 정치적 효과뿐이다. 이 와중에 잊혀진 것은, 한 집단이 다른 인간 집단을 차별하는 것은 인종차별과 다름없는 반인륜적 행위라는 사실이다. 특정지역을 차별하는 발언은 주위에서 하도 많이 들어 별것 아닌 문제로 여겨진다. 이것이 타인에게 얼마나 많은 상처를 주는지, 이게 얼마나 가공할 범죄인지, 이를 의식하는 사람은 별로 없다. 지역감정을 논할 때 정치적 열기 속에 쉽게 묻혀지는 것이 바로 이 점이다. 나는 이 점이 다른 어떤 고려보다 중요하다고 본다. 지역감정은 본질적으로 '지역차별'의 문제이다. 이는 영남인들만의 책임이 아니라 그 차별에 적극적으로 동참하거나, 혹은 침묵을 통해 소극적으로 방관해온 우리 모두의 책임이다.

―진중권 〈지역감정과 진보정당〉 중에서

명확하지 않은가. 지역차별, 여성차별 할 것 없이, 소수자들에게 가해지는 침해에 대해 결코 침묵하지 않는 진중권의 내면에는 "타인에게 얼마나 많은 상처를 주는지, 이게 얼마나 가공할 범죄인지, 이를 의식하는" 섬세하고 다정한 영혼이 깃들여 있다. 정치적으로 올바르기란 결국 윤리적으로 사고하기이다. 모든 이론적 탐구와 정치적 행동의 바탕에는 인간을 위하기라는 윤리적 이유가 있어야만 한다는 말은 오히려 너무 진부한 진리가 아닌가.

그런데, 가만히 생각해본다. 그렇다면 지금까지 내가 열거한 진중권의 매력이란 것은 결국 그가 상식적인 인간이란 말밖에 아니지 않은가? 이 알고 보면 지극히 상식적인 인간이 살아내기―자신의 말과 신념대로 살아내기―가 전혀 당연한 일이 되지 못하고 있는 우리나라에도 존재한다는 경이감이 진중권을 주목하게 하는 첫번째 코드다. 아니, 상식을 지키는 용기를 지닌 인간이 주는 경이감이라 해야 할 것 같다.

그런데 여기까지라면 그건 감동적인 요소는 될지라도 짜릿하게 매력적인 요소는 아닌 것 같다. 진중권을 매력 있게 만드는 핵심 포인트는, 그가 이러한 윤리적인 실천을 엄숙하고 진부한 냄새나는 낡은 언어가 아니라 산뜻하고 새로운 심지어 유쾌하기까지 한 언어로 수행한다는 점이다. 진중권은 자기의 말하기 방법에 대해 한겨레신문과의 인터뷰에서 이렇게 말하고 있다.

> 비트겐슈타인은 철학적 문제는 문법적 착각의 문제다'라고 이야기했는데, 저도 마찬가지로 이데올로기도 문법적 착각이라고 봅니다. 예컨대 자유라는 말을 봅시다. 일상적 어법에서 자유는 좋은 것인데, 이게 쓰는 사람마다 달라요. 공병호 씨 같은 한국의 이른바 '자유주의자'들이 말하는 자유는 정치적 자유가 아니라, 무제한적 영업의 자유예요. 그 자유라는 말로써 재벌을 옹호하지요. 또 극우파들이 말하는 자유의 반대말은 '억압'이 아니라, '무질서'예요. 그래서 안정을 위해서라면 어떤 폭력도 정당화하는 것이죠. 이런 말의 오용을 드러내는 게 저의 방법론이라고 할 수 있습니다.

말의 오용을 드러내기, 이러한 작업은 좀처럼 성공하기 어려운 프로젝트다. 그것을 진중권은 이상할 정도로 쉽고 명쾌하게 수행하고 있다. 그가 말이 어떤 식으로 만들어지고 유포되고 통용되고 소멸하는지에 대한 메커니즘을 잘 이해하고 있기 때문이다. 실제로 진중권의 글쓰기는 대부분 텍스트—즉 말과 관련된 오남용의 문제를 둘러싸고 이루어진다. 예컨대, 논리학 교과서에 실어야 될 정도의 명칼럼 〈이문열과 젖소부인의 관계〉에서 그는 자신이 반박한 이문열의 홍위병 타령이 정치적 포르노라는 사실을 간파하는 통찰력을 보여주는 바, 그 통찰력을 〈이문열과 젖소부인〉이라는 유비를 통해 드러내는 너무나 지성적이고도 유머러스한 감수성이 적어도 나에게는 바로 그의 최고의 매력이다.

유머감각이 매력남의 기준이 되어야 하는 까닭은 참 단순하다. 유머감각이란, 자기 자신을 객관화해서 볼 수 있는 지적 능력을 말한다. 대상과 주체가 걷잡을 수 없이 밀착해 있는 미분화된 사유와 원시적 정서에서는 웃음이 발생할 여지가 없다. 거기에는 비장함과 기껏해야 과장된 엄숙함이 유발하는 실소가 있을 뿐이다. 그러나 진중권의 글은 정말 다르다. 그의 글을 읽다 보면 저도 모르게 폭소를 터뜨려 옆 사람을 황당하게 만들 때가 한두 번이 아니다. 웬만해선 지하철에서 그의 책을 읽기가 어렵다. 예컨대, 그에게 극우 사냥꾼이란 별칭을 안겨 준 〈네 무덤에 침을 뱉으마〉를 보자. 이 책은 제목부터가 조선일보 조갑제 기자가 조선일보에 연재하기 시작한 박정희 전기인 〈내 무덤에 침을 뱉어라〉를 뒤집은 것인데, 극우세력들의 앞뒤 안 맞는 언행을 그들의 텍스트를 분석하는 가운데 우스꽝스럽게 드러내 보여준 하이 코미디 패러디라 할 만한 책이다. 그런데 이 책의 첫머리에서 진중권은 스스로를 다음과 같이 표현하고 있다.

1963년 세포분열로 태어난 빨간 바이러스 진중권은 86년 서울대 미학과를 마치고 군 적화사업의 일환으로 입대해 병영에서 노태우 후보 낙선을 위한 선동사업을 벌이다 귀환한 뒤, 92년 소련의 '구조기호론적미학' 연구로 석사학위를 받고, 〈미학강의〉(새길), 〈맑스레닌주의 미학원론〉(이론과 실천)을 번역하고, 좌익 현대화를 위해 컴퓨터 미학 입문서 〈예술·기호·정보〉(새길)를 번역하고, 청소년을 위한 대중 교양서 〈미학 오딧세이〉(새길)를 집필, 전교조 세포활동을 측면 지원하고, 〈춤추는 죽음〉(세종서적)으로 "죽음의 굿판"을 일으키는 등 좌익문화단체('노문연')의 간부로 이 사회에 "문화사회주의자의 헤게모니"를 구축하다가, 무너진 동구사회주의를 재건하라는 지하당의 명으로 독일 베를린 자유대학에 유학온 이후, 베를린 한국 영사관 앞에서 열린 97년 노동자 총파업 지지시위에 참가하고, 혁명기지 강화를 위해 공화국 북반부에 군량미를 보내고, 교회 주일학교에 침투, 유아들 사이에서 적색 소조 활동을 펴는 등, 일생을 세계 적화의 외길로 걸어왔다. 왜 꼬와?

마지막에 쓴 "왜 꼬와?"라는 말을 읽고 뒤로 넘어가지 않은 독자가 있다면 자기 자신의 두뇌가 엄숙주의에 물들어 돌이 되어버리지나 않았는지 물어볼 일이다. 지금까지 우리 지성사에 이렇게 통렬하게 자기 자신을 안주로 삼아 엄숙주의자들을 희롱하고 나선 저자는 없었다. 웃을 줄 알고 또 웃길 줄 아는 이 능력은 전형적인 민중의 감수성이다. 우리 사회에 비로소 진짜 민중적 지식인이 탄생하는 순간이다. 이 웃음을 통하여 독자는 자기를 대상과 분리시키고 독립적으로 생각하게 하는 여유를 찾아 가지게 된다.

진중권의 웃음이 지닌 건강한 민중성은, 그가 대중을 대하는 태도의 특성에서도 드러난다. 진중권은 말의 나쁜 의미에서의 계몽주의적 지식인이 아니다. 그는 대중이 틀렸으면 틀렸다고 말한다. 어떤 사안에 대해 진중권이 어정쩡한 사이비 중용을 택하는 경우란 절대로 없다. 양비론이나 양시론은 그의 사전에 없다. 그는 하나마나한 착한 소리를 절대 하지 않는다. 대중을 무지한 상태로 두고 겉으로 그들에게 아부하면서 속으로 대중의 무지를 이용하는 일반적 지식인들과는 사뭇 다른 태도이다. 그는 대중과 같은 장소에 있고 같은 하늘을 바라보며 같은 생각을 한다. 그는 우리 사회가 혈연, 지연, 학연에다 남성연(男性緣)으로 뭉친 패거리 사회가 아니라 한 사람 한 사람이 자기 자신의 주인인 진정한 시민사회가 되어야 한다고 우리를 설득하고자 한다. 그가 작년의 총선시민연대의 활동을 보면서 썼던 글을 읽어보자.

최근 시민들의 활동을 바라보며 나는 별자리를 생각한다. 암울하기 짝이 없는 우리의 깜깜한 사회. 거기에서 이름 없는 별들이 서로 연결되더니 별자리를 만들어낸다. 까만 밤하늘에 갑자기 나타난 별자리. 나는 거기에서 미래의 희망을 본다. 자유로운 개인들의 자발적인 결사체. 그것은 별자리를 닮았다. 별자리들은 그림이면서 그림이 아니다. 그래서 시민들의 연대는 총선이 끝나면 별자리를 해체하고 다시 별들로 돌아갈 것이다. 그러다가 문제가 생기면 따로 빛나던 별들이 자발적으로 모여 또다시 새로이 별자리를 짜고, 그러다가 또 흩어지고……. 나는 우리 사회가 이런 식으로 발전했으면 좋겠다. 시민들이여, 어둠에 묻혀도 빛나기를 멈추지 말라. 세

상의 어둠을 배경으로 외로이 빛나다 때로는 다른 별들과 합쳐 어두운 밤
하늘을 수놓는 별자리가 되자.

—진중권 〈별자리 진보〉 중에서

별자리 진보라는 아름다운 말을 찾아낸 이 감수성! 그는 생의 한가
운데서 의미를 찾아가는 진짜 철학자이다. 지나가버린 역사나 낡은 책
장 속에 갇혀 있는 진리가 아니라, 우리가 싸우고 고통받고 망가지고 난
리굿을 피우는 이 더럽고 짜증나는 현실이란 장소에서 말을 바로잡고
말길을 열고 말을 다듬고 새로운 말의 생을 구축해가는 진짜 창조자이
다.

이 밖에도 진중권의 매력 포인트는 무지무지하게 많지만, 진중권을
탐구하는 것은 독자에게 커다란 즐거움을 주는 일이기 때문에, 여러분
들이 스스로 그 즐거움을 맛보시기를 권하는 마음에서 이 정도로 그치
련다. '우리모두'의 청년 논객 아흐리만의 말처럼 오빠부대를 이끌고 있
는 유일한 지식인 진중권, 그의 글과 말을 따라가다 보면 어느 새 스토
커가 되어 있는 행복한 경험이 기다리고 있다.

* 이 글은 여성문화동인 〈살류쥬〉 3집에 실렸던 것을 재수록한 것임.

소설

즐거운 나의 집
공지영 장편소설

새로운 시대에 필요한 새로운 가족의 의미를 묻는 소설. 철없는 엄마와 너무 일찍 철든 딸의 일상을 통해, 겉보기엔 크게 다를 바 없지만 알고 보면 매우 특별한 우리 모두의 이야기를 담고 있다.

우리들의 행복한 시간
공지영 장편소설

진정한 사랑과 참회의 절정을 보여주는 소설. 가진 게 많은 듯하지만 냉소적인 대학교수 문유정, 세상 밑바닥을 떠돌다 살인죄로 사형선고를 받은 정윤수. 이 두 사람이 누구에게도 하지 못한 '진짜 이야기'를 나누고 자기 안을 찬찬히 들여다보기 시작한다.

봉순이 언니
공지영 장편소설

이제 막 다섯 살이 된 '짱아'가 식모인 '봉순이 언니'와의 만남을 통해 세상과 소통하고 삶에 눈떠가는 과정을 놀라운 기억으로 복원해낸 소설.

고등어
공지영 장편소설

한때 넉넉한 바다를 익명으로 떠돌 적에 아직 그것은 등이 푸른 자유였다. 80년대를 거쳐 90년대에 이른 동시대 젊은이들의 꿈과 슬픔을 노래한 소설.

더 이상 아름다운 방황은 없다
공지영 장편소설

방황이 아름다운 것은 언제나 새로운 세상을 제 몸 안에 감추고 있기 때문이다. '정의'라는, 그 추상적이고도 지순한 이름을 위해 온몸을 던졌던 젊은이들의 이야기.

그리고, 그들의 아름다운 시작(전 2권)
공지영 장편소설

명민하고 자의식 강한 두 사촌누이가 아프게 치러내는 성장의식을 통해 젊은 영혼들의 고뇌와 길찾기를 그려낸 소설

무소의 뿔처럼 혼자서 가라
공지영 장편소설

'착한 여자', '능력 있는 여자', '똑똑한 여자'에 대한 환상과 편견, 그로 인한 여성들의 혼란과 고통을 생생하게 보여주는 소설.

촐라체
박범신 장편소설

아버지가 다른 형제 박상민, 하영교가 '죽음의 지대'인 히말라야 촐라체 북벽에서 6박 7일 동안 겪은 지옥 같은 조난과 놀라운 생환 과정을 그린 소설. 이 시대 젊은이들에게 잃어버린 야성을 일깨우며, 홀로 치열하게 살아가는 삶의 뜨거움에 격려와 응원을 보낸다.

개, 내 가난한 발바닥의 기록
김훈 장편소설

날것 그대로의 두 발바닥과 몸뚱이 하나로 주어진 생을 힘차게 살아내는 진돗개 보리의 세상살이를 통해, 살아간다는 일의 지난함과 그 속에 숨겨진 삶의 의미를 잔잔하고 아름답게 그린 소설.

성에
김형경 장편소설

사랑과 성, 유토피아 등 우리 삶에 깃들어 있는 환상에 대한 고찰이자 그 환상과 화해하는 법을 이야기하는 소설.

사랑을 선택하는 특별한 기준 1, 2
김형경 장편소설

사랑으로 상처 입은 두 여성이 그 상처에 제대로 분노하지 못하는 자신을 보듬으며 한 인간으로서의 정체성을 찾아가는 과정을 절제된 언어와 탄력적인 묘사로 그려낸 소설.

허삼관 매혈기
위화 장편소설 / 최용만 옮김

한평생 피를 팔아 가족을 위기에서 구해낸 속 깊은 아버지 허삼관의 이야기. 생명과도 같은 피를 팔아야 인생의 고비를 넘을 수 있었던 시대에도, 함께 사는 이들에 대한 애정을 잃지 않았던 허삼관을 통해 평범한 사람들의 진실한 휴머니즘을 만날 수 있다.

인생
위화 장편소설 / 백원담 옮김

역사의 거센 파도 속에서 온 가족을 잃고도 그 한평생을 괜찮은 인생이었노라고 회상하는 푸구이. 그의 일생은 우리에게 살아 있다는 것 자체의 위대함과 고통 속에서조차 빛나는 따뜻한 인간애를 전한다.

가랑비 속의 외침
위화 장편소설 / 최용만 옮김

기쁨과 슬픔, 흥분과 무료함, 감탄과 환멸이 뒤얽힌 유년 시절을 '시간'이 아니라 '기억'의 순서에 따라 풀어가며 미래의 불안함을 견딜 수 있게 하는 '회상의 힘'을 이야기하는 소설.

세상사는 연기와 같다
위화 중편소설집 / 박자영 옮김

피와 폭력, 죽음에 대한 치열한 탐구와 묘사를 통해 중국 당대인의 삶을 우회적으로 환기하는 네 편의 중편소설 모음. 다양한 형식 실험을 감행하는 위화의 패기만만한 문체가 돋보인다.

내게는 이름이 없다
위화 단편소설집 / 이보경 옮김

열일곱 편의 단편이 수록되어 있는 위화의 초기 작품집. 특유의 푸짐한 입담으로 빚어낸 허름하고 우스꽝스러운 인간 군상에서 청년 시절 작가의 치열한 실험 정신을 엿볼 수 있다.

튤슈를 사랑한다는 것은
아지즈 네신 / 이난아 옮김

터키 풍자 문학의 거장 아지즈 네신이 쓴 불가능한 사랑에 관한 여섯 편의 우화. 탁월한 관찰력과 상상력으로 이름 없는 사물, 스쳐 지나가는 동식물에 빗대어 인간의 미묘한 사랑을 표현했다.

생사불명 야샤르
아지즈 네신 / 이난아 옮김

터키의 국민작가 아지즈 네신의 대표작. 사소한 실수로 감옥에 들어온 주인공이 매일 밤 감방 동료들에게 들려주는 황당무계한 경험담을 통해 삐뚜름한 세상의 갖가지 풍경을 재치 있게 풍자한다.

오, 나의 잉글리쉬 보이
왕강 지음 / 김양수 옮김

중국 서북쪽 변방 우루무치를 배경으로 류아이라는 소년이 '영어'와 '영어 선생'을 통해 새로운 세계를 접하면서 문화대혁명이라는 거대한 시대적 회오리를 헤쳐 나가는 이야기.

에세이

지도 밖으로 행군하라
한비야 지음

자유롭고 거침없이 사는 우리 인생의 멘토 한비야가 지난 5년간 활동한 세계 긴급구호의 현장 보고서이자, 열정 가득한 삶의 보고서.

한비야의 중국견문록
한비야 지음

'바람의 딸' 한비야가 중국어 연수를 위해 1년간 베이징에 머물면서 적어 내려간 '가깝고도 다채로운 중국'의 오늘과 그 속에서 깨달은 '내 안'의 이야기들.

바람의 딸, 우리 땅에 서다
한비야 지음

현대 문명의 손길이 닿지 않는 전 세계 65개국의 오지를 찾아다녔던 한비야가 800km에 이르는 우리 땅을 두 발로 걸어 다니며 쓴 49일간의 국토 종단기.

바람의 딸, 걸어서 지구 세 바퀴 반 (전4권)
한비야 지음

오늘의 한비야를 만든 꿈의 시원을 만난다. 배낭 하나에 의지해 세계 오지를 누비며 진정한 '나'를 찾고, 배낭족의 사부이자 젊은이들의 멘토로 성장해 간 한비야의 세계 여행기.

영혼을 위한 닭고기 수프
잭 캔필드 외 / 류시화 옮김

우리가 살아가면서 잃어버리기 쉬운 꿈과 행복을 어떻게 지키고 살아야 하는가를 보여주는 백여 편의 감동적인 이야기 모음

삶이 나에게 가르쳐준 것들
류시화 지음

긴 여행길에서의 명상과 체험담을 통해 삶이란 명제를 특유의 서정성 넘치는 문체로 풀어가는 류시화 시인의 첫 산문집.

내가 읽은 책과 세상
김훈 지음

작가 김훈이 읽은 대표적인 시와 시인들에 대한 거침없는 소회가 담긴 문학 에세이집이자, 여행지에서 만난 사람과 세상을 바라보는 작가의 깊이 있는 시선이 빛을 발하는 기행 산문집.

남자들, 쓸쓸하다
박범신 지음

소설가 박범신이 그의 문학 인생 못지않게 녹록치 않았던 남자 인생 60년을 이야기한다. 외아들, 남편, 아버지로 살아온 세월을 돌아보며 이 땅에서 남자로 살아간다는 것의 의미를 되짚어본다.

내 안의 빛나는 1%를 믿어준 사람
제인 블루스틴 / 도솔 옮김

막막하고 절박한 순간에 선생님의 사랑과 격려를 통해 자기 안에 잠재된 가능성을 모두 발현할 수 있었던 사람들의 이야기.

파리에 가면 키스를 훔쳐라
존 백스터 지음 / 이강룡 옮김

우리가 그동안 알지 못했던 파리의 이면, 관능이 축제처럼 술렁이는 현장으로 안내하는 매혹적인 에세이.

토스카나, 달콤한 내 인생
필 도란 지음 / 노진선 옮김

시트콤 《케빈은 열두 살?》의 작가 필 도란이 몸은 조금 고달파도 마음만은 행복한 도시 토스카나에서 열정적인 이탈리아인으로 변모해가는 과정과 유쾌한 이웃들의 이야기가 달콤하게 펼쳐진다.

이탈리아, 지중해의 바람과 햇살 속을 거닐다
권삼윤 지음

한국인이 가장 가보고 싶어 하는 나라 이탈리아! 거리 곳곳에 살아 숨 쉬는 이탈리아 예술은 물론 그곳 사람들의 일상을 들여다보는 여행 에세이.

꿈꾸는 여유, 그리스
권삼윤 지음

베테랑 역사 여행가 권삼윤의 그리스 여행기. 자유로운 영혼의 그리스 사람들을 통해 그리스의 진솔한 매력을 발견한다.

Viva, 베네치아
뒤르크 쉬머 지음 / 장혜경 옮김

물의 도시 베네치아, 그 이상을 꿈꾸게 하는 진솔하고 생생한 이야기들. 독일인이면서 베네치아에 살고 있는 저자는 곤돌라와 가면으로 기억되는 이 도시에 삶의 냄새를 불어넣는다.

야간열차
에릭 파이 / 김민정 옮김

오랫동안 열차 여행을 꿈꾸던 저자가 시간과 공간의 경계를 횡단하며 세상을 떠도는 이들의 친구이자 형제가 되어 시간 밖으로 떠난 이야기.

인문사회과학

두 글자의 철학
김용석 지음

날카롭고 따뜻한 시선으로 이론의 빈자리를 메워 온 철학자 김용석이 한자 문명의 영향으로 당연하게 받아들여졌던 '두 글자의 억압성'에 주목했다. 생명, 자유, 낭만, 질투 등 두 글자로 된 단어들에 대한 천 가지 생각이 자유롭게 펼쳐진다.

일상의 발견
김용석 지음

철학자 김용석의 진지하고 유쾌한 사회문화 비평집. 우리가 일상에서 아무런 의심 없이 받아들이는 말이나 상식, 통념, 관습, 제도 등을 뒤집어 그 안에 담긴 참과 거짓을 가려낸다.

미녀와 야수, 그리고 인간
김용석 지음

대중문화, 그중에서도 가장 보편적인 장르라 할 수 있는 애니메이션에 대한 문화 담론은 어떻게 가능한지 그 전형을 보여주는 책.

문화적인 것과 인간적인 것
김용석 지음

현대 문화와 인간, 그리고 미래에 관한 철학 에세이로 오늘날 우리 삶에서 문화의 핵심적 의미를 반영하는 '현대적 사건'들을 섬세하게 분석한다.

지리 교사 이우평의 한국 지형 산책 1, 2
이우평 지음

현직 지리 교사가 교실 밖으로 나가 우리 땅 60곳을 직접 답사하며 쓴 한반도 지형 탐사기. 1권은 백두산에서 독도까지, 2권은 백령도에서 이어도까지 각 지역의 독특한 지형의 형성 과정과 그러한 환경이 낳은 사람과 자연의 이야기를 담았다.

블랙홀 이야기
아서 I. 밀러 지음 / 안인희 옮김

찬드라세카르와 아서 에딩턴이 벌였던 별의 죽음에 관한 논쟁에서 시작해 블랙홀의 존재가 증명되고 관측되기까지의 전 과정에 참여한 20세기의 대표적인 과학자들과 그들의 운명을 좌우한 세계사적인 사건들을 균형감 있게 서술하고 있다.

낭만적이고 전략적인 사랑의 코드
크리스티안 슐트 지음 / 장혜경 옮김

그동안 대중매체가 끊임없이 미화해온, 그리하여 여전히 신비의 영역으로 남아 있는 사랑이라는 주제를 사회학적인 관점에서 냉철하게 분석하여 구체적인 현실의 영역으로 가져온 책.

마음 읽기 - 공감과 이해의 심리학
윌리엄 이케스 지음 / 권석만 옮김

공감이라는 심리 활동의 원리를 밝히고, 그 능력을 측정하는 새로운 방법을 제시하여 마음 읽기에 관한 오해와 진실을 과학적으로 규명하는 책. 다양한 실험 결과를 제시하여 일상의 통념을 명쾌하게 증명해주기도 하고, 철저하게 뒤집기도 한다.

철학의 모험
이진경 지음

다양한 소재를 통해 근대 철학자들의 철학 개념이나 사고방식을 짚어가면서, 스스로 사고하는 능력을 기르기 위해서 어떤 태도가 필요한지를 알려준다.

폭력과 상스러움
진중권 지음

유쾌한 계몽주의자 진중권의 사회평론집. 학문과 현실 사이의 균열된 틈새를 비집고 종횡무진 가로지르기를 하면서 우리 사회의 망탈리테(정신 상태)를 그려나간다.

남자의 탄생
전인권 지음

한국 남자들의 정체성 형성 과정을 심리적 · 정치적 · 사회적 차원에서 분석하는 책. 저자는 자신의 유년기를 대상으로 삼아 한국 남자의 인성 형성 과정을 꼼꼼히 탐구 · 분석한다.

욕망과 지혜의 문화 사전, 몸

샤오춘레이 지음 / 유소영 옮김

머리부터 발끝까지 우리 몸에 새겨진 29편의 잔혹하고도 매혹적인 이야기. 머리카락 한 올, 보기 싫게 일그러진 발에도 인간의 욕망과 지혜가 깃들어 있음을 풍부한 일화를 통해 보여준다.

꽃으로 피기보다 새가 되어 날아가리

정창권 지음

유통업을 통해 모은 전 재산을 굶주린 이웃에게 베푼 조선의 큰 상인 김만덕의 삶과 18세기의 제주 문화사를 촘촘히 엮어 여성의 진취적인 삶과 나눔의 가치를 일깨우는 책.

다른 곳을 사유하자

니콜 라피에르 지음 / 이세진 옮김

20세기 초 망명한 지식인들에서 현대 학제 간 연구에 몰두하고 있는 연구자에 이르는 비판적 지식인의 삶과 사유를 통해 지식인의 본질과 운명에 대해 이야기한다.

평전

케네디 평전

로버트 댈럭 지음 / 정초능 옮김

국내에 처음으로 소개되는 존 F. 케네디 평전. 평전의 거장 로버트 댈럭이 새롭게 발견한 사실들로 신화와 진실을 가려내고, 케네디의 사적인 삶과 공적인 삶 그리고 강점과 약점을 균형감 있게 서술하고 있다.

마르크스 평전

프랜시스 윈 지음 / 정영목 옮김

마르크스를 한 명의 인간으로, 불꽃처럼 강렬한 정신을 지녔으면서도 괴팍하고 모순적이며 약점이 많았던 인간으로 제시한 최초의 평전.

호치민 평전

윌리엄 J. 듀이커 / 정영목 옮김

30년간 베트남, 중국, 러시아, 미국의 문서 보관소를 뒤지고 수많은 관련자들을 인터뷰한 끝에 완성한 호치민 평전의 결정판.

히틀러 평전 1, 2

요아힘 페스트 / 안인희 옮김

비참한 젊은 시절을 보낸 히틀러가 독일 총통이 되어 전 유럽을 손에 넣은 삶의 궤적을 극적으로 담아낸 평전. 철저한 고증, 균형 잡힌 시각이 돋보이는 평전 서술의 모범을 보여주는 책이다.

마틴 루터 킹

마셜 프레디 지음 / 정초능 옮김

뛰어난 전기작가이자 언론인인 마셜 프레디가 마틴 루터 킹과 함께 직접 투쟁 현장을 누비며 겪은 체험을 바탕으로 완성한 마틴 루터 킹 최고의 평전.

스스로 깨어난 자, 붓다

카렌 암스트롱 지음 / 정영목 옮김

세계적인 종교학자 카렌 암스트롱이 쓴 붓다의 전기. 붓다의 삶을 재구성하면서 그가 안락한 삶을 버리고 영적인 삶을 추구하게 된 이유와 과정을 찾아간다.

무질서의 지배자, 마오쩌둥

조너선 D. 스펜스 / 남경태 옮김

20세기 중국의 황제 마오쩌둥의 삶을 저명한 중국 사학자의 눈을 통해 새롭게 읽는다. 날카로운 통찰력으로 신화가 된 한 인간의 실제 삶과 그 신화가 만들어진 과정을 추적한다.

폭력과 상스러움

첫판 1쇄 펴낸날 · 2002년 4월 6일
　　21쇄 펴낸날 · 2013년 6월 17일

지은이 · 진중권
펴낸이 · 김혜경
편집인 · 김수진
편집기획부 · 김미정 김교석 이다희 백도라지 윤진아
디자인 · 김은영 김혜경 김명선
고문 · 신상욱　　경영지원국 · 안정숙
마케팅 · 김용환 문창운 노현규 조한나
제작 · 강신은
회계 · 임옥희 양여진 신미진

펴 낸 곳 · (주)도서출판 푸른숲
출판등록 · 2002년 7월 5일 제 406-2003-032호
주　　소 · 경기도 파주시 회동길 57-9번지, 우편번호 413-756
전　　화 · 031)955-1400(마케팅부), 031)955-1410(편집부)
팩　　스 · 031)955-1406(마케팅부), 031)955-1424(편집부)
www.prunsoop.co.kr

ⓒ 진중권, 2002

ISBN 89-7184-343-8　03300